101 CONSEILS POUR ÊTRE BIEN DANS SON ÂGE ET DANS SA TÊTE

DÉJÀ PARU

101 conseils pour ne pas atterrir aux urgences,
Gérald Kierzek, Robert Laffont, 2014

Dr CHRISTOPHE TRIVALLE

101 CONSEILS POUR ÊTRE BIEN DANS SON ÂGE ET DANS SA TÊTE

Préface du docteur Gérald Kierzek

Robert
Laffont

ISBN 978-2-221-19022-7

À Véronique, Aude et Arnaud
qui m'ont encouragé et soutenu
dans la rédaction de ce livre.
À ma famille et à ma belle-famille.

« Ce qui est facile : donner des conseils.
Ce qui est difficile : se connaître soi-même. »

Thalès de Milet

« Chaque coup de colère est un coup de vieux,
chaque sourire est un coup de jeune. »

Proverbe chinois

Sommaire

II.

QUE MANGER ? QUE BOIRE ? QUELLES SUBSTANCES ÉVITER ?

III.

L'HOMME EST UN ANIMAL SOCIAL

IV.

EXERCICE PHYSIQUE, JEUX ET LOISIRS, C'EST BON POUR LA SANTÉ

V.

PRENDRE LES DEVANTS

VI.

TESTER ET STIMULER SA MÉMOIRE

VII.

DERNIERS CONSEILS

Préface

Nous sommes en 2077. Isabelle va fêter demain ses 110 ans et ses arrière-arrière-arrière-petits-enfants ont décidé de lui offrir – ainsi qu'à son nouveau compagnon de quelques années son cadet – un vol orbital et suborbital aller-retour sur la Lune.

Le check-up médical réalisé par une des filiales de GoogleMed, et notamment le séquençage ADN des deux tourtereaux, n'a pas révélé de contre-indication à ce voyage et leur compagnie d'assurance a bien voulu les assurer sans surprime. En revanche, Isabelle a appris lors de ce *screening* obligatoire qu'elle avait une probabilité de 49,9787 % de développer la maladie de Parkinson, à l'âge de 133 ans, car elle est porteuse de la version mutée du gène LRRK2. D'ici là, elle profite donc de la vie et les chercheurs auront sûrement une solution thérapeutique dans les prochaines années. Les NBIC (nanotechnologies, biologie, informatique et sciences cognitives – intelligence artificielle et sciences du cerveau) ont tellement progressé et convergé ce dernier demi-siècle que les découvertes dans un domaine servent aux recherches dans un autre et permettent des avancées spectaculaires. De quoi rester optimiste !

Néanmoins, Isabelle garde en elle une conviction : rien ne vaut une prévention simple et quotidienne. Elle repense souvent à ce livre plein de bon sens (*101 conseils pour être bien dans son âge et dans sa tête*) que ses enfants lui avaient offert en 2017 pour ses 50 ans ! Elle a suivi à la lettre une bonne partie de ses recommandations précieuses et faciles à mettre en œuvre, et elle est persuadée que c'est ce qui lui a permis d'intégrer le club des centenaires et même celui des supercentenaires…

Bien sûr, dans les premières décennies du XXIe siècle, elle s'était aussi intéressée à tous les articles évoquant les ambitions des dirigeants de la Silicon Valley, Google en tête, qui voulaient changer le monde et l'humanité et « En finir avec la mort ? », comme le titrait déjà, le magazine *Time* en 2013, évoquant ce courant que l'on appelait le transhumanisme. Ses partisans voulaient allonger l'espérance de vie et « guérir » le vieillissement, c'est-à-dire prolonger les années de vie en bonne santé. En fait, leur raisonnement – plutôt que de soigner les maladies dues au vieillissement, pourquoi ne pas traiter le processus qui en est responsable ? – n'était pas si éloigné de celui du docteur Trivalle, mais ils n'avaient pas les mêmes méthodes. Pour eux, le vieillissement était un simple code à cracker et à pirater comme un programme informatique ; pour les autres, dont le docteur Trivalle, on pouvait agir directement sur son propre vieillissement en adaptant son hygiène de vie. Cependant, tous étaient d'accord : le vieillissement n'était pas inéluctable et on pouvait ralentir son processus, voire l'inverser. À l'époque, Isabelle avait été fascinée par un article qui vulgarisait des travaux préliminaires publiés par la revue scientifique *Cell* : par une reprogrammation cellulaire partielle, la durée de vie de rongeurs avait été augmentée de 30 %, avec une diminution des signes de vieillissement, une amélioration de la santé osseuse et cardio-vasculaire et une accélération du processus de cicatrisation.

Pourtant, Isabelle a préféré miser sur son « petit » livre plutôt que sur des projets qui lui semblaient à l'époque relever de la science-fiction, et bien lui en a pris. Quand il lui a été offert, l'Insee estimait qu'en 2060 la France pourrait compter 198 645 centenaires, contre 3 760 en 1990 et seulement une centaine en 1900. Ils sont encore bien plus nombreux que prévu, centenaires ou supercentenaires et toujours en bonne santé ; j'ai moi-même récemment dépassé les 100 ans, bon pied bon œil (pourvu que ça dure) grâce à cet ouvrage indémodable qui m'a aidé à bien vieillir et éloigner Alzheimer.

Merci donc au docteur Christophe Trivalle pour ses conseils efficaces, préventifs, sans effets secondaires ni risque de dérive éthique ! Comme Isabelle et moi, picorez, choisissez ceux qui vous correspondent le mieux, allez-y progressivement (il n'y a pas d'urgence), mais sans hésitation ni modération !

Docteur Gérald Kierzek, retraité depuis trente ans,
ancien médecin des hôpitaux de Paris,
radio- et TV-docteur,
ayant lui-même intégré récemment
le club des centenaires.

Le 30 janvier 2077

Avant-propos

On sait aujourd'hui qu'il est possible de vieillir en bonne santé et de retarder la maladie d'Alzheimer suffisamment longtemps pour que les symptômes n'apparaissent jamais ou alors de façon très tardive. Et ce, sans médicaments, simplement en appliquant quelques mesures de prévention assez simples.

Une étude récente a estimé qu'en réduisant sept facteurs de risque de 10 %, il serait possible de diminuer les nouveaux cas d'Alzheimer de 8,5 % d'ici 2050 et d'éviter ainsi à neuf millions de personnes dans le monde de présenter cette maladie. Ces principaux facteurs de risque sont parfaitement identifiés et modifiables : un faible niveau d'instruction (19 %), le tabagisme (14 %), l'inactivité physique (13 %), la dépression (11 %), l'hypertension artérielle (5 %), l'obésité (2 %) et le diabète (2 %). Déjà, entre 2000 et 2010, en grande partie grâce à un meilleur niveau d'éducation scolaire, la fréquence de la démence chez les plus de 65 ans est passée de 11,7 % à 9,2 %, soit une baisse de 21,4 %.

Pourtant, 35 % des Français ont des comportements à risque pour leur santé, et seuls 36 % ont une activité physique suffisante. Ces comportements diminuent fortement l'espérance de vie du fait des complications qu'ils entraînent. Ainsi, un adulte de 50 ans fumeur, hypertendu et qui a trop de cholestérol a une espérance de vie réduite de dix ans. S'il est en plus obèse et diabétique, il faudra retrancher quinze ans. Il y a donc des choix à faire pour rester en bonne santé.

« Chacun fait, fait c'qui lui plaît, plaît », comme dit la chanson. Mais que faire exactement ? Et comment l'adapter à son propre cas ? Dans la Chine ancienne, les patients payaient leur médecin pour la prévention : le jour où ils tombaient malades, le docteur ne recevait plus un yuan et il soignait le patient gratuitement. En France, la notion de prévention est moins dans les mœurs (les Français préfèrent souvent vivre l'instant présent et éviter d'anticiper et de se projeter dans l'avenir) et les médecins sont peu impliqués (par manque de temps ou parce qu'ils n'y croient pas), et c'est finalement l'État qui a pris le relais. Les campagnes nationales de santé publique essayent de dicter des conduites collectives (ne pas fumer, ne pas boire avec excès...). Contre le tabac par exemple : augmentation du prix des paquets de cigarettes, interdiction de fumer dans les lieux publics, inscription sur les paquets du fumeux « Fumer tue » et plus récemment mise en place du paquet neutre. Mais l'État touche d'un autre côté des taxes importantes sur ces mêmes paquets de cigarettes et seulement 2 % des dépenses de santé en France sont affectées à la prévention : dès lors, l'État est-il vraiment à même d'endosser ce rôle de « protecteur de notre santé », pleinement et sans hypocrisie ?

En outre, la prévention entre 30 et 60 ans est plus efficace si elle est une démarche individuelle : chacun choisit ce qui lui semble le mieux adapté à sa santé, à ses habitudes, à ses besoins et aussi bien sûr à ses capacités. La meilleure prévention est celle que l'on s'impose à soi-même. Toutefois, comme le disait Clement Freud, le petit-fils du célèbre psychanalyste : « Si vous arrivez à vous arrêter de fumer, de boire et de faire l'amour, vous ne vivrez pas plus vieux : ça vous semblera juste plus long. » Donc, n'envisagez pas la prévention comme une suite d'interdits, mais comme une liste de bonnes résolutions que vous pouvez aménager au jour le jour. Seule interdiction absolue : fumer ! Tout le reste est autorisé (avec modération parfois) et modulable, sauf le tabac, qui est mauvais pour tout.

Il faut rire, danser, chanter, manger des aliments sains, stimuler son goût et son odorat, maintenir ses relations sociales, avoir une sexualité épanouie, continuer à apprendre, solliciter ses neurones, faire de l'exercice et au moins huit mille à dix mille pas par jour. Bien vieillir rime avec plaisir ! Les 101 conseils de ce livre sont là pour vous fournir toutes les informations qui vous aideront à bâtir votre propre programme afin de vous permettre de savoir ce que la médecine préconise pour mieux vieillir, et éviter la maladie d'Alzheimer.

Cet ouvrage repose avant tout sur des données médicales issues de la littérature scientifique et sur mon expérience professionnelle. J'exerce comme gériatre à l'hôpital Paul-Brousse de Villejuif (AP-HP) depuis 1997, avec une spécialisation au cours du temps sur les problèmes de mémoire et la maladie d'Alzheimer. J'ai également développé un enseignement sur la prévention du vieillissement pathologique qui a abouti à la publication d'un ouvrage collectif sur ce thème, qui en est à sa troisième édition. Je suis également le rédacteur en chef d'une revue intitulée *NPG* (*Neurologie-psychiatrie-gériatrie*), spécialisée dans le vieillissement cérébral.

Cette expérience professionnelle est donc un avantage, mais elle est aussi un inconvénient. En effet, le principal défaut des médecins, c'est qu'ils ne voient que des personnes malades. Pour les gériatres, ces personnes malades sont en plus âgées et, pour ma part, en tant que consultant mémoire (consultation spécialisée dans l'évaluation des troubles de la mémoire), ces personnes âgées malades sont en outre le plus souvent atteintes de la maladie d'Alzheimer. Dans ma pratique journalière, je pourrais avoir l'impression que la vieillesse se résume à une accumulation de maladies et à un immense trou de mémoire ! Heureusement, ce n'est pas le cas, et au moins 20 % de la population vieillit en bonne santé et sans troubles cognitifs. Si c'est possible pour certains, pourquoi pas pour vous ?

En consultation, les patients et leur famille me demandent très souvent : « Que peut-on faire pour éviter de vieillir en mauvaise santé et ne pas avoir de problèmes de mémoire ? » Ce livre répond à cette question et il vous sera utile, à vous, à vos enfants et à vos parents et proches, à n'importe quel âge. En matière de prévention, il n'est jamais ni trop tôt ni trop tard !

I

Les jeux ne sont pas faits !

1

Tes parents tu remercieras

C'est une évidence, mais sans parents vous n'existeriez pas et vous ne seriez pas en train de lire ce livre. Et, jusqu'à preuve du contraire également, « On choisit pas ses parents, / on choisit pas sa famille… », comme le dit la chanson de Maxime Le Forestier. Même si certains pratiquent déjà l'eugénisme en sélectionnant les « meilleurs » ovules et spermatozoïdes pour avoir des enfants à la carte, ce qui s'applique aux descendants ne peut s'appliquer aux ascendants. Donc le capital génétique que vous lèguent vos parents est une donnée de départ avec laquelle il faudra compter. Il joue un rôle dans les conditions de votre vieillissement et vos risques de développer certaines pathologies.

Rassurez-vous cependant, la génétique n'intervient que pour 25 % alors que les facteurs environnementaux comptent pour 75 %. Or, les bases de la prévention pour un vieillissement réussi qui seront développées tout au long de ce livre portent justement sur ces facteurs environnementaux. Toutefois, votre façon de gérer votre environnement et votre hygiène de vie va dépendre en grande partie de votre éducation et de votre milieu social, et donc *in fine*, quand même, de vos parents (biologiques ou non)…

Si vous avez plusieurs centenaires dans votre famille, vous avez plus de chances de le devenir vous-même. Mais vous pouvez aussi décider d'être le premier centenaire de votre lignée !

MES CONSEILS

— Remerciez vos parents chaque jour. C'est bon pour le moral, et sans eux, vous n'existeriez pas, donc vous ne pourriez pas envisager un vieillissement réussi !

— Inutile de faire cartographier votre génome tant que la médecine n'a pas fait plus de progrès. Il existe actuellement de nombreuses entreprises sur Internet (comme 23andMe ou DeCODE Genetics) qui vous proposent d'analyser votre génome. Même si les prix de base sont relativement bas (de l'ordre de cent trente euros), il faut savoir que ces résultats sont peu fiables et risquent d'être la source d'angoisse injustifiée et de consultations médicales à répétition.

— Ne vous attribuez pas les maladies de vos parents et suivez ces 101 conseils. Cependant, certaines maladies à transmission génétique peuvent nécessiter un dépistage familial comme l'hémochromatose (surcharge en fer) ou certains cancers. Sachez que vous pouvez être contacté par un hôpital parce qu'on a découvert une maladie très particulière dans votre famille.

— Renseignez-vous quand même pour savoir à quel âge sont décédés vos arrière-grands-parents et vos grands-parents. Si vous avez plusieurs nonagénaires ou plusieurs centenaires dans la famille, c'est plutôt bon signe. Sinon, soyez le premier de votre famille à bien vieillir.

— Rappelez-vous que les gènes de vos parents ne comptent que pour 25 %, et que c'est vous qui maîtrisez les 75 % restants pour bien vieillir !

2

Ton lieu de vie tu choisiras

« Être né quelque part, / c'est toujours un hasard », dit encore Maxime le Forestier dans la chanson évoquée précédemment, et ce hasard de la naissance influence en partie votre espérance de vie. En effet, en fonction de l'endroit géographique où l'on naît – outre le milieu social (voir « Quand les ouvriers sont à la double peine », p. 39) –, les chances ne sont pas les mêmes pour tous ; elles varient beaucoup d'un pays à l'autre, et en particulier entre les pays riches et les pays en voie de développement. Mais, même dans un pays comme la France, lorsqu'on étudie sur une carte les régions où la mortalité est la plus importante, on constate un gradient Nord-Sud : elle est moindre dans le Sud que dans le Nord, aussi bien pour les hommes que pour les femmes. On retrouve également un gradient entre l'Ouest et l'Est, plus favorable dans l'Est. Il suffit parfois de quelques kilomètres pour creuser des différences : les chercheurs ont par exemple étudié l'espérance de vie le long des soixante-dix kilomètres de la ligne du RER B en Île-de-France et ont constaté que l'écart est de trois ans d'ouest en est. Ainsi, le risque de décéder dans l'année, à âge égal, varie entre – 4 % et – 35 % pour toutes les stations situées à l'ouest (de Bourg-la-Reine à Saint-Rémy-les-Chevreuse), de – 13 % à – 30 % pour les stations dans Paris, puis augmente de + 2 % à + 28 % pour toutes les stations situées à l'est (de Saint-Denis à Tremblay ou à Dammartin). Ces variations ne sont pas dues à la situation géographique, au climat ou encore à la pollution mais essentiellement aux différences de conditions de vie socioéconomiques : elles influencent les capacités à se projeter dans le futur et à éviter certains facteurs de risque.

En France, les deux régions qui ont le taux de mortalité le plus élevé avant 65 ans (et considéré comme évitable car lié à l'alcool, au tabac et à la sédentarité) sont le Nord et la Bretagne. Ce sont également ces régions pour lesquelles on enregistre de forts taux de suicide.

Choisir son lieu de vie n'est donc pas négligeable quand on souhaite améliorer les conditions de son vieillissement et augmenter cette espérance de vie qui a considérablement évolué depuis deux siècles et demi en France. En 1789, l'espérance de vie à la naissance était estimée à 27,5 ans pour les hommes et à 28,1 ans pour les femmes. Ce chiffre très bas était essentiellement la conséquence d'une très forte mortalité infantile (280 pour 1 000 soit 28 %). Ceux qui survivaient jusqu'à l'âge de 10 ans avaient alors une espérance de vie de 60 ans.

Au début du XXe siècle, l'espérance de vie à la naissance était de 45 ans pour les hommes et de 49 ans pour les femmes, et un bond extraordinaire a été fait au cours du siècle dernier puisque nous avons aujourd'hui une espérance de vie à la naissance de 78,2 ans pour les hommes et de 85,1 ans pour les femmes (voir « Le sexe faible n'est pas celui que l'on croit », p. 34). Ce progrès incroyable a d'abord été dû à la diminution de la mortalité infantile (de 149 pour 1 000 en 1900 à 63 pour 1 000 en 1950 et à 3 pour 1 000 actuellement) et à l'amélioration des conditions de vie (hygiène, logements, sanitaires, eau potable...). À partir des années 1950, c'est surtout les progrès de la médecine (antibiotiques, chirurgie...) et la meilleure prise en charge des pathologies chroniques (traitements de l'hypertension, du diabète, des pathologies cardiaques...) qui expliquent la progression de l'espérance de vie, les gens vivant dès lors de plus en plus vieux.

Selon une étude publiée dans *The Lancet* en février 2017, l'espérance de vie à la naissance en France en 2030 sera de 88,6 ans pour les femmes et de 81,8 ans pour les hommes.

MES CONSEILS

— Plus que l'endroit où vous êtes né, c'est l'endroit où vous allez vivre qui va conditionner la qualité de votre vieillissement. Il est donc important de bien le choisir.
— Il faut savoir que chaque année sont publiés des palmarès des villes où il fait bon vivre en France. Les paramètres utilisés sont essentiellement économiques et sociaux, mais ces indicateurs peuvent vous aider à vous décider. Un autre critère important est le niveau de pollution : évitez les zones les plus polluées !
— Si vous habitez dans une zone plutôt défavorable, rassurez-vous, tout n'est pas perdu pour autant. Il faudra simplement être plus strict sur vos conditions de

vie : hygiène, tabac, alcool, exercice... et bien suivre les conseils de ce livre. Une hygiène de vie adaptée permet de compenser et même de dépasser les conséquences négatives liées à votre lieu d'habitation.

— Pour bien vieillir, votre code postal est plus important que votre code génétique.

3

Le sexe faible n'est pas celui que l'on croit

Si vous voulez vivre longtemps, le mieux est d'être une femme. À ce petit jeu, elles sont les plus fortes ! Et pour l'instant elles gagnent à tous les coups, sans qu'il y ait d'explication très claire à ce phénomène (protection due aux hormones féminines ?) dont on retrouve une trace au niveau de la longueur des télomères, ces petits morceaux d'ADN qui semblent déterminer notre espérance de vie (voir « Télomère toi-même », p. 53) : ceux des femmes sont plus longs que ceux des hommes. Un bébé fille sur deux qui naît aujourd'hui atteindra probablement l'âge de 100 ans. Pour celles qui ont travaillé, elles toucheront leur retraite plus longtemps que les hommes. Le revers de la médaille est qu'elles ont souvent une période de dépendance plus longue. Cependant, depuis les années 1990, la différence d'espérance de vie entre les hommes et les femmes a commencé à diminuer, en partie à cause des ravages du tabagisme dans la population féminine, qui favorise les maladies cardio-vasculaires et les cancers.

L'écart entre les deux sexes ne cesse de se réduire. Il était de 8,2 ans en 1994 contre 6,3 ans en 2013. Dans les années 1980, l'espérance de vie masculine a rejoint le rythme de croissance rapide de l'espérance de vie féminine, essentiellement par des années de vie gagnées après 60 ans. Il n'en demeure pas moins que l'inégalité en la matière reste considérable : en 2013, l'espérance de vie des hommes était équivalente à celle que les femmes avaient trente ans auparavant. Au rythme actuel de rapprochement, il faudra quand même soixante ans pour arriver à l'égalité entre hommes et femmes ! En attendant, soyez prudent si vous pensez acheter un appartement ou une maison en viager à une femme âgée. Le notaire de Jeanne Calment lui a acheté son appartement en viager alors qu'elle avait 90 ans et lui 47. Il est mort à 77 ans sans jamais avoir pu en profiter…

MES CONSEILS

- Si vous êtes une femme, il faut éviter les facteurs de risque que sont le tabac, l'alcool à fortes doses et les conduites dangereuses.
- Si vous êtes un homme, c'est pareil !
- Bien sûr, changer de sexe ne sert à rien !

4

À l'école longtemps tu iras

Le niveau de scolarisation (correspondant à la durée des études) est un indice important pour évaluer le développement d'un pays. Il est d'ailleurs intégré dans l'indice de développement humain ou IDH. Cet indice a été créé pour souligner que ce sont les personnes et leurs capacités qui devraient constituer le critère ultime pour évaluer le développement d'un pays et non la seule croissance économique.

Dans l'IDH, trois facteurs entrent en jeu : la santé, évaluée d'après l'espérance de vie à la naissance ; l'éducation, mesurée au moyen du nombre d'années de scolarisation pour les adultes âgés de 25 ans et plus et des années attendues de scolarisation pour les enfants en âge d'entrer à l'école ; le niveau de vie, déterminé par le revenu national brut par habitant. En général, plus le niveau de scolarité est élevé, meilleurs sont la situation socio-économique et l'état de santé. En 2015, le pays ayant le meilleur indice était la Norvège et la France était en vingt-deuxième position.

De nombreuses études ont montré qu'il existait une corrélation forte entre une scolarité longue et une amélioration globale de la santé en particulier, du fait de comportements de vie plus sains. Ainsi, les personnes qui ont arrêté leur scolarité avant la fin des études secondaires ont 2,6 à 2,8 fois plus de risque de consommer de l'alcool en quantité excessive que celles qui ont été en études supérieures. Pour le tabac, une fin de la scolarisation précoce et l'absence de diplôme correspondent à une prévalence supérieure. Dans la tranche d'âge des 15-25 ans, les scolarisés sont moins nombreux à fumer que ceux qui travaillent, qui eux-mêmes le sont moins que ceux qui sont au chômage. Le même type de relation est trouvé entre obésité et scolarité. Enfin, une scolarité longue diminue le risque de dépression à l'âge adulte. De manière générale également, l'éducation incite à avoir davantage recours aux soins préventifs.

Il existe ainsi un lien marqué entre le nombre d'années d'études et la mortalité. Aux États-Unis, une année de scolarisation supplémentaire augmenterait de 1,7 an l'espérance de vie à l'âge de 35 ans. En France, on estime que la différence d'espérance de vie entre ceux qui ont arrêté leur scolarité au niveau secondaire par rapport à ceux qui ont poursuivi des études supérieures est de l'ordre de sept années.

En ce qui concerne la mémoire, un faible niveau d'études est considéré comme un facteur de risque de maladie d'Alzheimer. Étudier développe les connexions entre les neurones (synapses), ce qui permet de constituer ce que l'on appelle une « réserve cognitive » ralentissant l'apparition des symptômes de la maladie. Cela diffère de plusieurs années le diagnostic. Un cursus scolaire long retarde ainsi l'apparition de la maladie d'Alzheimer de sept à dix ans. Selon une étude française, le délai entre les premiers troubles et la démence déclarée est de quinze à seize ans en moyenne chez les personnes diplômées, contre sept chez celles qui n'ont pas fait d'études.

Ceux qui n'ont pas été à l'école auraient en outre deux fois plus de risque de développer la maladie que les autres.

L'augmentation significative du nombre de personnes scolarisées dans le monde expliquerait que l'on assiste à une diminution significative du nombre de cas de maladie d'Alzheimer dans les années à venir. En février 2016, une étude sur trente ans (l'analyse de la cohorte de Framingham) a montré une diminution de 20 % des cas de démence, tous les dix ans. Dans ce travail, en plus de la diminution des facteurs de risque cardio-vasculaires, c'est l'augmentation générale du niveau de scolarité qui semblait avoir influencé de façon significative ces résultats.

MES CONSEILS

- Encouragez vos enfants à faire des études le plus longtemps possible.
- Si vous êtes une mère qui a fait des études, vous protégez en partie vos enfants des risques de surpoids et d'obésité.
- Étudiez, étudiez, étudiez. Plus vous aurez étudié, meilleures seront votre santé et votre espérance de vie et plus vos facteurs de risque seront bas.

5

Quand les ouvriers sont à la double peine

Comme on l'a vu dans les chapitres précédents, le lieu où l'on naît et le sexe sont déterminants dans l'espérance de vie. Un autre facteur majeur est le niveau socioculturel. Le milieu social va conditionner le niveau d'éducation et du même coup les habitudes de vie, lesquelles vont directement avoir une influence sur la mortalité prématurée (c'est-à-dire le fait de décéder avant 65 ans, ce qui est considéré comme « anormal »). Ainsi, les personnes qui arrêtent leurs études au niveau du collège ont une espérance de vie diminuée en moyenne de sept ans : à 25 ans, une personne ayant fait au moins un an d'études au collège a une espérance de vie de 82 ans, contre 75 ans pour un niveau d'études inférieur. L'éducation donne accès à de meilleures conditions de vie, à un meilleur revenu, à un environnement plus stimulant, à un meilleur accès aux soins, à des habitudes de vie plus saines et donc à une meilleure prévention (par exemple, les hauts niveaux d'études fument moins).

Depuis les années 1980, l'Institut national de la statistique et des études économiques (Insee) analyse régulièrement la mortalité des hommes et des femmes en fonction de la catégorie sociale. Ainsi, l'espérance de vie des personnes de 35 ans est en augmentation continue, mais révèle des différences significatives en fonction des écarts sociaux. Ces variations en fonction du statut professionnel persistent depuis les premières analyses de 1980, sans aucune amélioration. Ainsi, en 2000-2008, un cadre de 35 ans avait une espérance de vie de 47,2 ans, alors que pour un ouvrier du même âge elle n'était que de 40,9 ans (cette différence étant toujours d'au moins quatre années pour ceux ayant atteint l'âge de 60 ans). Pour les femmes, elle était de 51,7 ans pour une cadre et de 48,7 ans pour une ouvrière. De plus, les cadres avaient dix ans de plus d'espérance de vie sans incapacité (c'est-à-dire en bonne santé) par rapport aux ouvriers, ce que les auteurs qualifiaient de « double peine » des ouvriers. La notion d'incapacité est ici à prendre au sens large : au moins une limitation fonctionnelle résiduelle physique ou sensorielle (difficulté à voir de près ou de loin, à entendre, à marcher, à se pencher ou à utiliser ses mains et ses doigts). Autre constat de l'Insee, les hommes sans emploi ou les chômeurs n'ayant jamais travaillé avaient une mortalité à tout âge multipliée par 2,7.

Le statut social peut influencer aussi directement la santé. Les hommes ayant une situation sociale plutôt défavorable ont plus souvent une consommation d'alcool et de tabac plus importante et un moindre recours aux soins. Mais cette influence du statut social ne concerne pas que les plus pauvres : ainsi, chez les femmes, le cancer du sein est plus fréquent chez celles ayant une situation sociale élevée (parce qu'elles ont le plus souvent des grossesses tardives et moins d'enfants), mais elles ont quand même une meilleure survie du fait d'un meilleur accès aux soins et au dépistage.

Ces différences d'espérance de vie ou de mortalité prématurée (c'est-à-dire avant 65 ans) s'expliquent essentiellement par des différences de modes et d'hygiène de vie, variables selon les classes sociales : les conduites à risque (alcool, tabac, nutrition, sédentarité, toxicomanie, conduite automobile dangereuse) sont plus fréquentes chez les ouvriers que chez les cadres. Ainsi, pour les ouvriers, le danger principal ne vient pas de la profession elle-même, même si certains métiers sont cependant dangereux.

MES CONSEILS

— Quelle que soit sa situation sociale, il faut essayer d'éviter les conduites à risque : tabac, alcool, sédentarité, toxicomanie...
— Suivre une formation continue ou reprendre des études peut vous aider.
— Certaines attitudes de prévention ne coûtent rien (faire de la marche) ou sont, même, économiques (arrêter de fumer).
— Sachez que tout n'est pas écrit d'avance et que c'est vous-même qui influez sur votre santé.

6

Mieux vaut être riche...

Comme le dit la sagesse populaire : « Mieux vaut être riche et bien portant que pauvre et malade. » Au même âge de départ à la retraite, les personnes aux revenus élevés bénéficient d'une durée de retraite plus longue. Ceci rejoint en partie le constat sur la double peine des ouvriers (voir le chapitre précédent). Les études sur revenus et mortalité sont rares. Si on compare des groupes identiques sur le plan socio-professionnel, l'âge, le statut matrimonial et la localisation géographique, les hommes ayant les revenus les plus bas présentent un risque de mortalité environ deux fois plus important que ceux disposant des revenus les plus élevés. De même, il existe un lien avéré entre mortalité et chômage. À âge égal, pour les chômeurs, le risque de décéder dans les cinq ans serait 2,3 fois plus élevé que celui des personnes en emploi pour les hommes et 1,8 fois plus élevé pour les femmes, à diplôme, catégorie socio-professionnelle et statut matrimonial identiques. Ce phénomène n'est bien sûr pas spécifique à la France et a été décrit en Allemagne et aux États-Unis. Outre-Atlantique, les 10 % des hommes les plus riches vivent, environ, dix ans de plus que les 10 % des hommes les plus pauvres. La différence entre les 1 % les plus riches et les 1 % les plus pauvres est de 14,6 ans pour les hommes et de 10 ans pour les femmes. En 2001, l'inégalité du revenu aurait ainsi été au septième rang des principales causes de décès aux États-Unis, soit à égalité avec la grippe et la pneumonie (25,3 décès pour 100 000 personnes).

Cet écart d'espérance de vie entre les personnes les plus riches et les plus pauvres est un constat valable au niveau mondial. Les plus aisés bénéficient, en général, d'un meilleur accès aux soins et ont, globalement, des habitudes alimentaires plus saines. Mais la théorie de l'environnement psychosocial et de la biologie du stress fournit également une interprétation de cette corrélation entre inégalités de revenu et de santé : les individus mal rémunérés ressentiraient, du fait de leurs revenus inférieurs, des émotions négatives comme la honte, la défiance et le stress, ce qui susciterait des mécanismes psycho-neuro-endocriniens et des comportements nocifs pour la santé.

MES CONSEILS

— Prenez soin de votre santé quels que soient vos revenus. Vous pouvez par exemple faire deux ou trois fois par jour un exercice simple de relaxation : asseyez-vous dans le noir, au calme, dans le silence. Ne faites rien et tentez de ne penser à rien (ou du moins chassez vos pensées négatives). Restez ainsi une dizaine de minutes afin d'évacuer votre stress et de vous détendre complètement.

— Durant les périodes difficiles, en particulier en cas de chômage, trouvez une activité, même bénévole, en attendant de retrouver une activité salariée. Surtout ne vous isolez pas. Continuez à organiser votre temps comme pour une journée de travail.
— Gardez toujours une attitude positive et n'ayez pas honte de votre statut social. La honte, comme la défiance et le stress, est un facteur de mauvaise santé.
— Demandez une augmentation à votre direction.

7

Travailler plus pour vivre plus ?

L'activité augmenterait donc l'espérance de vie, comme le contre-exemple du chômage le souligne. Et il semblerait en outre qu'un vieillissement réussi soit associé à un travail prolongé, qui protégerait également le cerveau et diminuerait les risques de maladie d'Alzheimer. Une étude française (Inserm Bordeaux) a mis en évidence une relation, hautement significative, entre la date de la prise de la retraite et l'incidence de la maladie d'Alzheimer. Une année supplémentaire d'emploi peut réduire de 3 % l'apparition de la maladie. Ou encore, prendre sa retraite à 65 ans au lieu de 60 ans diminue de 15 % le risque de survenue de cette pathologie. On peut donc remercier nos politiques qui pensent à nous en voulant reculer de plus en plus l'âge de la retraite !

Mais si rester actif plus longtemps est salutaire, travailler plus n'est pas souhaitable. Ainsi, une méta-analyse récente a montré que travailler plus de 55 heures par semaine augmente de 33 % le risque de faire un accident vasculaire cérébral et de 13 % celui de développer une maladie des artères coronaires (risque d'infarctus) par rapport à un travail hebdomadaire de 35 à 40 heures. Cette analyse tenait compte des autres facteurs de risque des maladies cardio-vasculaires : tabagisme, consommation d'alcool ou sédentarité. Le risque d'accident vasculaire cérébral augmenterait parallèlement à la durée du travail : 10 % de plus chez les personnes travaillant entre 41 et 48 heures et 27 % de plus chez celles travaillant entre 49 et 54 heures. Il faut savoir que dans notre pays, 8,7 % des personnes travaillent plus de 50 heures par semaine. Le passage aux 35 heures a donc libéré du temps doublement profitable aux salariés !

MES CONSEILS

— Si votre travail le permet, essayez de prendre tardivement votre retraite.
— Garder une activité rémunérée, même dans des conditions aménagées, est bon pour la santé. Les seniors toujours en activité ont deux fois moins de problèmes de santé que ceux qui ont cessé leur travail.
— Plus vous arriverez à travailler longtemps, plus vous diminuerez votre risque d'avoir une maladie d'Alzheimer.
— Comme pour tout, l'excès est mauvais, l'idéal étant de ne pas dépasser quarante heures de travail par semaine.

8

Vieillissement : à la carte !

D'une façon simple, on distingue trois modes de vieillissement : réussi, usuel et « pathologique ». Le vieillissement réussi est celui dans lequel on garde ses capacités physiques et intellectuelles le plus longtemps possible. C'est l'objectif de la prévention en général et des 101 conseils de ce livre en particulier.

Certains y arrivent spontanément sans l'avoir recherché, mais pour la plupart cela nécessite de petits efforts au quotidien, car nos capacités ne s'usent que si nous ne nous en servons pas et c'est cette usure, cette non-utilisation, cette absence de stimulation qui va entraîner le vieillissement usuel. Ne vous contentez pas d'un vieillissement usuel car un « coup de vieux » est vite arrivé et vous pouvez basculer alors vers un vieillissement pathologique !

Le vieillissement pathologique, pour ne pas dire « raté », est quant à lui plus complexe puisqu'une part est aléatoire – celle des maladies ou handicaps qui nous tombent dessus sans prévenir – et une part est de notre responsabilité.

Si nous n'avons pas respecté (de façon consciente ou le plus souvent par méconnaissance) notre capital santé et que nous l'avons dilapidé à tout va dans des excès divers, nous le payons en prenant de l'âge. Grâce à des efforts relativement modestes, nous aurions pu être en mesure d'orienter notre vieillissement et donc de le choisir.

Au niveau de la population générale, on a déjà gagné un grand nombre d'années de vieillissement réussi grâce à nos conditions de vie et d'hygiène, meilleures au XXIe siècle qu'auparavant. Désormais, les personnes de 75 ans ressemblent en termes de santé, d'espérance de vie et d'activité, aux sexagénaires des années 1950.

MES CONSEILS

— C'est à vous de décider si vous voulez vieillir le mieux possible.
— Chaque jour qui passe, suivez un maximum des conseils prodigués dans ce livre si vous voulez bien vieillir.
— Évitez absolument de consommer certains produits toxiques – en premier lieu le tabac.
— Les deux points clés sont l'exercice physique et une alimentation saine et diversifiée.
— La sédentarité est l'ennemie du vieillissement réussi.

9

Obsolescence programmée : comment la dépasser ?

Vous devez sûrement connaître la notion d'obsolescence programmée, concept utilisé dans le commerce pour dire qu'un objet (machine à laver, télévision, téléphone, automobile, etc.) a une durée de vie programmée par son fabricant. Curieusement, d'ailleurs, cette durée de vie semble correspondre à la garantie de l'appareil et lorsque la garantie vient de cesser, l'appareil tombe en panne ! Dans la nature, la durée de vie de tous les animaux, y compris l'homme, connaît une sorte de limite prédéterminée que l'on ne peut pas dépasser. Chez l'homme, elle serait de 120-150 ans. Cette durée de vie est, en simplifiant, proportionnelle au nombre de divisions cellulaires que l'on peut mesurer in vitro (en laboratoire) pour chaque espèce : 2 ans chez la souris, 8-12 ans chez le lapin, 25-30 ans chez le cheval, 120-150 ans chez l'homme et 175-200 ans chez la tortue des Galápagos. Une étude publiée dans *Nature* en octobre 2016 a fixé l'espérance de vie maximum pour l'homme à 125 ans, mais la façon dont a été calculée cette durée maximale a été très critiquée. Pour les auteurs de ce travail il y aurait même actuellement un plafond autour de 115 ans.

L'obsolescence programmée au niveau cellulaire s'appelle la sénescence réplicative. Pour ce qui est du vieillissement, il semblerait qu'elle soit en partie due à l'accumulation dans l'organisme de ces cellules sénescentes. Récemment, une équipe américaine est parvenue à prolonger de 30 % en moyenne l'espérance de vie de souris en nettoyant leur organisme de ces vieilles cellules. À 22 mois, les souris traitées apparaissent en meilleure santé, leur activité comme leur capacité cognitive sont mieux préservées et elles souffrent moins de cataracte. Elles sont également moins touchées par les pathologies cardiaques, rénales ou métaboliques, caractéristiques du vieillissement. Enfin, le déclenchement des cancers est retardé.

Seules les cellules cancéreuses arrivent à échapper à la sénescence et à devenir « immortelles ». Cependant, même les cellules cancéreuses finissent par mourir... lorsqu'elles ont tué le malade. Triste revanche.

Comme on l'a vu, l'obsolescence, c'est surtout celle des machines, chaque nouvelle année voyant naître de nouvelles technologies, de nouveaux objets connectés, et les autres, déjà « vieux », devenant obselètes. Impossible, si vous avez un ordinateur, de rester sur la configuration que vous connaissiez, il faut changer sans cesse et s'adapter. De même pour la télévision, avec la fibre, la TNT, etc., impossible de garder ses habitudes et de n'avoir qu'une seule télécommande... Ceci est responsable d'une forme d'obsolescence contre laquelle on peut lutter, c'est celle des compétences. Ainsi, avec les nouvelles technologies, on peut avoir quelquefois le sentiment d'être dépassé ou incompétent. C'était le cas pour 31 % des seniors dans une enquête française de 2011. Le plus souvent en raison d'une progressive inadaptation aux mutations de l'environnement ou aux évolutions technologiques. Il faut donc lutter pour ne pas être *has been* et ne pas hésiter, si nécessaire, à prendre des cours pour utiliser son ordinateur, son téléphone portable, sa télévision, son micro-ondes ou ses plaques à induction !

Mais parler d'obsolescence chez l'homme, n'est-ce pas le réduire à un statut d'objet dont on remplacerait les pièces défaillantes, un peu comme pour une voiture qu'on amène chez le garagiste ? Au départ, les transplantations d'organes visaient avant tout à sauver les malades, puis, petit à petit, avec les prothèses mécaniques, les bioprothèses, les prothèses électroniques, l'objectif a changé : il ne s'agit plus seulement de traiter une maladie, mais de créer une sorte de surhomme avec des capacités physiques et intellectuelles augmentées. Aujourd'hui, avec les NBIC (nanotechnologies, biotechnologies, informatique et sciences cognitives), tout semble possible – le transhumanisme est né. Le philosophe Luc Ferry vient de consacrer un ouvrage plutôt critique (*La Révolution transhumaniste*, Plon, 2016) à ce mouvement qui est fortement représenté en France par le docteur Laurent Alexandre et qui est largement soutenu financièrement depuis quelques années par Google. L'objectif du transhumanisme est de rendre l'homme immortel, et ce, en passant par différentes étapes : d'abord deux cents-trois cents ans, puis mille ans, pour finalement « tuer la mort ». Un des moyens envisagés serait de transférer l'esprit humain dans un ordinateur ou un robot… Transformer l'homme en objet, finalement.

MES CONSEILS

— Inutile de rêver, on ne vivra pas mille ans ! Mais vivre de cent vingt à cent cinquante ans (en bonne santé) reste un objectif envisageable !

— Que vous soyez en activité ou à la retraite, élargissez vos connaissances en permanence pour lutter contre l'obsolescence de vos compétences. Chaque fois que possible, inscrivez-vous à des programmes de formation en choisissant des domaines qui vous posent problème dans votre vie quotidienne.

— Tenez-vous particulièrement à jour pour tout ce qui concerne les nouvelles technologies. Utiliser un ordinateur, une tablette ou un Smartphone, ça s'apprend ! Et ce, quel que soit votre âge.

— Évitez de vous dévaloriser en vous considérant comme dépassé ou incompétent. Ne vous fixez aucune limite !

10

Télomère toi-même !

Les télomères sont de petits morceaux d'ADN qui se répètent au bout des chromosomes. Ils diminuent à chaque division cellulaire et protègent nos gènes des mutations et autres anomalies. Ils empêchent nos chromosomes de s'user. La longueur des télomères est régulée par une enzyme qui s'appelle la télomérase. En 2009, trois chercheurs ont reçu le prix Nobel pour la découverte de cette enzyme, dont la biologiste américaine Elizabeth Blackburn. Pour elle, on peut comparer les télomères aux embouts en plastique situés aux extrémités des lacets : si on les perd, les lacets commencent à s'effilocher. C'est la même chose pour les chromosomes.

Il semble que la taille des télomères soit déterminée à la fin de la croissance de chaque individu (c'est-à-dire après la fin de l'adolescence). Plus vous êtes grand en taille, plus vous avez utilisé de divisions cellulaires, et plus vos télomères sont courts par rapport aux personnes plus petites. Être grand diminuerait donc votre longévité !

Les télomères longs sont théoriquement corrélés à une durée de vie importante. À âge égal, les télomères des femmes sont plus longs que ceux des hommes, ce qui pourrait, en partie expliquer la longévité plus grande du sexe féminin. Les télomères sont actuellement une piste de recherche majeure en ce qui concerne le vieillissement et pourraient être un moyen de vaincre (en partie) l'obsolescence programmée.

On sait que certains facteurs réduisent la longueur des télomères, notamment le tabac, les sodas, l'obésité ou un diabète mal contrôlé. Une étude publiée en 2014, prenant en compte 5309 adultes âgés de 20 à 65 ans, a montré que les consommateurs réguliers de sodas accéléraient leur vieillissement cellulaire de 4,6 ans en moyenne.

Selon certaines études, portant sur des individus âgés de plus 60 ans, la présence de télomères courts serait associée à une mortalité plus précoce, à une plus grande fréquence de maladies cardio-vasculaires ou infectieuses, à l'apparition d'une démence. Dans une enquête de 2003, la longueur des télomères a été analysée chez cent cinquante personnes âgées de 60 ans et plus. Celles qui possédaient les télomères les plus courts avaient une probabilité multipliée par huit de mourir de maladie infectieuse et par trois d'avoir une crise cardiaque. Une corrélation aurait ainsi été établie entre l'état des télomères dans les lymphocytes et le risque de développer une maladie infectieuse chez les personnes de plus de 60 ans.

D'autres facteurs pourraient en revanche rallonger la longueur des télomères, comme l'exercice physique ou la restriction calorique.

Une analyse anglaise publiée en 2008 a étudié la longueur des télomères chez 2401 jumeaux (vrais ou faux), hommes ou femmes, âgés en moyenne de 48 ans. Les personnes les plus actives physiquement avaient des télomères plus longs, y compris chez les vrais jumeaux qui disposaient à la naissance du même patrimoine génétique. Les plus actifs avaient des télomères d'une longueur comparable à des personnes sédentaires dix ans plus jeunes. Des études sur des sportifs professionnels ont retrouvé les mêmes résultats.

En 2013, on a observé, chez des hommes ayant un cancer de la prostate et suivis pendant cinq ans, qu'un changement de leurs habitudes de vie entraînait une augmentation de 10 % en moyenne de la longueur de leurs télomères. Ces changements concernaient notamment l'alimentation (régime à base de fruits et de légumes, réduction des graisses saturées), une activité physique (marche trente minutes par jour et six jours par semaine) ainsi qu'un recours à des techniques de gestion du stress (méditation, yoga ou relaxation durant une heure par jour). L'ensemble était associé à une rencontre hebdomadaire de soutien collcctif. Plus les changements étaient importants, plus la longueur des télomères était augmentée.

Enfin, les télomères sont nettement plus longs chez les centenaires en bonne santé.

MES CONSEILS

- Soignez vos télomères si vous voulez mieux vieillir et devenir centenaire.
- Ne fumez pas, faites attention à votre alimentation et évitez d'être en surpoids car la longueur des télomères est positivement corrélée avec le niveau d'éducation et

l'indice de masse corporelle (IMC) et négativement corrélée avec le tabagisme et la consommation d'alcool.

— Évitez également les sodas de façon trop régulière.
— Dormez, c'est bon pour vos télomères.
— Faites de l'exercice.
— Évitez le stress, soyez zen.

II

Que manger ?
Que boire ?
Quelles substances éviter ?

11

Cinq fruits, oui, mais lesquels ?

Tout le monde répète le célèbre adage britannique : « *An apple a day keeps the doctor away* (une pomme par jour éloigne le médecin) », même si une étude récente a montré qu'il n'y avait guère de différence, d'un point de vue médical, entre ceux qui mangeaient des pommes et ceux qui n'en mangeaient pas. Cette étude, publiée dans une grande revue de médecine, mettait quand même en évidence que ceux qui mangeaient des pommes avaient tendance à moins fumer et à prendre moins de médicaments que les autres.

Une autre étude, américaine celle-là, a mis en valeur pourtant certains effets positifs de la pomme qui permettraient de réduire le mauvais cholestérol, de perdre du poids et de limiter les maladies cardiaques, en faisant baisser notamment la pression artérielle. Des chercheurs ont même calculé que sur 17,8 millions d'adultes de plus de 50 ans, la consommation d'une pomme par jour éviterait 8 500 décès par an dus au cholestérol, alors que le recours aux statines pour traiter l'hypercholestérolémie en évitait 9400. Autrement dit, une pomme par jour serait presque aussi efficace que de prendre un médicament contre le cholestérol !

Seul bémol, une étude britannique a, quant à elle, mis en évidence que les personnes qui mangent des pommes ont 3,7 fois plus de risque de présenter des dommages aux dents que les consommateurs de boissons gazeuses (qui sont riches en sucre et donc mauvaises pour les dents), et ce, en raison de la haute acidité du fruit. Sans parler des problèmes de pesticides…

Bref, difficile de se faire une idée claire au sujet de la pomme, mais elle semble quand même avoir plus d'avantages que d'inconvénients. Son prix d'abord, et sa capacité de longue conservation. Du point de vue de l'apport énergétique, une pomme de 150 grammes apporte environ entre 60 et 75 calories, est riche en fibres, vitamines, sels minéraux, antioxydants, et est un excellent coupe-faim. Il faut sûrement en manger régulièrement, mais pas forcément tous les jours.

Pour le « programme national nutrition santé » (PNNS), cinq fruits ou légumes correspondent à cinq portions (de 80 à 100 g) qu'il faudrait consommer quotidiennement. Une portion de fruits correspond par exemple à un jus de fruits, ou bien à une pomme, une poire, quatre ou cinq fraises ou bien deux prunes. (Pour les légumes, voir « Cinq légumes pour ne pas en devenir un », p. 63.) Soixante à 87 % de la population mondiale consomme quotidiennement environ 200 grammes de fruits et légumes seulement, alors que l'Organisation mondiale de la santé (OMS) conseille d'en manger 400 grammes par jour. Il faut donc faire un effort, d'autant que, si l'on en croit une étude anglaise, c'est aussi bon pour le moral : 33,5 %

des gens heureux consomment cinq portions ou plus de fruits et légumes par jour et seulement 6,8 % moins d'une portion par jour.

Globalement, consommer des fruits est essentiel parce qu'ils sont riches en vitamines, en minéraux, en fibres et que leurs effets favorables sur la santé sont multiples : ils protègent des maladies qui apparaissent à l'âge adulte, comme les cancers, les maladies cardio-vasculaires, l'obésité, et le diabète. Ceci est principalement lié à leur fort pouvoir antioxydant. Leur seul inconvénient est leur forte teneur en sucre (surtout bananes et raisins). Les moins sucrés sont les melons et surtout la pastèque (forte teneur en eau).

Le top 10 des fruits : la pomme, l'orange (et autres agrumes), la banane, le kiwi, l'ananas, l'abricot, le melon, le citron, la mangue et les fraises. Selon certaines études, les baies (fraises, myrtilles, framboises…), à raison de deux portions par semaine, et les fruits secs oléagineux (noisettes, amandes, noix, à ne pas oublier…), à raison d'au moins cinq portions par semaine, seraient intéressants pour diminuer le risque de maladie d'Alzheimer.

MES CONSEILS

— Malgré tout, la pomme reste une valeur sûre ! Et comme le disait avec humour Winston Churchill qui a vécu jusqu'à 90 ans : « Une pomme par jour éloigne le médecin, pourvu que l'on vise bien… »
— Variez votre consommation de fruits (si possible bio et de saison) : ils ont de nombreux effets positifs et

favorisent un meilleur vieillissement, notamment les baies et les oléagineux.

— Préférez les fruits entiers (pour les fibres), mais un vrai jus de fruit, c'est déjà ça !
— Mangez-les frais, surgelés, en boîte, crus ou cuits : sous toutes les formes, les fruits ont des vertus intéressantes.

12

Cinq légumes pour ne pas en devenir un

La plupart des études concernant les fruits et les légumes mettent surtout l'accent sur les bénéfices liés à la consommation de légumes en termes de santé. Et plus particulièrement sur les légumes à feuilles vertes (salades, choux, épinards, blettes…), qui semblent les plus efficaces – quelles que soient les enquêtes – pour la mémoire et la prévention de la maladie d'Alzheimer. Ainsi, les épinards chers à Popeye seraient meilleurs pour le cerveau que pour les muscles. Les légumes-feuilles sont souvent les plus riches en vitamine E et ils sont consommés avec des graisses (vinaigrette, margarine, etc.) qui sont, elles-mêmes, non seulement riches en vitamine E, mais augmentent également l'absorption de la vitamine E et des autres vitamines liposolubles (A, D et K). D'autres constituants des légumes-feuilles sont aussi associés à un moindre déclin cognitif : les folates, les polyphénols et les flavonoïdes antioxydants.

Une consommation quotidienne de légumes à feuilles vertes (plus de deux portions par jour) ralentirait le déclin cognitif d'un an et demi à cinq ans. Enfin, les légumes à feuilles vertes auraient aussi un intérêt dans l'ostéoporose (fragilité osseuse qui apparaît avec l'âge, et surtout chez les femmes après la ménopause (voir « Comment faire de vieux os », p. 289)) parce qu'ils sont riches en calcium. Il est conseillé de faire une rotation de ces légumes pour ne pas manger toujours la même chose.

Pour la mémoire, il faut aussi manger des légumes secs (pois, haricots, lentilles,...) au moins trois fois par semaine. D'une façon plus générale, tous les légumes ont des bénéfices importants en termes de santé, de vieillissement réussi et d'espérance de vie. Parmi les plus intéressants, on peut citer l'ail et l'oignon, les carottes, le concombre, le poivron rouge, le poireau, la tomate, les lentilles, les asperges...

L'effet protecteur des légumes (et des fruits) est efficient sur la plupart des cancers, en particulier ceux des voies aérodigestives supérieures (œsophage, cavité buccale, larynx, pharynx), de l'estomac, du poumon, du côlon et du rectum. Ils protègent également des maladies cardio- et cérébro-vasculaires du fait de leur rôle dans l'hypertension artérielle, le diabète et l'obésité (voir « Régime méditerranéen, crétois ou d'Okinawa, faites votre choix », p. 81).

Une méta-analyse (analyse de plusieurs études) publiée en 2014 a montré qu'au-delà de cinq portions de fruits et légumes par jour, il n'y avait pas de bénéfices supplémentaires. Jusqu'à cinq portions, chaque portion supplémentaire de fruits et légumes réduit le risque de décéder, toutes causes confondues, de 5 % en moyenne et de 4 % si l'on s'en tient uniquement aux maladies cardiovasculaires.

MES CONSEILS

— Mangez deux portions par jour de légumes à feuilles vertes ou au moins six portions par semaine : salades, choux, épinards et blettes. Ils sont très importants pour conserver une bonne mémoire et pour lutter contre l'ostéoporose.

— Variez les légumes et la façon de les accommoder.

— Associez-les aux fruits, ils vous permettront de lutter contre de multiples pathologies : cancer, hypertension, diabète, obésité... Tout comme il n'y a pas un médicament miracle pour lutter contre ces pathologies, il n'y a pas un légume unique ou un fruit unique pour vous aider à bien vieillir. Le secret, c'est de varier le plus possible !

— D'une manière générale, préférez les légumes bio : une grande étude internationale publiée en 2014 a montré qu'il y avait plus d'antioxydants dans les légumes bio que dans les autres, et moins de résidus de métaux lourds et de pesticides.

— Gardez à l'esprit l'objectif de cinq portions de fruits et légumes par jour (davantage ne paraît pas utile), proposé par l'OMS depuis 2003 : il a prouvé son efficacité et semble le meilleur actuellement.

13

Viande : bon ou pas bon ?

La viande rouge (bœuf, mouton, cheval, canard, gibier sauvage et abats) reste un aliment important car elle apporte essentiellement des protéines (indispensables à l'entretien des muscles) et du fer. Mais en manger tous les jours n'est pas nécessaire : deux fois par semaine est suffisant. Les Français sont encore parmi les plus gros consommateurs de viande (bovine, ovine, porc et volaille) avec 85,5 kilogrammes par an et par habitant en 2014 (contre 94 kilogrammes en 1998). Dans le monde, la consommation de viande en 2014 selon la FAO (Food and Agriculture Organization) était de 42,9 kilogrammes par an et par habitant, allant en moyenne de 33,7 kilogrammes pour les pays en voie de développement (inférieure à 10 kilogrammes pour les pays les plus pauvres) à 76,1 kilogrammes pour les pays développés. Si au niveau mondial les États-Unis battent tous les records (125 kilogrammes), pour l'Europe des Quinze, ce sont les Danois qui en consomment le plus (97,6 kilogrammes) avec les Portugais (94,9 kilogrammes), et la Grèce qui en consomme le moins (72,5 kilogrammes), la France se situant en cinquième place ex æquo avec l'Allemagne.

En octobre 2015, l'OMS a classé la consommation de viande rouge comme « probablement » cancérigène pour l'homme. En effet, la viande rouge augmenterait le risque de cancer colorectal de 22 % : 100 grammes de viande rouge quotidienne accroîtrait le risque de 17 à 29 % selon les études et pourrait favoriser également des cancers du poumon, de l'œsophage et du foie. La société canadienne contre le cancer recommande un maximum de 300 grammes par semaine. Dans tous les cas, il est recommandé d'enlever le gras et d'éviter les cuissons au gril ou au barbecue. De même, il est recommandé de ne pas abuser des charcuteries. Consommer 50 grammes de charcuterie par jour accroîtrait le risque de cancer colorectal de 18 %. Pour ce qui est des viandes transformées (salaison, fermentation, fumaison ou autre), l'OMS les a classées comme cancérigènes pour l'homme. Selon un organisme de recherche universitaire indépendant, trente-quatre mille décès par cancer par an environ dans le monde sont imputables à une alimentation riche en viandes transformées. Comme exemples de viandes transformées, on peut citer les hot-dogs (saucisses), le jambon, le corned-beef, les lanières de bœuf séché, de même que les viandes en conserve et les préparations et les sauces à base de viande.

En 2010, un adulte consommait en moyenne 390 grammes de viande rouge par semaine en France, et 29 % de la population en consommait plus de 490 grammes par semaine, donc nous avons encore des progrès à faire.

Qu'en est-il des viandes blanches (porc, veau, lapin, volaille, gibier d'élevage) ? Pour l'OMS, cette distinction est artificielle et toutes les viandes, en dehors des volailles, sont considérées comme des viandes rouges et donc à risque potentiel si elles sont consommées en excès. Cependant, certaines études différencient les viandes rouges des viandes blanches, qui induiraient une incidence moindre de cancers et de pathologies cardio-vasculaires.

Si le risque cancérigène de la viande rouge était confirmé, elle pourrait être responsable de 50 000 décès par an à travers le monde. Pour relativiser, on peut comparer ce chiffre au nombre de décès annuels d'origine cancéreuse à l'échelle mondiale imputables aux autres toxiques : un million d'entre eux sont liés à la consommation de tabac, 600 000 à la consommation d'alcool, et plus de 200 000 à la pollution atmosphérique…

Tout le monde en revanche est d'accord pour dire que les volailles font exception. Ce sont les moins grasses de toutes les viandes, les lipides étant surtout concentrés au niveau de la peau, qu'il est facile de retirer pour limiter l'apport en graisses. Mais bien sûr, il ne faut pas qu'elle soit cuite dans l'huile, panée, frite, en croquette, sautée, dans une sauce riche en matières grasses, ou encore marinée.

MES CONSEILS

— Mangez moins de 300 grammes de viande rouge par semaine, en deux ou trois fois. Évitez le gril, la friture et les barbecues de façon trop répétée.
— Optez pour les cuissons à l'eau, type pot-au-feu.
— Préférez les viandes maigres aux viandes grasses.
— Comme pour les fruits et légumes, achetez bio.

- Soyez vigilant sur l'origine et la traçabilité de la viande que vous achetez.
- Ne vous interdisez pas de manger quand même de temps en temps une bonne viande rouge – même grillée au barbecue – ni de déguster un peu de charcuterie.
- Abusez du poulet.

14

Oméga-3 et poissons gras, mais attention au mercure

Le corps humain peut synthétiser l'ensemble des nombreux acides gras dont il a besoin (les acides gras fournissent de l'énergie, entrent dans la composition de la plupart des membranes et sont des précurseurs hormonaux), à l'exception de deux : l'acide linoléique (LA) – un acide gras oméga-6 – et l'acide alpha-linolénique (ALA) – un acide gras oméga-3. Ces deux acides gras sont dits « essentiels » car ils ne peuvent pas être synthétisés par l'organisme et doivent être intégralement apportés par l'alimentation. Pour les oméga-3, comme la DHA (acide docosahexaénoïque) et l'EPA (acide eicosapentaénoïque), ils sont apportés à 80 % par les poissons gras (maquereau, saumon, hareng, thon blanc, sardines, anchois…). L'aliment le plus riche en oméga-3, mais aussi le plus onéreux, serait le caviar ! L'ALA se trouve quant à lui principalement dans les huiles végétales (noix, colza, soja, lin).

Ces oméga-3 ont des effets bénéfiques au niveau cardio-vasculaire (diminution des triglycérides dans le sang, abaissement de la pression artérielle...) : ainsi, les Japonais et les Inuits qui mangent beaucoup de poisson ont moins de maladies de ce type. Une étude sur 3 660 personnes de plus de 65 ans a montré que celles qui mangeaient du poisson trois fois ou plus par semaine avaient 26 % de risque en moins de développer des lésions cérébro-vasculaires que celles qui n'en mangeaient pas régulièrement. En manger une fois par semaine faisait baisser le risque de 13 %. Les oméga-3 lutteraient également contre le déclin cognitif (prévention de la maladie d'Alzheimer), la dépression, ainsi que contre la DMLA (dégénérescence maculaire liée à l'âge ; voir « Ta vue tu n'useras pas », p. 268) et auraient par ailleurs un effet anti-inflammatoire et antiallergique. La dose recommandée est de 500 milligrammes par jour, ce qui représente deux portions de poissons gras par semaine.

Nos grands-parents avaient déjà compris les bénéfices des oméga-3 et ils n'hésitaient pas à se pincer le nez pour ingurgiter la fameuse huile de foie de morue, précieux remède de grand-mère, non seulement riche en oméga-3, mais également source de vitamine D (excellente pour les os, aussi bien chez les enfants que chez les adultes ou les seniors ; voir « La vitamine D, c'est du tonnerre ? », p. 251) et de vitamine A (excellente pour la vue). Elle est tellement riche en vitamines qu'il ne faut pas en abuser, sinon gare au surdosage !

Pas d'excès donc, et, concernant la consommation du poisson – nécessaire à l'apport en oméga-3 et, de surcroît, excellent substitut à la viande en matière de protéines –, attention quand même car la concentration en mercure dans les océans a triplé en cent ans, surtout dans les eaux de l'Atlantique nord. Or le mercure se loge dans les chairs des poissons et contamine ainsi l'homme. Les plus grands prédateurs des mers, les thons, requins et autres espadons présentent les plus hauts taux de contamination car ils avalent d'autres poissons plus petits, accroissant leur teneur en mercure.

Selon le centre de référence sur la nutrition de l'université de Montréal, les poissons et fruits de mer qui contiennent des quantités intéressantes d'oméga-3 et qui sont peu contaminés au mercure sont l'anchois, le capelan, l'omble, le merlu, le hareng, le maquereau, le meunier noir, la goberge (ou lieu noir), le saumon, l'éperlan, la truite arc-en-ciel, le corégone, le crabe, la crevette, la palourde, la moule et l'huître. Le homard américain, pour sa part, ne doit pas être consommé plus d'une fois par mois. Selon l'Anses (Agence nationale de sécurité sanitaire de l'alimentation, de l'environnement et du travail), les poissons susceptibles d'être fortement contaminés sont les suivants : baudroie (ou lotte), loup de l'Atlantique, bonite, anguille et civelle, empereur, flétan de l'Atlantique, mulet, brochet, capelan de Méditerranée, raie, dorade, esturgeon, thon…

Comme notre alimentation actuelle est vraiment pauvre en oméga-3, il faut donc quand même consommer du poisson, en veillant cependant à ne pas absorber trop de mercure.

En revanche, pas d'inquiétude pour l'oméga-6, l'autre acide gras que nous ne synthétisons pas, nous n'en manquons pas. L'oméga-6 est même trop présent dans notre alimentation et il est considéré aujourd'hui comme néfaste : il favoriserait en particulier l'obésité et les pathologies qui en découlent. L'acide linoléique, chef de file des oméga-6, présent dans les huiles de maïs, de tournesol, de pépins de raisin, se retrouve aussi dans les œufs et certaines viandes. Une consommation idéale d'acide linoléique devrait être comprise entre 2 et 4 grammes par jour. L'Anses recommande un apport de quatre oméga-6 pour un oméga-3, alors que nous en consommons quinze pour un. Au cours des quarante dernières années, notre consommation d'oméga-6 a augmenté de 250 %, alors que celle en oméga-3 a baissé de 40 %.

MES CONSEILS

— Augmentez vos apports en oméga-3 et diminuez ceux en oméga-6 qui accroissent le risque de pathologies cardio-vasculaires.
— Mangez du poisson gras deux à trois fois par semaine, et pourquoi pas un peu de caviar (6 789 milligrammes d'oméga-3 pour 10 grammes !) de temps en temps.
— Pour les plus courageux : une cuillerée d'huile de foie de morue une fois par mois !
— Préférez les poissons d'élevage bio aux poissons sau vages ou vérifiez bien la zone de provenance par rapport au mercure. Pour les poissons de rivière, ils peuvent contenir des pesticides, et pour les poissons d'élevage non bio, ils peuvent contenir des antibiotiques. Pour le saumon bio, il faut savoir qu'il est nourri avec des huiles ou farines de poissons sauvages… donc contenant du mercure.
— Choisissez les espèces de poissons contenant le moins de mercure : évitez les très gros poissons qui contiennent le plus de toxiques : gros thons, requins, espadons, etc, ou alors une fois par an pour le plaisir ou l'exotisme.
— Il faut aussi utiliser dans l'alimentation des huiles végétales type noix, colza ou soja.
— Comme toujours, pas d'excès. Des apports trop importants en oméga-3 pourraient favoriser le diabète.

15

Ne me passe pas le sel !

Le sodium est indispensable à notre organisme. Il veille à notre équilibre hydrique en réglant la répartition de l'eau dans notre corps (nous sommes composés à 60 % d'eau), les mouvements de cette eau et les échanges entre l'eau à l'intérieur de nos cellules et l'eau extracellulaire. Les besoins physiologiques sont estimés à 2 grammes de sodium par jour (soit 5 grammes de sel, chiffre préconisé par l'OMS). La totalité du sel apportée par l'alimentation est absorbée dans le tube digestif pour rejoindre le sang, le surplus étant filtré et éliminé par les reins. Cependant, même si notre organisme élimine ce surplus, une surconsommation de sel (plus de 12 grammes par jour) finit par avoir des effets négatifs sur la santé, notamment en augmentant la pression artérielle (voir « Ta tension tu surveilleras », p. 232) et en favorisant le développement de maladies cardio-vasculaires (pathologies cardiaques et accidents vasculaires cérébraux).

Les Français consomment environ 7,9 grammes de sel par jour, voire plus tant il est difficile de mesurer exactement la quantité de sel que chacun ajoute dans sa casserole ou dans son assiette. Selon l'Anses, la consommation moyenne de sel des Français via les aliments est de 8,7 grammes par jour chez les hommes et de 6,7 grammes par jour chez les femmes ; 10 % des Français en consomment plus de 12 grammes par jour, et certains jusqu'à 25 grammes, sans en avoir réellement conscience. Aux apports provenant des aliments, il faut ajouter encore 1 à 2 grammes de sel par jour, dus au salage des plats et de l'eau de cuisson par le consommateur lui-même.

Les plats tout préparés sont les premiers responsables puisque 77 % de la consommation de sel provient de ce type d'aliments, six étant à eux seuls à l'origine de 70 % de ces apports : le pain et les biscottes, la charcuterie, les soupes, les fromages, les plats cuisinés et les pizzas, quiches et pâtisseries salées. Auxquels il faut ajouter les viennoiseries et les céréales du petit déjeuner chez les enfants.

Enfin, le sel qui provient de la salière sur la table ne représente que 5 % de notre consommation, mais ce n'est pas une raison pour en rajouter !

Outre les problèmes de tension, consommer trop de sel accentue aussi le risque d'ostéoporose (voir « Comment faire de vieux os », p. 289), car le sel augmente l'excrétion dans les urines du calcium qui aurait été utile aux os. Plus l'alimentation est salée, plus les fuites de calcium sont importantes. Au bout de plusieurs années, cela peut se traduire par une diminution de la densité minérale osseuse. L'excès de sel pourrait également favoriser le cancer de l'estomac.

L'OMS estime que l'on pourrait éviter chaque année pas moins de 2,5 millions de décès si la consommation de sel au niveau mondial était ramenée au niveau recommandé de moins de 5 grammes par jour.

MES CONSEILS

— Limitez votre consommation de produits industriels : évitez donc les plats tout préparés.
— Militez pour inciter les industriels à diminuer la teneur en sel des aliments.
— Ne mettez pas de salière sur la table au moment des repas. Remplacez le sel par d'autres condiments (poivre, épices…).
— En cuisinant, goûtez avant de saler de façon systématique.
— Éliminez les eaux minérales trop riches en sel : les plus salées sont les eaux gazeuses.
— Lisez attentivement les étiquettes : le sel s'appelle aussi « sodium » ou « chlorure de sodium ». Un gramme de sodium équivaut à 2,5 grammes de sel.
— Limitez les aliments les plus riches en sel : charcuterie, pizzas, quiches, viennoiseries, biscuits apéritifs, chips, cacahuètes… Pour vous aider, consultez le tableau p. 77.
— N'habituez pas vos enfants à manger trop salé. Le sel crée une accoutumance dont il est difficile de se débarrasser.
— Arrêtez de fumer ! Vous goûterez bien mieux les aliments et n'aurez plus besoin de saler autant.

TENEUR EN SEL DE CERTAINS ALIMENTS

Aliment	Teneur en sodium (mg)	Équivalence en sel (mg)
1/4 de baguette ou un pain individuel	390	975
1 tranche de jambon de Bayonne (30 g)	455	1 138
1 tranche de jambon blanc (50 g)	138	1 095
5 rondelles fines de saucisson sec (50 g)	1 050	2 625
2 petites saucisses (100 g)	950	2 377
1 portion individuelle de roquefort (25 g)	400	1 000
1 portion individuelle de camembert (30 g)	240	600
1 plat cuisiné surgelé pour 1 personne (300 g)	au moins 750	au moins 1 875
1 part individuelle de quiche ou pizza (150 g)	750	1 875
3 cuillères à soupe de vinaigrette industrielle (30 g)	300	750
1 bol de potage en sachet (1/4 l)	au moins 875	au moins 2 188
1 sachet individuel de chips (30 g)	165	413
4 Petit beurre (30 g)	150	375

16

Régime végétarien, pourquoi pas ?

D'une façon générale, le terme « végétarisme » fait référence à une alimentation qui exclut les viandes, les volailles, les poissons et les fruits de mer. Les végétariens seraient un à deux millions en France. Mais il existe de très nombreuses nuances. On dit des végétariens qui consomment aussi des œufs et des produits laitiers qu'ils pratiquent le lacto-ovo-végétarisme. S'ils consomment des produits laitiers, mais pas d'œufs, il s'agit du lacto-végétarisme. Quant à un régime alimentaire qui ne comporte que des aliments provenant du règne végétal (produits céréaliers, fruits, légumes, noix et légumineuses), on le nomme végétarisme strict ou végétalisme. Le véganisme, en plus du végétalisme, exclut la consommation de tout produit issu des animaux, de leur exploitation ou de tests effectués sur eux et également l'utilisation des animaux pour les loisirs ou pour le travail. Donc pas de cosmétiques testés sur des animaux par exemple, de vêtements en cuir ou en fourrure et pas d'équitation. Enfin, on parle de semi-végétarisme lorsqu'une personne exclut la viande, mais consomme du poisson, des fruits de mer et de la volaille, ce qui s'apparente au régime méditerranéen. Actuellement, on observe davantage de gens qui s'adonnent au flexitarisme, une sorte de végétarisme à temps partiel.

Quels sont les avantages que tous ces adeptes de différents genres espèrent retirer du régime végétarien ?

Selon une étude ayant porté sur quarante-cinq mille Britanniques âgés de 50 à 70 ans, les végétariens auraient 32 % de risque en moins que les non-végétariens d'être victimes d'une maladie coronarienne si l'on en croit leur taux de cholestérol, leur indice de masse corporelle et leur tension artérielle, tous inférieurs. Par ailleurs, comme nous l'avons vu (voir « Viande, bon ou pas bon ? », p. 66), supprimer la viande de son alimentation réduit de 22 % le risque de cancer colorectal. Mieux encore, ceux qui ne mangent pas de viande mais qui mangent du poisson (les pisci-végétariens) diminuent leur risque de 43 %.

La mortalité globale (toutes pathologies confondues) serait diminuée de 12 % chez les végétariens et ceux qui s'autorisent à manger du poisson, par rapport aux non-végétariens. Un bénéfice qui s'explique aussi par le mode de vie de nombreux végétariens qui sont plus souvent mariés, fument moins, consomment moins d'alcool et font plus de sport, tous ces facteurs ayant une action positive en termes d'espérance de vie et de bonne santé. Accessoirement, il y aurait moins de problèmes de constipation chez les végétariens du fait d'une alimentation plus riche en fibres.

Le risque principal du régime végétarien, s'il n'est pas compensé, est essentiellement lié à des carences en vitamine B12 (60 % des végétariens), en fer, en zinc, en vitamine D, en calcium et en oméga-3.

MES CONSEILS

- Préférez le végétarisme au végétalisme, trop propice aux carences.
- En matière de prévention des maladies et de promotion de la santé, le régime semi-végétarien (avec poisson, fruits de mer et volaille) est probablement le plus intéressant.
- Si vous ne voulez pas vous compliquer la vie mais bénéficier malgré tout de tous les avantages pour la santé du végétarisme, choisissez le régime lacto-ovo-végétarien, le plus facile à suivre, même au restaurant, puisque les produits laitiers et les œufs sont autorisés.
- Procédez par cures dans un délai donné, une solution qui peut aussi vous faire du bien.

17

Régime méditerranéen, crétois ou d'Okinawa : faites votre choix !

Ici, le mot régime est entendu au sens d'alimentation et pas au sens restrictif (comme pour le régime sans sel ou le régime diabétique) ou au sens amaigrissant du terme, même si souvent l'effet est bénéfique au niveau pondéral. C'est pourquoi certains préfèrent parler de diète (mais là encore il peut y avoir un sens restrictif). Les régimes méditerranéen ou crétois présentent globalement les mêmes caractéristiques, qui sont d'ailleurs celles préconisées par les conseils qui précèdent et qui suivent : abondance de produits céréaliers complets ; de fruits et de légumes ; d'ail, d'oignon, d'épices et d'aromates ; utilisation de l'huile d'olive comme corps gras ; consommation quotidienne de légumineuses, de noix et de graines ; de vin rouge aux repas ; consommation limitée de poisson, de poulet et d'œufs, d'aliments sucrés ; consommation faible de viande rouge, de produits laitiers ; apport calorique quotidien raisonnable (de 1 800 à 2 500 calories par jour).

Un autre élément important de ces régimes est lié à la convivialité des repas, moments importants de sociabilité, oubliée ou négligée dans une bonne partie des pays occidentaux. Le « temps de manger » est pris, ce qui contribue aussi à une bonne mastication et à une meilleure digestion. Le 16 novembre 2010, la diète méditerranéenne a été inscrite au patrimoine culturel immatériel de l'humanité par l'Unesco.

L'alimentation des habitants de l'île d'Okinawa au Japon, réputée pour le nombre de ses centenaires, est assez proche de ce régime méditerranéen patrimonial : beaucoup de fruits (dont les oléagineux et le soja) et de légumes ; de céréales et de féculents (du riz, bien sûr) ; d'épices, d'herbes et d'algues ; du poisson (le plus souvent cru) et des coquillages (3 fois par semaine) ; peu de viandes et de produits laitiers ; très peu d'alcool, de sucre et de sel ; beaucoup d'eau et de thé.

Quel que soit le régime que vous allez choisir parmi les trois, il sera bénéfique en termes de pathologies cardio-vasculaires et de mortalité, mais aussi en termes de cognition et de prévention de la maladie d'Alzheimer. Ils permettent une plus grande espérance de vie en bonne santé, notamment si la consommation importante de légumes, très faible de viandes et modérée de vin (paradoxale pour le régime méditerranéen) est respectée. En ce qui concerne la prévention du déclin cognitif et de la maladie d'Alzheimer, les études indiquant un bénéfice lié au régime méditerranéen sont de plus en plus nombreuses. Les éléments clés du régime seraient l'apport en légumes à feuilles vertes et le vin rouge. Une étude espagnole récente insiste quant à elle sur l'apport en huile d'olive et en noix.

Une étude française publiée en 1999 et ayant porté sur 605 patients qui avaient fait un infarctus du myocarde (âge moyen : 53,5 ans) a montré que ceux qui suivaient un régime méditerranéen avaient une mortalité réduite de 70 % par rapport à ceux qui avaient une alimentation traditionnelle. Une enquête italienne de 2016 a pour sa part mis en évidence une diminution de mortalité de 37 % pour ceux qui respectaient le plus une alimentation de type méditerranéenne chez des patients ayant fait un infarctus ou un accident vasculaire cérébral. Il est utile également de préciser qu'une observance stricte du régime méditerranéen serait associée à des télomères plus longs.

Très récemment, des chercheurs américains ont proposé le régime Mind (*Mediterranean-dash Intervention of Neurodegenerative Delay*) qui associe en plus d'une alimentation de type méditerranéen un régime pour lutter contre l'hypertension. Ce régime a pour objectif principal de réduire le risque de maladie d'Alzheimer. Il a pour avantage d'être très codifié et donc facile à mettre en place : légumes verts à feuilles (choux, épinards, blettes, etc.), au moins six portions par semaine ; légumes secs, plus de trois portions par semaine ; autres légumes, au moins une portion par jour ; baies (fraises, myrtilles, framboises, etc.), au moins deux portions par semaine ; fruits secs oléagineux (noisettes, amandes, noix, etc.), au moins cinq portions par semaine ; céréales complètes, au moins trois portions par semaine ; huile d'olive ; volaille, au moins deux portions par semaine ; poisson, au moins une portion par semaine ; un verre de vin rouge par jour (attention aux excès) ; éviter viandes rouges, beurre et margarine, fromages, pâtisseries, bonbons, fritures et fast-food. Ce régime bien suivi réduirait le risque de maladie d'Alzheimer de 53 %, et de 35 % pour ceux qui n'y adhéreraient que partiellement.

On obtient des résultats du même ordre de grandeur pour le régime méditerranéen seul. Ceci a été confirmé en juillet 2016 par un article analysant dix-huit études publiées ces quinze dernières années sur le régime méditerranéen.

MES CONSEILS

— Mangez à satiété mais sans vous gaver : ne mangez jamais plus que votre faim, voire même un peu moins.
— Prenez votre temps pour manger car cela contribue à une bonne mastication et à une meilleure digestion : c'est aussi un des secrets du régime méditerranéen.
— N'oubliez pas que le repas est également un temps de convivialité et d'échanges.
— Le régime méditerranéen, le régime crétois, le régime Mind ou le régime d'Okinawa sont un bon choix en termes d'équilibre diététique, de prévention des pathologies cardio-vasculaires, d'espérance de vie en bonne santé et de prévention de la maladie d'Alzheimer.

18

Mets de l'huile (d'olive) !

C'est un des points importants du régime méditerranéen : l'huile d'olive y est omniprésente. Elle est riche en acides gras mono-insaturés (acide oléique), en vitamine A et en vitamine E. Sa consommation moyenne en France n'est que de 1,4 litre par an et par habitant contre 22,8 litres en moyenne chaque année pour un Grec !

Les avantages de cette huile sont surtout cardiovasculaires (en particulier sur l'infarctus du myocarde), aussi bien en prévention primaire (en diminuant le risque de survenue d'un premier épisode de la maladie), qu'en prévention secondaire (une fois que le premier épisode a eu lieu en vue d'éviter une récidive). Toutefois, les études menées ne s'attachent pas à examiner ce produit isolément et c'est la totalité du régime méditerranéen ou crétois qui est pris en compte.

Les olives et l'huile d'olive sont riches en antioxydants (voir « Et les antioxydants, alors ? », p. 90), en particulier les polyphénols (les olives noires en contiendraient trois à quatre fois plus que les vertes). De par son goût, l'huile favoriserait la consommation de légumes. Elle contribuerait aussi à inhiber l'absorption du glucose, retardant ainsi le retour de la sensation de faim en donnant rapidement une impression de satiété. Des chercheurs américains ont montré que l'huile extra-vierge 100 % naturelle posséderait des vertus anti-inflammatoires similaires à celles de l'ibuprofène (50 grammes d'huile d'olive équivaudrait à un dixième de comprimé d'ibuprofène...). Sans parler de diverses autres utilisations possibles, que ce soit au niveau cutané ou du cuir chevelu, ou encore contre la constipation du fait de son action laxative très efficace.

MES CONSEILS

— N'hésitez pas à ajouter un filet d'huile sur vos aliments. Attention avec la cuisson, elle perd ses vitamines – mais conserve ses acides gras.
— Remplacez le beurre par de l'huile d'olive.
— Utilisez l'huile d'olive un peu comme un coupe-faim.
— Pour les antioxydants, préférez les olives noires aux olives vertes.
— Méfiez-vous des saumures de préparation des olives, souvent trop riches en sel.

19

Chocolat : un peu tous les jours

En France, on mange en moyenne 7 kilogrammes de chocolat par an. Et on a raison, car le chocolat contient beaucoup de bonnes choses : des antioxydants (très intéressants pour lutter contre les radicaux libres qui accélèrent le vieillissement), du magnésium, du fer, du potassium, de la vitamine B et E, de la théobromine (un alcaloïde proche de la caféine) et aussi du tryptophane (un précurseur de la sérotonine qui a une action antidépressive). Il a une action préventive contre les maladies cardiovasculaires. Enfin, plus le chocolat a une teneur élevée en cacao, plus il contient de fibres : 100 grammes de chocolat noir à 70 % de cacao renferment environ 15 grammes de fibres. En revanche, le chocolat ne serait pas bon pour les os car il contient des oxalates qui diminuent l'absorption du calcium. Une étude australienne de 2008 a montré que les femmes de plus de 70 ans qui consommaient quotidiennement du chocolat avaient une légère diminution de leur densité osseuse par rapport à celles qui n'en consommaient pas. Par ailleurs il contient une substance qui se fixe sur les mêmes récepteurs que le cannabis, ce qui peut entraîner une forme d'addiction.

Le meilleur chocolat demeure celui contenant la moins grande quantité de sucres, c'est-à-dire le chocolat noir (il contient cependant plus de lipides). Mais, ce qu'il ne faut pas oublier, c'est que la valeur calorique du chocolat, qu'il soit blanc, au lait ou noir s'approche en moyenne de 550 calories pour 100 grammes, soit 55 calories pour un carré de 10 grammes. Il faut donc le consommer avec modération, sinon il risque de nuire à votre silhouette.

Une étude, réalisée à l'hôpital de Cologne, en Allemagne, auprès de quarante-quatre adultes âgés de 56 à 73 ans, et dont la tension moyenne était de 147-86 mmHg, a comparé un groupe recevant un régime de 6 grammes de chocolat noir par jour pendant dix-huit semaines à un groupe témoin à qui on a proposé du chocolat blanc, sans polyphénols. Les membres du groupe au chocolat noir ont vu leur tension baisser considérablement. Leur tendance à l'hypertension est passée de 86 % à 68 %. Selon cette étude, consommer 6 grammes de chocolat noir par jour, soit environ deux carrés, ferait baisser la pression systolique de trois points et la pression diastolique de deux points en moyenne. Par exemple, une tension artérielle considérée comme limite à 140-90 mmHg descendrait à 137-88 mmHg. Cependant, même si de nombreuses études mettent en valeur l'action bénéfique du chocolat sur la tension artérielle, sur les pathologies cardio- et cérébro-vasculaires ainsi que sur l'insuffisance cardiaque, ces données sont jugées insuffisantes par l'Agence européenne de sécurité des aliments (AESA) pour pouvoir en faire la promotion.

En ce qui concerne la mémoire ou la prévention de la maladie d'Alzheimer, les données sur le chocolat sont contradictoires, mais vont plutôt, d'une façon générale, dans le sens d'une action favorable. Les études les plus récentes se sont focalisées soit sur des extraits très concentrés du cacao (exemple du flavanol), soit sur des formes très particulières de cacao (exemple du cacao « lavado »), avec à chaque fois des résultats positifs. Cependant, les produits ou les doses utilisés dans ces études ne correspondent pas à une consommation normale de chocolat. Ainsi, dans l'étude sur le flavanol, la dose efficace était de 900 milligrammes par jour, soit l'équivalent de quatre tablettes et demie de chocolat noir !

Une étude portugaise publiée en 2016 concernant 531 personnes âgées de plus de 65 ans avec un suivi médian de quatre ans a montré un effet protecteur du chocolat contre le déclin cognitif. Cet effet disparaissait chez ceux qui consommaient régulièrement du café.

MES CONSEILS

— Préférez le chocolat noir.
— Pas plus de quelques carrés par jour, en raison de l'apport calorique important. Pour éliminer une barre de chocolat au lait (quatre carrés), il faut compter dix minutes de course et soixante-douze minutes pour une tablette entière.
— Améliorez votre transit avec le chocolat noir, qui contient plus de fibres que certains légumes.
— Si vous aimez le chocolat chaud, deux tasses par jour pourraient améliorer votre mémoire.

20

Et les antioxydants, alors ?

Les antioxydants sont devenus un incontournable de la nutrition (et de la cosmétique) pour tous ceux qui veulent se protéger des méfaits de l'âge. Mais qui sont-ils exactement et en quoi sont-ils si importants ?

Pour se défendre contre les agressions internes (maladies, infections, allergies…) et externes (tabac, alcool, toxiques…), notre organisme produit naturellement des radicaux libres. Malheureusement, du fait de leur pouvoir oxydant (un peu comme la rouille sur le fer), ces composés accélèrent le vieillissement de tous nos organes et peuvent provoquer des maladies cardio-vasculaires et des cancers s'ils sont en excès. Leur production est augmentée par la pollution, la fumée de cigarette ou une exposition prolongée au soleil. Les antioxydants vont lutter contre les radicaux libres en les neutralisant. Depuis la grande étude française Suvimax, on sait que les antioxydants contenus dans l'alimentation sont plus efficaces contre les radicaux libres que ceux pris sous forme de gélules et qu'ils diminueraient de 30 % le risque de cancer.

Les principaux antioxydants naturels sont les flavonoïdes, les caroténoïdes, les vitamines C et E, et le sélénium. Les petits fruits sont les plus antioxydants : bleuets, mûres, canneberges, framboises, fraises et pruneaux. Du côté des légumes, ce sont la betterave, l'artichaut, l'asperge, le brocoli, le chou rouge, le poivron jaune et les pommes de terre (surtout celles dont la chair est colorée).

Les caroténoïdes (présents dans les aliments de couleur jaune, orange ou rouge tels que les oranges, les poivrons, les tomates, les pêches, les mangues…) permettraient de diminuer le taux de LDL-cholestérol (voir « Cholestérol : bon ou mauvais ? », p. 245) dans le sang. La consommation de ces aliments limiterait ainsi le risque de maladies cardio-vasculaires. Parmi les caroténoïdes, la zéaxanthine (maïs, chou-fleur) réduirait de 93 % les risques de dégénérescence maculaire liée à l'âge (DMLA) (voir « Ta vue tu n'useras pas », p. 268) et de 47 % la survenue d'une cataracte (opacification du cristallin). Quant à la lutéine (jaune d'œuf, carottes, oranges, épinards), elle abaisserait de 69 % les risques de DMLA et de 50 % les risques de cataracte. La vitamine E et le bêta-carotène diminueraient fortement l'oxydation de l'ozone et du dioxyde d'azote, qui sont fortement liés aux pics de pollution.

Les radicaux libres accélèrent aussi le vieillissement cutané : les antioxydants aident à limiter les dégâts, en particulier ceux contenus dans les légumes à feuilles vertes (brocolis, choux, épinards…) ou dans les fruits foncés (prunes, framboises, groseilles…). Il existe aussi de nombreuses crèmes contenant des antioxydants. Pour illustrer leur mécanisme d'action de façon très simplifiée, on peut comparer notre épiderme à une pomme. Prenez une pomme, coupez-la et laissez-la à l'air libre… au bout de quelques heures, sa chair brunit. Elle s'est oxydée. Or si vous mettez du jus de citron dessus (très riche en vitamine C) vous empêchez la pomme de s'oxyder ! Ces crèmes auraient donc une certaine action sur les rides et sur les taches cutanées. Les dermatologues recommandent l'utilisation d'une crème ou d'un sérum antioxydant au retour de vacances, en cure, pour réparer les dégâts des UV.

La vitamine E et la vitamine C contenues dans les fruits et les légumes auraient selon certaines études un rôle bénéfique dans la prévention de la maladie d'Alzheimer, mais d'autres le contestent.

MES CONSEILS

— En prévention, inutile de prendre des gélules d'antioxydants : les fruits et les légumes sont nettement plus efficaces !

— Faites-vous des cocktails à base de fruits ayant un fort pouvoir antioxydant : banane, ananas, mangue, kiwi, papaye, melon, fraises et agrumes.

— Si vous êtes fumeur – ce qu'il faut éviter absolument pour mieux vieillir –, mangez encore plus de fruits et légumes pour lutter contre les radicaux libres induits par le tabac.

— Si pendant les vacances vous avez été fortement exposé au soleil, une cure de crème antioxydante peut vous aider à réparer votre peau. Mais le mieux reste quand même de bien se protéger du soleil avec une crème solaire.

21

Jeûner pour rester jeune

En termes d'allongement de l'espérance de vie, la seule méthode qui ait vraiment fait ses preuves, chez les animaux en tout cas, est la restriction alimentaire. Chez le rat, le gain est de 50 % d'espérance de vie et de 30 % chez les primates, leur restriction calorique ayant débuté dès leur naissance. Les animaux sont en meilleure santé et paraissent plus jeunes que leur âge. Pour les primates, non seulement ils perdent du poids, mais ils souffrent également deux fois moins de cancers liés à l'âge et de maladies cardio-vasculaires. Ils développent aussi moins de diabète. Le bénéfice serait également intéressant lorsque la restriction est entreprise seulement en milieu de vie.

Mais s'il est « facile » d'imposer un tel régime à un animal de laboratoire, il est beaucoup plus difficile d'en évaluer l'impact et l'intérêt chez l'homme. D'autant plus que les effets secondaires sont connus : la faim, des signes de dépression, des sautes d'humeur, le développement d'obsession face à la nourriture, une plus grande sensibilité au froid, etc. Actuellement, certains chercheurs essayent de créer un médicament capable de reproduire les effets de la restriction calorique, sans en avoir les contraintes. Ce serait le cas par exemple du resvératrol, un antioxydant présent dans le raisin.

En quoi consiste exactement la restriction calorique ? En un régime alimentaire qui réduit les apports caloriques habituellement ingérés mais sans carence, notamment en vitamine ou en oligo-éléments. La nourriture doit être suffisante au niveau qualitatif, de sorte qu'il se produit une sous-nutrition sans malnutrition. Chez les animaux, les apports journaliers sont par exemple limités à 60 % des quantités habituelles. L'objectif de cette restriction n'est pas de les faire maigrir (même si en pratique il y aura perte de poids) mais d'allonger leur espérance de vie.

Pour les humains, le régime d'Okinawa propose par exemple de ne jamais manger plus que sa faim, voire même en deçà (c'est le *hara hachi bu*, ou « ne manger qu'à 80 % de sa faim »). Les habitants de l'île consomment d'ailleurs 40 % de calories en moins que les Américains et 17 % de moins que les autres Japonais.

La tendance actuelle souligne les bienfaits d'une restriction calorique discontinue, c'est-à-dire de périodes de jeûne (jeûne intermittent ou *intermittent fasting*), soit un jour par semaine (seize heures d'arrêt sont nécessaires selon certaines études) ou quelques jours par mois. Ce type de régime aurait les mêmes bénéfices cardiovasculaires que la restriction calorique continue. Pour l'instant, on ne connaît pas l'impact de la restriction calorique discontinue sur l'espérance de vie. En tout cas, les grandes religions y avaient déjà pensé : le carême pour les chrétiens, le ramadan pour les musulmans ou le jeûne de Yom Kippour pour les juifs !

Chez la souris, une restriction du nombre de calories de 25 % entraîne une augmentation de 15 % de la durée de vie. Chez l'homme, c'est beaucoup plus difficile à tenir, même en commençant en milieu de vie. Un moyen équivalent est d'augmenter ses dépenses énergétiques en accroissant son activité physique (de 10 % par exemple) sans modifier son alimentation (ce qui correspond à une réduction de 10 % de ses apports caloriques). On peut ainsi envisager de combiner une réduction de 12,5 % de ses apports caloriques journaliers associée à une augmentation de 12,5 % de son activité physique. Cette option permet d'avoir les avantages de la restriction calorique, de maintenir sa masse musculaire, et de bénéficier des bienfaits de l'exercice physique sur le système cardio-vasculaire, l'humeur et le sommeil. Elle est probablement plus facile à tenir sur le long terme qu'une réduction de 25 % de sa consommation de nourriture.

MES CONSEILS

— Mangez moins, sans dénutrition ni malnutrition.
— Essayez le *hara hachi bu* des habitants de l'île d'Okinawa, c'est-à-dire manger à 80 % de sa faim.
— Une autre méthode, celle de ma tante Marinette : vous vous servez comme d'habitude, puis vous divisez votre portion en deux et vous n'en mangez que la moitié ! Bien sûr, vous ne jetez pas le reste, cela vous fera un autre repas.

— Vous pouvez aussi essayer de manger les yeux bandés : cela permet de réduire de 10 % sa consommation durant un repas.
— Pratiquez le jeûne intermittent.
— Faites plus d'exercice, c'est un autre moyen.

22

Un verre, ça va...

Comme le dit la chanson populaire : « Boire un petit coup c'est agréable, / Boire un petit coup c'est doux, / Mais il ne faut pas rouler dessous la table. » Et effectivement, la plupart des études montrent plutôt un effet favorable de l'absorption de petites quantités d'alcool (un à deux verres par jour), et le plus souvent de vin. Outre que cela soit agréable et doux, le vin annulerait les effets négatifs de notre alimentation habituellement trop grasse grâce aux polyphénols qu'il contient (5 milligrammes par litre pour le vin rouge), notamment des tanins, que l'on trouve dans la peau et les pépins du raisin (vous pouvez aussi directement manger du raisin !), dont le resvératrol, qui empêchent le mauvais cholestérol de pénétrer la paroi artérielle. Appelée dans les années 1980 le « *French paradox* », cette protection contre les pathologies cardiovasculaires serait spécifique au vin. Une étude danoise a montré que si le risque de mortalité globale est diminué de 50 % chez les buveurs de vin, il est augmenté chez les buveurs de bière et de spiritueux. Le tanin est même spécifique au vin rouge car, pendant la vinification, la peau (noire) du raisin et les pépins macèrent avec le jus, ce qui permet d'en extraire la couleur, alors que le vin blanc, quant à lui, est obtenu en fermentant le jus séparément de la peau et des pépins.

Cet effet bénéfique du vin rouge en petite quantité est souvent mis en avant dans les avantages du régime méditerranéen dont il fait partie intégrante. La consommation modérée d'alcool (d'un verre deux fois par semaine à deux verres par jour, pas forcément de vin) est également considérée comme un facteur favorisant un vieillissement réussi et augmentant l'espérance de vie de douze à quatorze ans dans les études sur hygiène de vie et longévité (associé aux autres facteurs qui sont l'exercice physique régulier, l'absorption de fruits et de légumes, et l'absence de tabac). Dans ces études, ciblant habituellement des personnes âgées d'une cinquantaine d'années suivies pendant quinze à vingt ans, celles qui ne boivent jamais d'alcool sont dans la même catégorie de risque que celles qui en consomment en excès. Récemment, ces données ont été remises en cause car dans certaines études les anciens buveurs (qui avaient donc arrêté de boire de l'alcool au moment de l'étude) ont été considérés comme des non-buveurs. Ce qui pourrait expliquer, en partie, que les non-buveurs soient considérés comme à risque de mauvais vieillissement !

Autre effet paradoxal du vin : il serait bon pour la mémoire. Ainsi, l'étude française (et bordelaise) Paquid, qui a porté sur quatre mille personnes de plus de 65 ans entre 1988 et 1997, a montré que, chez les buveurs modérés de vin, la maladie d'Alzheimer survenait de façon beaucoup moins fréquente. De nombreuses enquêtes ont également mis en lumière un bénéfice en termes de diminution du risque de déclin cognitif et de prévention de la maladie d'Alzheimer par la consommation de petites quantités de vin rouge. La consommation modérée d'alcool diminuerait de 29 % le risque de démence en général, et de 42 % celui de maladie d'Alzheimer.

Quant au champagne, une étude britannique de 2013 a montré qu'il améliorerait la mémoire… chez les rats. Comme tout vin, cette boisson contient des polyphénols, plus que le vin blanc, mais moins que le vin rouge.

MES CONSEILS

— Ne consommez pas plus d'un verre par jour pour une femme et deux verres par jour pour un homme. Zéro alcool pour les femmes enceintes.
— Préférez le vin rouge pour la mémoire et pour la protection contre les pathologies cardio-vasculaires.
— Préférez le bio : les vins bio contiennent moins de sulfites et pas de pesticides.
— Attention aux excès et au risque d'addiction.

23

Trois verres, bonjour les dégâts !

Ce slogan de la prévention routière est resté gravé dans toutes les mémoires et résume bien tout le problème de la limite à ne pas dépasser avec l'alcool. Après un certain nombre de verres, les effets positifs potentiels se transforment en complications dramatiques. De plus, la sensibilité de l'organisme à l'alcool est très variable selon les individus et il est donc difficile de faire des recommandations en termes de « doses conseillées ». C'est d'ailleurs pourquoi la plupart des alcoologues prônent une consommation nulle d'alcool.

D'une façon un peu simpliste, il est classique de dire qu'il ne faut pas dépasser trois verres par jour pour les hommes et deux verres par jour pour les femmes. Par prudence, je crois qu'il vaut même mieux mettre ce seuil à deux verres pour les hommes et un verre pour les femmes. Au-delà, le risque de cancer digestif commence à augmenter. Il est acquis que l'abus d'alcool augmente le taux de mortalité (c'est le principal facteur responsable de la mortalité prématurée avant 65 ans), et influe sur l'obésité, la cirrhose, la pancréatite et au moins sept cancers (oropharynx, larynx, œsophage, foie, côlon, rectum et le cancer du sein féminin).

L'alcool peut aussi être addictif avec tous les problèmes que cela engendre : on estime à deux millions le nombre de personnes alcoolo-dépendantes en France. Il est en outre impliqué dans 30 % des accidents mortels sur la route.

Un « verre » contient environ 10 grammes d'alcool, que ce soit un verre de vin, d'apéritif, de digestif, une coupe de champagne, un verre de cidre ou de bière. Le vin apporte 7 calories par gramme d'alcool. Mais le nombre de calories varie beaucoup selon le taux de sucre contenu dans le vin. Par exemple, un verre de vin rouge de 12,5 centilitres oscille entre 80 et 105 calories, mais un blanc liquoreux, riche en sucre, peut monter jusqu'à 223 calories. Et qui dit calories dit prise de poids.

Et pas question de boire ce que vous n'avez pas consommé durant la semaine en une seule séance, le week-end. Les adolescents dans certains pays (en particulier anglo-saxons), ont tendance à s'adonner à une pratique qui est devenue une mode partout ces dernières années : le *binge drinking* ou « beuverie express ». Selon l'Institut national de prévention et d'éducation pour la santé (Inpes), en 2014, 14 % des 15-24 ans et 10 % des 25-34 ans s'y sont livrés, pendant l'année écoulée. Cela correspond à la consommation de cinq verres ou plus (hommes) ou de quatre verres ou plus (femmes), sur une durée de deux heures environ. Cette pratique peut aller jusqu'au coma éthylique, voire au décès. De façon répétée, le *binge drinking* est particulièrement toxique pour le foie et pour le cerveau.

L'OMS recommande de ne pas dépasser quatre verres en une seule occasion. Et de passer une journée par semaine sans consommer une goutte d'alcool.

MES CONSEILS

— Bannissez le *binge drinking.*
— Ne dépassez pas plus de quatre verres en une seule occasion, et faites totalement abstinence une journée au moins par semaine : ce sont les recommandations de l'OMS.
— Si vous êtes une femme, surtout ne copiez pas les actrices des séries américaines qui, dès qu'elles sortent du travail ou qu'elles sont à la maison, ont toujours un verre de vin rouge à la main !

24

Néfastes sodas

Si le vin et les alcools en petite quantité peuvent procurer certains bénéfices en termes de santé, les sodas n'ont en revanche aucune vertu et tout le monde est d'accord pour dire qu'il faut éviter d'en consommer de façon régulière. Les Français en consommeraient environ 60 litres par an (contre 190 litres pour les Américains).

Les sodas contiennent énormément de sucres (la plupart en contiennent plus de 100 grammes par litre) et sont en grande partie responsables de l'épidémie d'obésité qui submerge les pays occidentaux. Ce sucre, sous forme de fructose, favorise l'accumulation des graisses et le diabète gras (diabète de type 2 ; voir « Diabète : évitez de vous sucrer au passage ! », p. 237), et augmente le risque de pathologies cardio-vasculaires, voire de cancers. Ainsi, une étude menée sur soixante mille hommes et femmes a révélé que ceux qui consommaient deux sodas par semaine avaient 87 % de risques supplémentaires de développer un cancer du pancréas par rapport à ceux qui ne buvaient pas de soda. Pour le diabète de type 2 (ou non insulinodépendant), une étude publiée en 2013 a montré que la consommation d'une canette par jour augmentait le risque de 18 %.

Il existe également un lien entre le taux de sucre dans le sang et le risque de troubles de la mémoire et de maladie d'Alzheimer. Enfin, le sucre est très mauvais pour les dents (voir « Croquez la vie à pleines dents », p. 281). Et le risque ne serait pas moindre avec les boissons dites « light », qui entretiennent une forte attirance pour les aliments sucrés. Une étude récente a même montré que les sodas light sont associés à un risque multiplié par deux de développer un diabète car ils contiennent quand même du sucre et on a tendance à en boire plus. Il faut savoir que « light » veut dire que le soda contient au minimum 30 % de sucre en moins qu'une boisson standard similaire.

Signalons que les jus de fruit industriels contiennent presque autant de sucre que les sodas et qu'ils doivent donc aussi être consommés avec modération.

L'acide phosphorique, agent de conservation et acidifiant utilisés dans les colas, réduirait le taux de calcium dans le sang. Ainsi, boire plus de deux verres de cola par jour pourrait doubler le risque de souffrir de troubles rénaux chroniques et contribuer à l'ostéoporose. Cette déminéralisation affecte également les dents. Le dioxyde de carbone présent dans les boissons gazeuses favorise en outre le reflux gastro-œsophagien.

D'autre part, comme nous l'avons déjà évoqué, la consommation régulière de sodas réduirait la longueur de vos télomères et donc votre espérance de vie.

Si les pays dits riches consomment beaucoup de sodas, les ravages dus à ce type de boisson sont encore plus importants dans les pays en voie de développement où elles sont beaucoup moins chères que les jus de fruit. Les sodas seraient responsables de 184 000 décès par an dans le monde, dont 76 % dans les pays pauvres. Dans les pays riches, ce sont aussi les populations les plus défavorisées qui en consomment le plus.

MES CONSEILS

— Deux canettes de soda par jour : la dose qui fait vieillir ! Évitez les sodas de façon régulière, ce qui ne vous empêche pas d'en boire un de temps en temps pour le plaisir.
— Sachez que vous avalez beaucoup trop de sucre avec un soda : une canette équivaut à six morceaux de sucre et un litre à vingt morceaux environ.
— Attention à l'addiction au sucre, néfaste pour votre organisme !
— Pour éliminer les calories apportées par une canette de soda, il vous faudra marcher trente minutes ou courir quinze minutes.

25

Se mettre au (thé) vert

Noir ou vert, le thé est l'une des boissons les plus consommées dans le monde. Le thé vert est un thé non fermenté alors que les feuilles de thé noir subissent plusieurs processus de transformation. Le thé a une très forte teneur en polyphénols (antioxydants naturels), qui peut varier en fonction de plusieurs facteurs comme le climat du pays où il a été cultivé, la saison durant laquelle il a été récolté, la variété de thé, sa fraîcheur et le temps d'infusion (plus l'infusion est longue, plus il y a d'antioxydants).

Le thé vert est généralement considéré comme ayant une plus grande activité antioxydante (environ le double) que le thé noir, mais en ce qui concerne son action protectrice contre le cancer, les résultats sont contradictoires, avec peut-être un léger avantage pour le thé noir.

En matière de diminution du risque de pathologies cardio-vasculaires, le thé présente le même intérêt que les autres produits riches en polyphénols comme le chocolat ou le vin. La consommation de trois tasses de thé par jour réduirait ce risque de 11 %. Les polyphénols du thé vert pourraient aider à protéger le cerveau contre la maladie d'Alzheimer. Une étude sur des sujets âgés a montré que les personnes qui consommaient deux tasses ou plus de thé vert par jour avaient un risque significativement plus faible de détérioration de certaines fonctions cognitives comme l'orientation dans le temps et l'espace et l'attention. Seul le thé vert a donné lieu à cette observation.

Par ailleurs, le thé, qu'il soit vert ou noir, diminuerait la formation des caries dentaires. Il faut noter que le classique « nuage de lait », surtout si celui-ci n'est pas écrémé, diminue le pouvoir antioxydant du thé.

Le thé contient aussi de la théine, qui est un excitant au même titre que la caféine. Plus l'infusion est longue, plus la concentration en théine est importante et le thé noir en contient plus que le thé vert. Mais le thé quel qu'il soit est toujours moins dosé que le café.

L'abus de thé néanmoins n'est pas conseillé car il réduit l'absorption du fer et peut donc entraîner une anémie (manque de globules rouges) chez les femmes qui ont des saignements mensuels abondants. Si l'on doit prendre un traitement par fer, il faut aussi éviter de boire du thé en même temps. Attention également si vous êtes sous anticoagulants à cause du risque de surdosage de votre traitement.

MES CONSEILS

- Buvez du thé vert plutôt que du thé noir.
- Profitez de la dose d'antioxydants que vous procurent deux tasses de thé vert par jour.

– Ne mettez pas de lait dans votre thé si vous souhaitez bénéficier de ses avantages.
– Laissez infuser votre thé si vous voulez qu'il soit plus riche en antioxydants et en théine.
– N'abusez pas du thé si vous êtes une femme jeune (règles abondantes ou grossesse) : cela peut majorer une carence en fer et entraîner de l'anémie.
– Attention, le thé rouge (rooibos) n'est pas du thé ! Il ne contient ni théine, ni caféine et possède une faible activité antioxydante.

26

Café : trois tasses par jour

Le café est bien connu pour stimuler l'éveil, la concentration, l'attention et pour augmenter les performances cognitives. Le café aurait une action bénéfique sur la mémoire, essentiellement par le biais de la caféine (également présente dans le thé et le chocolat).

Des études sur les souris ont ainsi comparé l'influence du café, du décaféiné et d'une solution d'eau salée sur l'apparition des lésions cérébrales responsables de la maladie d'Alzheimer. Seule la caféine diminuait l'apparition de ces anomalies et donc potentiellement le risque d'avoir une maladie d'Alzheimer. Mais bien sûr, il s'agissait de souris… Et savez-vous comment on étudie la mémoire chez la souris ? On utilise le plus souvent le test de Morris, ou test de la piscine. Comme son nom l'indique, on utilise une sorte de piscine avec une île (plate-forme invisible) que l'animal a appris à localiser (mémoire de travail) et qu'il doit retrouver quand on le plonge dans l'eau. L'intérêt du milieu aquatique par rapport à un labyrinthe classique est que l'animal ne peut pas s'aider de son odorat. Quand la souris a une atteinte de la mémoire, elle ne peut pas retrouver la plate-forme. Ce test a été utilisé lors des essais du « vaccin anti-Alzheimer » : avant l'injection, l'animal ne trouvait plus l'île, après, il était à nouveau capable de s'y réfugier.

Pour en revenir au café et à l'homme, une revue de la littérature de 2010 avec analyse de plusieurs études montrait que la caféine diminuait globalement le risque de maladie d'Alzheimer de 38 % et celui de troubles cognitifs en général de 16 %.

Une autre étude, finlandaise celle-là, avec un suivi moyen de vingt et un ans, a mis en évidence qu'une consommation de trois à cinq tasses par jour diminuait de 65 % le risque de démence et de maladie d'Alzheimer. Il faut noter que les forts consommateurs de café (plus de cinq tasses par jour) ont le plus souvent d'autres facteurs de risque associés, ce qui leur fait perdre les bénéfices de la caféine. En effet, ce sont souvent aussi de gros fumeurs ou de gros buveurs. Les fumeurs métabolisent plus vite la caféine et ont donc besoin de doses plus fortes. Une étude publiée en 2016 et ayant porté sur 6467 femmes de plus de 65 ans a montré que celles qui consommaient au moins 261 milligrammes de caféine par jour (café, thé, chocolat ou autre) avaient une réduction de 36 % du risque de démence sur dix ans. Pour les sources de caféine, il faut savoir qu'une tasse d'expresso en contient 100 milligrammes, une tasse de thé 30 à 50 milligrammes, une barre de chocolat noir 30 milligrammes, une canette de Coca Cola 46 milligrammes et une de Red Bull 80 milligrammes.

À raison de trois à cinq tasses par jour, le café pourrait aussi avoir un effet positif sur le diabète, certains cancers, les épisodes dépressifs, le fonctionnement du foie, la maladie de Parkinson, voire diminuer le risque d'accident vasculaire cérébral. Une étude américano-israélienne publiée en 2016 a montré une réduction de 22 % du risque de cancer colorectal à partir d'une tasse de café par jour, de 41 % avec deux à deux tasses et demie, et de 54 % au-dessus de deux tasses et demie. Pour le cancer colorectal, contrairement à la maladie d'Alzheimer, le bénéfice était identique pour les amateurs de décaféiné. De même, la mortalité diminuerait d'environ 10 % chez les hommes et d'environ 15 % chez les femmes au-delà de deux ou trois tasses par jour. Cependant, l'excès de caféine n'est pas bon (comme tous les excès), et d'autres boissons en contiennent, comme les sodas ou les boissons énergisantes. Il faut donc être vigilant et ne pas trop en absorber, notamment les femmes enceintes et les enfants.

MES CONSEILS

— L'Autorité européenne de sécurité des aliments (EFSA) recommande quatre tasses par jour maximum pour un adulte, soit 400 milligrammes de caféine dans le sang ; et deux tasses par jour pour les femmes enceintes, soit 200 milligrammes de caféine.
— Évitez de boire du café le soir car ce psychostimulant peut avoir un effet négatif sur votre sommeil (en moyenne, l'effet du café dure six heures).
— Prudence avec les boissons enrichies en caféine et les boissons qui en contiennent naturellement comme le chocolat ou le thé : vous risquez de dépasser les doses recommandées.

— Les principaux effets bénéfiques du café étant liés à la caféine, boire du décaféiné a peu d'intérêt. Cependant, si on préfère le décaféiné, il reste intéressant dans la prévention du cancer colorectal.
— *What else ?*

27

Tabac : zéro

S'il y a bien un sujet sur lequel tout le monde est d'accord, c'est la nocivité du tabac : le conseil est simple, zéro cigarette ! Sinon, les conséquences sur la santé et l'espérance de vie sont bien connues. Ne pas commencer est encore le plus simple, car fumer est addictif et il est très vite difficile de s'en passer lorsqu'on y a pris goût : c'est une drogue. Principale cause de mortalité prématurée avec l'alcool, le tabac est responsable de 73 000 décès en France chaque année, soit deux cents morts par jour. Toutes les études concernant l'espérance de vie et l'espérance de vie en bonne santé montrent que fumer nuit. La réduction d'espérance de vie est de l'ordre de dix à quinze ans selon l'ancienneté du tabagisme et le nombre de cigarettes fumées par jour. Par ailleurs, les fumeurs auront six ans d'incapacité (dépendance) de plus que les non-fumeurs. Le tabac est responsable de cancers (90 % des cancers du poumon et la moitié des cancers de la vessie), de nombreuses maladies cardio-vasculaires (infarctus, accidents cérébro-vasculaires, artérite, impuissance…), de pathologies pulmonaires (bronchite chronique, emphysème, insuffisance respiratoire…), et il favoriserait la dégénérescence maculaire liée à l'âge (DMLA), ainsi que bien d'autres pathologies qui touchent également les non-fumeurs par le tabagisme passif.

Le tabac provoque aussi l'accélération du vieillissement cutané : les rides apparaissent plus tôt et sont plus nombreuses, phénomène qui peut être encore accentué par l'exposition au soleil. La preuve en a été apportée par la comparaison de vrais jumeaux dont l'un était fumeur et l'autre pas. La cicatrisation cutanée est ralentie et moins efficace. Fumer a d'autres conséquences encore assez sympathiques : jaunissement des ongles, des doigts et des dents ; chute des cheveux ou blanchiment plus précoce.

Il est important de noter les effets bénéfiques immédiats de l'arrêt du tabac. Selon l'OMS, dans les vingt minutes qui suivent l'arrêt, le rythme cardiaque et la pression sanguine diminuent. Dans les douze heures suivantes, le taux sanguin de monoxyde de carbone redevient normal. Au bout de deux à douze semaines, la circulation du sang s'améliore et la fonction pulmonaire augmente. D'un à neuf mois, la toux et l'essoufflement diminuent. Dans l'année, le risque de cardiopathie coronarienne diminue de près de moitié. Dans les cinq ans, le risque d'accident vasculaire cérébral redevient le même que pour un non-fumeur. Dans les dix ans, le risque de cancer du poumon tombe à près de la moitié de celui d'un fumeur et le risque de cancer de la bouche, de la gorge, de l'œsophage, de la vessie, du col de l'utérus et du pancréas diminue. Dans les quinze ans, le risque de cardiopathie coronarienne redevient le même que pour un non-fumeur. En termes d'espérance de vie, lorsqu'on arrête à 40 ans, on enregistre un gain de neuf ans d'espérance de vie ; lorsqu'on arrête à 50 ans, on enregistre un gain de six ans d'espérance de vie ; et lorsqu'on arrête à 60 ans, on enregistre un gain de trois ans d'espérance de vie. Il n'y a donc pas d'âge pour arrêter de fumer : on y gagne toujours ! Mais plus on arrête tôt, plus les bénéfices sont importants : les personnes qui arrêtent de fumer avant 35 ans ont une espérance de vie identique à celles qui n'ont jamais fumé.

Le cigare n'est pas moins nocif que la cigarette, contrairement à certaines idées reçues. Par exemple, les fumeurs de cigares sont neuf fois plus susceptibles d'avoir un cancer du poumon que les non-fumeurs. Les personnes qui fument quatre cigares par jour sont exposées à une quantité de fumée équivalente à dix cigarettes. La seule différence est que souvent les fumeurs de cigares en consomment moins proportionnellement que les fumeurs de cigarettes. Les risques sont identiques pour la pipe, avec certaines lésions plus fréquentes comme les cancers de la lèvre ou de la langue.

La nicotine est-elle bonne pour la mémoire ? Cette question revient souvent car il existe des récepteurs spécifiques, dits nicotiniques, au niveau cérébral et ils interviennent dans les processus de mémorisation. Est-ce qu'une gélule de nicotine, un patch de nicotine (ceux utilisés pour arrêter de fumer) ou la nicotine des cigarettes électroniques pourraient prévenir la maladie d'Alzheimer ou la maladie de Parkinson ? Il a été montré que la nicotine améliore les performances cognitives chez des fumeurs après sevrage. Et une étude en 2012 contre placebo (c'est-à-dire un produit neutre sans aucune action biologique) sur 74 personnes ayant des troubles modérés de la mémoire a montré un effet bénéfique à six mois de patchs à 15 milligrammes. Cependant, une autre étude de 2012 relative à 7 236 personnes âgées de 44 à 69 ans a montré que les fumeurs masculins présentaient un déclin cognitif plus important que les non-fumeurs. Ce risque de déclin disparaissait chez ceux qui avaient arrêté de fumer depuis au moins dix ans. Dans une enquête publiée en 2015, les chercheurs de l'université d'Édimbourg ont analysé les scanners de cinq cents personnes âgées en moyenne de 73 ans. Les fumeurs présentaient un cortex cérébral beaucoup plus fin (ce qui est un signe d'atrophie cérébrale) que les non-fumeurs ou même que les personnes qui avaient arrêté de fumer. Et plus les patients avaient renoncé au tabac longtemps auparavant, plus leur cortex était épais. Donc, si la nicotine n'a pas encore fait la preuve avec certitude de son intérêt éventuel, la cigarette est, de façon avérée, toxique pour le cerveau. Arrêter de fumer est bénéfique pour la mémoire.

Enfin, en ce qui concerne les cigarettes électroniques, elles semblent beaucoup moins dangereuses que le tabac et sont une bonne indication pour ceux qui n'arrivent pas à décrocher. Pour l'instant, on manque encore de recul concernant les risques potentiels à long terme et une surveillance stricte est nécessaire.

MES CONSEILS

— Ne fumez pas.
— Ne fumez pas.
— Ne fumez pas.
— Quel que soit votre âge, il n'est jamais trop tard pour arrêter.

— Pas de cigarette légère, de cigare ou de pipe, qui ne sont en aucun cas moins néfastes pour la santé.
— N'hésitez pas à avoir recours à un spécialiste pour arrêter de fumer.
— Essayez éventuellement la cigarette électronique, qui peut vous aider à réduire votre consommation et est probablement moins dangereuse. Mais, pour l'instant, on manque de données concernant son impact sur la santé à long terme.

28

Cannabis et cerveau ?

Le cannabis est régulièrement le sujet de polémiques entre ceux qui dénoncent sa nocivité et ceux qui défendent ses vertus thérapeutiques ; ceux qui sont pour sa légalisation et ceux qui sont contre. C'est de loin la substance illicite la plus consommée : de treize à quatorze millions de personnes l'ont expérimenté au moins une fois dans notre pays et 1,4 million en a un usage régulier. En termes de santé, et plus particulièrement d'incidence sur la mémoire, qu'en est-il ?

Il est avéré que le cannabis est un perturbateur endocrinien, susceptible d'avoir des effets négatifs sur la sexualité masculine et la fertilité, et pouvant induire de l'obésité et du diabète. Fumé, il a la même toxicité que le tabac. Fumer un joint équivaut à fumer entre 2,5 et 5 cigarettes de suite. Ainsi, dans une étude, le risque de cancer des poumons était multiplié par 5,7 chez ceux qui avaient fumé plus d'un joint par jour pendant dix ans, ou deux joints par jour pendant cinq ans. Commencé à l'adolescence, il peut engendrer des troubles sociaux, des problèmes scolaires, des troubles du comportement et des troubles psychiques à type d'angoisse ou de bouffées délirantes parfois révélatrices d'une schizophrénie sous-jacente. Il existe bien sûr un risque d'addiction. Enfin, le cannabis est dangereux au volant.

Pour la mémoire, le cannabis n'est pas non plus bénéfique. Les récepteurs aux cannabinoïdes sont nombreux au niveau cérébral en particulier sur certaines cellules de l'hippocampe qui est le centre de la mémoire. Ils provoquent détente, bien-être, euphorie et modification des perceptions. Le cannabis diminue la force des connexions entre les neurones au niveau de l'hippocampe, ce qui provoque des problèmes de concentration chez l'individu qui en consomme. S'il commence jeune et en fume de façon régulière, il atteindra un moindre niveau d'études, de diplômes et de revenus qu'un non-consommateur.

On a pu observer des perturbations de la circulation sanguine cérébrale jusqu'à six semaines après consommation, sans que leur signification soit élucidée. Les perturbations de la mémoire de courte durée se prolongent quant à elles au-delà de six semaines. Dans une étude comportant un groupe de fumeurs réguliers ayant arrêté depuis deux à trois ans, ceux-ci avaient des performances cognitives inférieures de 18 % par rapport à ceux n'ayant jamais fumé. Une étude récente montre que chez les consommateurs quotidiens de cannabis, deux zones cérébrales sont diminuées en volume : l'hippocampe, impliqué dans la régulation de la mémoire, et l'amygdale, impliquée dans les émotions et l'agressivité. Pour évaluer l'effet à long terme du cannabis, des chercheurs ont étudié une cohorte de 3 385 personnes qui avaient 18 à 30 ans au départ et ont été suivis durant vingt-cinq ans.

Les résultats, présentés en 2016, ont montré que les personnes qui avaient, en cumulé, dix ans de consommation présentaient une baisse de mémoire statistiquement significative. Celles qui n'avaient que cinq ans de consommation régulière avaient un début d'atteinte mnésique mais sans retentissement clinique.

On appelle cannabinoïdes les constituants naturels caractéristiques du cannabis. Les deux principaux sont le tétrahydrocannabinol (THC) et le cannabidiol (CBD). Seul le THC a des effets psychoactifs, c'est lui qui fait « planer ». Parmi ses autres propriétés potentiellement intéressantes comme médicament, on trouve notamment l'effet euphorisant, relaxant des muscles, antiépileptique, antivomissement, antibiotique, antifièvre, dilatateur des bronches, tranquillisant, antidouleur, stimulateur d'appétit et réducteur de la pression oculaire.

Les effets négatifs du cannabis sur la mémoire sont donc dus majoritairement au THC. Des études plus poussées ont montré que ces problèmes mnésiques liés au THC sont atténués voire annulés par de fortes doses de CBD.

Du fait de son effet amnésiant, le THC, à dose adaptée, pourrait en revanche avoir un effet positif et être utile en médecine pour effacer de la mémoire de mauvais souvenirs ou des traumatismes psychologiques chez ceux qui souffrent de troubles dus à un stress post-traumatique.

Des études spécifiques ont été faites sur les effets du cannabidiol sur la maladie d'Alzheimer, mais uniquement sur des souris. Le CBD aurait une action anti-inflammatoire et antioxydante au niveau cérébral et pourrait induire la neurogenèse (production de nouveaux neurones) dans l'hippocampe et donc lutter contre la maladie d'Alzheimer. Le THC, quant à lui, pourrait inhiber l'agrégation des plaques amyloïdes, un des mécanismes impliqué dans cette maladie. En 2014, un recensement des études menées sur l'utilisation thérapeutique du cannabis chez des seniors n'avait retrouvé que cinq études spécifiques, contrôlées et randomisées pour un total de 267 participants d'âge moyen allant de 47 à 78 ans. Deux de ces études ont montré une efficacité du THC sur l'anorexie (cela donne de l'appétit) et sur… la diminution des troubles du comportement dans la maladie d'Alzheimer (peut-être que les patients, étant plus endormis, sont moins agressifs ?).

Le principal domaine médical où le cannabis est parfois utilisé est celui des soins palliatifs : des traitements à base de cette substance sont disponibles dans de nombreux pays. Toutefois, on aborde ici un autre domaine que celui du « mieux-vieillir » : celui du meilleur accompagnement possible de la fin de vie. En France, il existe quelques autorisations temporaires d'utilisation (ATU) pour le dronabinol (une forme de THC) dans certaines indications extrêmes pour des douleurs, anorexie, nausées ou certaines maladies neurologiques.

MES CONSEILS

— Ne fumez pas de cannabis.
— Consommez-en au pire occasionnellement (usage récréatif) en sachant que cela peut entraîner des troubles de concentration.
— Expliquez à vos enfants les conséquences négatives sur leur vie future s'ils en consomment.
— Sachez que l'usage thérapeutique du cannabis reste encore exceptionnel en France.

29

Cocaïne et autres drogues : dur, dur !

Par rapport à l'alcool, au tabac et aux médicaments psychotropes, qui sont considérés comme des drogues « douces », on parle de drogues « dures » pour la cocaïne, l'héroïne, l'ecstasy, les hallucinogènes comme le LSD et les psychostimulants comme les amphétamines (speed), le GHB ou la kétamine. Pour toutes ces drogues dures, leur usage (interdit) peut se compliquer, en plus d'une dépendance physique et psychique, de complications psychiatriques et cognitives. Nous n'évoquerons que les drogues les plus utilisées en France. En dehors du cannabis, toutes les drogues illicites sont susceptibles d'entraîner un décès par overdose.

Les hommes apparaissent toujours plus consommateurs que les femmes, à l'exception des médicaments psychotropes (voir « Benzo, c'est trop ! », p. 308).

Un livre – *Histoire de poudre* – publié en 2010 avait comme sous-titre « La cocaïne, tout le monde en prend. Pourquoi ? ». Heureusement, cette accroche ne correspond pas à la réalité (en 2010, 3,8 % des 18-64 ans avaient essayé la cocaïne au moins une fois ; il y aurait entre 250 000 et 400 000 consommateurs réguliers en France), même si cette toxicomanie touche toutes les classes de la société. C'est la deuxième drogue la plus consommée après le cannabis. Les produits utilisés pour couper la cocaïne (c'est-à-dire pour augmenter artificiellement le poids de la dose avant de la vendre) augmentent la dangerosité de cette substance, déjà toxique par elle-même : produits anesthésiques, antihypertenseurs, antibiotiques, antimycosiques, antidouleurs, psychostimulants, tout et n'importe quoi peut être utilisé… Sa consommation en excès (overdose) ou mal tolérée, serait responsable d'une trentaine de décès identifiés par an en France. Comme elle agit directement au niveau du cerveau (décharge massive de dopamine, de noradrénaline et de sérotonine), c'est là que les dégâts sont les plus importants en cas d'utilisation prolongée, en plus des complications cardio-vasculaires (y compris des AVC), pulmonaires et psychiatriques (hallucinations, délires, paranoïa, idées suicidaires). Les Français se souviennent du cas de Jean-Luc Delarue, disparu prématurément, et qui avait révélé son addiction à la cocaine.

Une étude anglaise chez des cocaïnomanes de moins de 50 ans, publiée en 2012, a montré que les consommateurs chroniques ont une diminution deux fois plus rapide de leur matière grise (cortex préfrontal et temporal) au cours du vieillissement que les personnes non exposées à cette drogue. De plus, les lésions causées au cortex cérébral semblent irréversibles. Une étude chez la souris publiée en 2013 dans la revue *Nature* a montré qu'une seule prise de cocaïne entraînait déjà des modifications cellulaires au niveau des neurones, qui perturbaient le comportement et favorisaient l'addiction.

Le crack est un dérivé de la cocaïne dont il a les mêmes effets et les mêmes conséquences.

L'ecstasy, ou MDMA (méthylène-dioxy-méthamphétamine), agit quant à elle directement sur l'hippocampe qui, rappelons-le, joue un rôle déterminant dans le stockage temporaire des informations. Il est utile de préciser que l'atrophie hippocampique est une des atteintes caractéristiques de la maladie d'Alzheimer. La diminution des transporteurs de dopamine due à la consommation d'ecstasy affecte directement le fonctionnement de cette zone du cerveau en provoquant des troubles de la mémoire. Une étude restreinte publiée en 2011 a montré, en analysant des IRM cérébrales, que les consommateurs d'ecstasy présentaient une matière grise en moyenne 4,6 % moins étendue et un hippocampe diminué de 10 % en comparaison des non-utilisateurs. La plupart des études – le plus souvent de petite envergure – sur l'ecstasy ont montré une atteinte de la mémoire à court terme et de la mémoire à long terme de type hippocampique. Cependant, d'autres ont établi que l'interruption et le sevrage permettaient de retrouver des capacités de mémorisation normale.

L'héroïne, comme la cocaïne, est le plus souvent coupée avec des produits plus ou moins toxiques (il y a même eu des cas d'héroïne coupée avec de la strychnine, qui est un poison !). Parallèlement, plus elle est pure et plus le risque d'overdose est important, entraînant une dépression respiratoire. L'héroïne est d'ailleurs la première cause de décès chez les consommateurs de drogues dures ou stupéfiants. Les exemples de célébrités qui sont décédées d'une overdose d'héroïne sont nombreux. On peut citer Billie Holiday en 1959, Janis Joplin en 1970, Anna

Nicole Smith en 2007 ou encore Philip Seymour Hoffman en 2014. Dérivée de l'opium (extrait du pavot), elle est donc apparentée aux médicaments opioïdes (dont le chef de file est la morphine), qui sont aussi utilisés pour lutter contre la douleur. Dans le cas de cette drogue, comme de beaucoup d'autres, non seulement il existe un phénomène de dépendance, mais aussi un phénomène de tolérance : c'est-à-dire que pour obtenir le même effet, il faut chaque fois des doses de plus en plus fortes. Lorsque la dépendance est installée, il est extrêmement difficile de « décrocher ».

L'injection d'héroïne (avec partage et réutilisation du matériel) favorise en outre les maladies infectieuses comme le sida et les hépatites B et C.

MES CONSEILS

— Évitez les drogues dures. Elles ont toutes une toxicité cérébrale et affectent la mémoire.
— N'essayez même pas car, d'après certaines études, une seule prise de cocaïne pourrait suffire à devenir accro.
— Ne partagez jamais du matériel d'injection, qui multiplie encore la dangerosité de ces pratiques. Le partage des pailles pour sniffer induit les mêmes risques.
— Ne conduisez pas si vous avez consommé de la drogue, quelle qu'elle soit.

III

L'homme est un animal social

30

L'art d'être grand-parent

En France, quinze millions de seniors sont grands-parents et ils ont, en moyenne, quatre petits-enfants. L'âge moyen pour devenir grand-mère est de 50,6 ans. Certains débutent donc leur rôle de grands-parents plutôt jeunes et le plus souvent encore en pleine activité professionnelle. Il est souvent plus facile de s'occuper de ses petits-enfants lorsqu'on est à la retraite, mais comme les retraites risquent de devenir de plus en plus tardives, les grands-parents actifs seront de plus en plus nombreux. Garder ses petits-enfants peut parfois être fatigant, mais c'est extrêmement bénéfique à tous points de vue pour rester en forme ! Il faut néanmoins que cela reste un plaisir et que ce ne soit pas une obligation ou une contrainte.

Une étude de 2014 révélait que plus de 40 % des grands-parents dans onze des pays européens pris en compte gardaient leurs petits-enfants seuls, sans que les parents de l'enfant soient présents. Ce pourcentage s'élevait à 51 % en France.

Les effets bénéfiques – qui sont réels également pour les petits-enfants (ceux-ci sont plus sociables, plus appliqués à l'école et plus susceptibles de se soucier et d'aider les autres) – sont mis en valeur par de nombreuses études : c'est notamment très stimulant et bon pour la mémoire des grands-parents. Une étude australienne de 2014 (« *Women's health aging project in Australia* ») a montré que les grands-mères qui s'occupaient une fois par semaine de leurs petits-enfants amélioraient leurs performances cognitives. En revanche, celles qui les gardaient cinq jours par semaine se sentaient débordées et dépassées, et avaient de moins bons résultats aux tests.

La prise en charge des petits-enfants procure une sensation de bien-être, un meilleur vieillissement et réduit le risque de dépression. À l'inverse, un sentiment d'échec dans la relation avec les petits-enfants (par exemple si les grands-parents ne peuvent pas les aider sur le plan financier) peut déclencher un épisode de dépression sévère.

MES CONSEILS

— Occupez-vous de vos petits-enfants une à deux fois par semaine, cela sera pour vous un véritable bain de jouvence et stimulera vos fonctions cognitives.

— Restez cependant dans votre rôle et ne cherchez pas à prendre la place des parents.

— Attention à ne pas vous laisser déborder par le soutien à vos propres parents, par l'aide apportée à vos enfants et par la garde de vos petits-enfants : les « générations sandwich » peuvent développer un véritable burn out.

31

Le lien social tu maintiendras

De nombreuses études ont souligné l'importance du lien social (que ce soit dans le cadre d'une activité collective ou simplement de rencontres autour d'un café) pour bien vieillir et retarder la perte d'autonomie. Selon le sociologue Serge Guérin, « le lien social est le plus efficace des médicaments ». Et, comme pour la consommation journalière de fruits et légumes, le seuil minimum a été fixé à cinq : cinq contacts différents par semaine. L'avancée en âge rend cet objectif moins accessible, les occasions de créer du lien se réduisant : s'il est plus difficile de nouer de nouveaux liens pour 58 % des personnes à partir de 55 ans, ce taux monte à 63 % à partir de 71 ans et à 74 % pour les plus de 80 ans.

Selon le « baromètre santé 55 + » de l'Institut national de prévention et d'éducation pour la santé (INPES 2014), les 55-85 ans ont une vie sociale comparable à celle des 15-54 ans : 82 % déclarent avoir rencontré des membres de leur famille ou des amis au cours des huit derniers jours. Mais contrairement à leurs cadets (66 %), ils ne sont que 52 % à avoir pratiqué des activités de groupe ou de loisir (réunions, activités religieuses, associations, cinéma, sport ou soirées) au cours des huit jours précédents. Pourtant, sortir de son quotidien est la clé du bon moral et du bien vieillir, et pour se faire, selon les seniors, il faut se divertir (24 %), voyager, (22 %), participer à des activités collectives (22 %), pratiquer de nouvelles activités (16 %). Il est intéressant de noter que ceux qui déclarent avoir eu des activités de groupe ou de loisir sont moins nombreux à fumer que les autres, et ce, quel que soit le sexe.

Toujours d'après l'Inpes, l'isolement est le facteur de risque le plus important de mauvais vieillissement : il augmenterait par quatre le risque d'épisode dépressif, par deux la détresse psychologique et par cinq les pensées suicidaires. La solitude concerne quand même un Français sur huit, et une personne sur quatre après 75 ans (27 %). Les liens sociaux s'amenuisent plus particulièrement dans les villes et les grosses agglomérations alors que la densité de la population y est plus élevée : un Français sur deux ne connaît pas le prénom de ses voisins. Plus de 50 % des personnes âgées n'ont peu ou pas de réseau amical actif et plus de 50 % ont des contacts réduits ou inexistants avec leur famille. Les contacts se font alors surtout avec les commerçants, voire, pour 64 % des plus de 70 ans, avec le facteur ! La Poste a d'ailleurs développé un service dans ce sens appelé « Proxi vigie Cohesio » : à la demande d'une mairie, d'un centre communal d'action sociale (CCAS), d'une caisse de retraite, d'un assureur ou de tout autre organisme à vocation sociale, le facteur peut désormais se rendre au domicile de personnes préalablement identifiées pour vérifier qu'elles vont bien. Le facteur devient ainsi un acteur du lien social et de la prévention : par ses observations, il peut guider l'action des services sociaux et donner l'alerte en cas de problème. La Poste a récemment développé le service à titre individuel et payant baptisé « Veiller sur mes parents », avec des passages deux, quatre ou six fois par semaine, et un service de veille et d'écoute (tarifs de 60 à 140 euros par mois). Enfin, 70 % des plus de 70 ans citent les auxiliaires de vie comme élément important du lien social.

Face à cette solitude, qui peut avoir des conséquences dramatiques comme on l'a vu lors de la canicule de 2003, il a été mis en place des programmes d'entraide comme l'association Monalisa – Mobilisation nationale contre l'isolement des âgés (*www.monalisa-asso.fr*).

Le téléphone reste également un facteur de lien social important avec l'avancée en âge, ainsi que l'utilisation de la visiotéléphonie, comme Skype. Les réseaux sociaux offrent des possibilités supplémentaires que nous verrons plus loin (voir « Réseaux sociaux : Facebook, Twitter… », p. 145).

MES CONSEILS

- Téléphonez régulièrement et envoyez des SMS. N'hésitez pas à utiliser Skype pour un contact visuel. Cela permet de voir grandir les petits-enfants ou neveux qui habitent loin.
- Continuez à vous créer des relations sociales, même si c'est plus compliqué avec l'avancée en âge.

— Ayez au minimum un contact avec cinq personnes différentes par semaine (hors famille).
— Soyez sympathique avec votre facteur, il vous le rendra !
— Ayez un animal, c'est aussi un bon moyen de lutter contre la solitude et d'entrer en relation avec les autres.

32

Ta retraite tu prépareras

Vivement la retraite ! se dit-on parfois. Même si, comme on l'a vu, la prendre un peu tardivement peut être bénéfique, arrive un moment où il faut commencer cette nouvelle vie. Loin d'être une période négligeable dans le parcours d'une personne, la retraite est bien plus longue par exemple que l'enfance ou l'adolescence et elle tend à s'allonger de plus en plus avec l'amélioration de l'espérance de vie (quinze, vingt, trente ans...). Pour bien vivre ce passage, il n'est pas inutile d'y penser avant et de s'y préparer. Il ne faut pas que ce soit une rupture et surtout pas une fin, voire la fin !

Aujourd'hui, la retraite n'apparaît plus comme le temps de la vieillesse. Les retraités sont très majoritairement en bonne santé et s'inscrivent dans de nouveaux projets de vie. Elle reste cependant une étape difficile qui conditionne le vieillissement et qui nécessite d'être anticipée et réfléchie. De plus en plus d'entreprises et divers organismes proposent des formations gratuites de préparation à la retraite. N'hésitez pas à vous y inscrire, si cette opportunité s'offre à vous, cela ne peut que vous aider.

Avec ou sans formation, il faudra que vous vous posiez les bonnes questions, la première étant sans doute celle du choix du lieu où passer sa retraite. Certains veulent profiter de leur liberté pour partir à la campagne, voire parfois à l'étranger. Mais est-ce une bonne décision ? N'est-ce pas prendre le risque de se couper des gens que l'on côtoie, de se retrouver dans un lieu où l'on sera plus isolé ? Il faut peut-être garder un logement facile d'accès (rez-de-chaussée ou ascenseur) dans une grande ville bien médicalisée avec des commerces de proximité, proche de ses enfants et bien aménagé pour le jour où on sera peut-être malade ou dépendant ?

Par ailleurs, interrogez-vous sur les projets que vous avez pour votre retraite. Les personnes qui ont prévu des activités de bénévolat, qui vont s'occuper de leurs petits-enfants ou qui ont des hobbies (lecture, peinture, photographie, musique, sport, voyages…) vont plus facilement passer ce cap. Savez-vous profiter de votre temps libre ? Si vous étiez très (trop) investi dans votre travail, il vaut mieux essayer de le quitter progressivement, voire prendre une activité bénévole pour ne pas avoir brutalement une trop grande rupture. Quand on va au travail tous les jours, on a des horaires très cadrés. C'est à la fois une contrainte, mais aussi une forme d'aide dans la vie de tous les jours. Au moment de la retraite, il n'y a tout d'un coup plus d'horaires, plus d'obligations, que du temps libre à organiser comme on veut : la notion du temps se modifie. Cela n'est pas toujours évident et on peut trouver les journées longues. C'est un autre rythme de vie, souvent plus lent, qu'il faut apprendre à maîtriser et à apprécier.

Dans votre vie de couple, les choses vont changer également. Si vous êtes en retraite en même temps que votre conjoint, vous allez vous retrouver vingt-quatre heures sur vingt-quatre avec lui, ce qui n'était pas le cas lorsque vous travailliez. Ce n'est pas forcément facile et cela peut entraîner des conflits qu'il faut gérer. Il est peut-être bon d'en discuter ensemble et de vous ménager des espaces et des moments où vous n'avez pas les mêmes activités.

Et vos enfants et petits-enfants ? Est-ce qu'à la retraite vous allez vous en rapprocher (au risque de les saturer) ou au contraire vous en éloigner (pour ensuite vous plaindre que vous ne les voyez pas assez) ? Il faut sans doute trouver la bonne distance !

Et une autre question se pose, celle des finances. Souvent, les revenus baissent à la retraite, suscitant parfois de vraies difficultés. Le fait d'être propriétaire est alors vraiment utile à ce moment-là. C'est le cas de 73 % des retraités en France selon l'Insee. En outre, 22 % possèdent aussi un autre logement (résidence secondaire ou autre).

Si, pour beaucoup, le vieillissement réussi est synonyme de vieillissement actif, il ne faut pas l'entendre dans un sens productiviste du terme, mais plutôt comme une façon d'être un acteur volontaire et déterminé de sa vieillesse. C'est surtout l'idée de ne pas « se laisser aller » et de gérer son capital santé d'une façon dynamique, en privilégiant avant toute chose une activité de bien-être personnel : s'occuper de soi !

MES CONSEILS

- Envisagez la retraite avec confiance et comme une période d'épanouissement.
- Prévoyez votre passage à la retraite : la qualité de votre retraite déterminera votre vieillissement futur.
- N'hésitez pas à vous inscrire à des programmes gratuits de préparation à la retraite.
- Choisissez bien le lieu de votre retraite en anticipant sur l'avenir.

33

Aider les autres : syndicalisme, bénévolat...

S'occuper de vos petits-enfants, aider votre famille, c'est bien et vous pouvez aussi aider les autres : ils vous le rendront en mieux-vieillir ! S'engager, être militant ou devenir bénévole est possible avant l'âge de la retraite, cependant, avec plus de temps, c'est l'occasion de s'y consacrer davantage. Souvent, les anciens syndicalistes deviennent bénévoles quand ils cessent de travailler – mais ils ne sont pas les seuls.

Les seniors ont un rôle majeur au niveau associatif : ils sont les plus importants donateurs et forment l'ossature de la majorité des organisations. Ainsi, plus de 50 % des responsables associatifs sont des retraités et les retraités représentent la majorité des bénévoles « très réguliers » selon un rapport de France bénévolat de 2015. Ils sont aussi très fréquemment impliqués dans la vie communale et font partie des conseils municipaux.

Si cette implication exprime souvent un besoin de reconnaissance sociale (servir à quelque chose), l'activité bénévole (certains parlent même de « travail ») a un impact direct en matière de santé physique et psychique sur les seniors. Il participe du concept de « vieillesse active ». Une étude américaine a montré que les personnes ayant consacré au moins deux cents heures par an au bénévolat avaient une diminution de 40 % du risque d'hypertension par rapport à ceux qui n'avaient pas pratiqué de bénévolat. Des enquêtes ont montré que les bénévoles auraient un taux de mortalité et de dépression plus faible, de meilleures capacités physiques et un plus grand épanouissement personnel. En 2013, une méta-analyse de vingt-quatre études a montré que le bénévolat diminue de 22 % la mortalité. Bon moyen pour lutter contre l'isolement et renforcer le lien social, l'implication dans un groupe social – qu'il s'agisse de bénévolat dans la communauté, d'aide auprès des jeunes ou d'apprentissage de nouvelles compétences – constitue un atout majeur en matière de vieillissement réussi.

Cette activité associative ne doit toutefois pas être pratiquée comme un substitut à l'arrêt de son activité professionnelle ou pour combler un manque relationnel (par exemple, les veuves ont une plus grande propension à adhérer à des associations du fait de leur solitude sans doute). En effet, les bénéfices du bénévolat sur la santé ne se font ressentir que lorsque les personnes pensent vraiment apporter quelque chose aux autres (altruisme).

Une fois encore, on constate des différences en fonction des classes sociales. Ainsi, la participation bénévole des cadres supérieurs est deux fois supérieure à celle des ouvriers.

Sur le plan cognitif, une grande étude européenne réalisée en 2010 dans quatorze pays, sur plus de vingt-cinq mille personnes de 50 ans et plus, a montré que garder une activité bénévole permet de différer le vieillissement cognitif d'environ 1,75 année, que participer à une organisation politique (syndicalisme) ou communautaire, ou aider sa famille, ou aller à un club de sport ou associatif diffère le vieillissement cognitif d'au moins deux années. Suivre une formation ou des cours le diffère de trois ans. Dans cette étude, participer à une activité religieuse ne différait le vieillissement de la mémoire que de 0,26 an !

Ainsi, le bénévolat est à la fois bénéfique pour soi-même et pour la société. On peut regretter en France que les seniors ne puissent pas s'impliquer dans d'autres structures, comme le puissant syndicat des retraités qui existe aux États-Unis (et qui permet aux retraités d'avoir un réel poids politique) ou la réserve civile, réactivée à la suite des attentats de 2015-2016, mais qui exclut les personnes âgées de plus de 65 ans…

MES CONSEILS

- Aidez les autres, vous lutterez ainsi contre l'isolement et créerez du lien social.
- Si vous hésitez sur l'action que vous pouvez mener, vous pouvez consulter le site de France bénévolat (*http://www.francebenevolat.org/*) : les possibilités sont multiples et chacun peut trouver une association correspondant à ses centres d'intérêt ou à ses compétences.
- Attention à ne pas avoir trop d'activités non plus car alors vous allez en perdre les bénéfices. Là encore, l'excès nuit !

34

Et Dieu dans tout ça ?

Le fait d'être croyant et pratiquant est-il un facteur de meilleur vieillissement ? Est-ce bon pour les fonctions cognitives ? Des études se sont intéressées à ces questions, sans aller jusqu'à se demander si une religion serait meilleure qu'une autre pour s'assurer un vieillissement réussi !

Une chose est sûre, en créant du lien social, la religion a une incidence positive : le fait d'être croyant et de participer à certains rites (messe du dimanche, shabbat, salat…), de façon régulière et répétée, a au moins le mérite de favoriser l'échange avec autrui et également de créer des repères temporels (ce qui est plutôt bon par rapport aux troubles cognitifs). Se rendre au lieu de culte oblige à sortir de chez soi, et à faire un peu d'exercice physique si on y va à pied. Certaines traditions (baptême et communion ou équivalents, mariage) favorisent aussi la cohésion familiale (en général) et permettent de revoir certains membres que l'on ne côtoie pas tous les jours. C'est souvent l'occasion d'évoquer des souvenirs plus ou moins anciens, ce qui est toujours stimulant. Enfin, les traditions religieuses liées au décès, même lorsqu'on est peu pratiquant, aident les survivants et leur permettent de mieux aborder l'avenir après la disparition de la personne aimée.

D'un point de vue médical, il est relativement compliqué d'étudier l'impact de la pratique d'une religion sur le vieillissement et le fonctionnement cognitif de la population générale. Certaines études ont été faites sur les membres des communautés religieuses, mais il est difficile d'en tirer des conclusions pour M. ou Mme Tout-le-monde. Ces études présentent un intérêt en ce sens qu'elles disposent d'un groupe de population qui a un mode de vie homogène (même alimentation, mêmes activités, même éducation…) peu influencé par les facteurs extérieurs. Une des enquêtes les plus célèbres est ainsi la « *Nun study* » (études des nonnes) : elle a permis de nombreuses découvertes sur la maladie d'Alzheimer grâce à ces femmes qui ont toutes fait don de leur cerveau à leur décès.

Plusieurs études ont quand même montré que, hors les murs des couvents et des monastères, les personnes qui pratiquaient une religion de façon régulière ralentissaient leur risque de déclin cognitif ou de maladie d'Alzheimer par rapport aux autres. Ainsi, sur un échantillon de 2 812 personnes de plus de 65 ans pratiquantes, celles qui respectaient un rythme hebdomadaire avaient un risque de déclin cognitif diminué de 36 % par rapport aux personnes pour qui il était moins fréquent.

MES CONSEILS

- Vous pouvez pratiquer une religion si vous le souhaitez : c'est un choix personnel qui ne peut pas vous faire de mal !
- Ne pratiquez pas uniquement pour diminuer le risque de déclin cognitif : ce n'est peut-être pas la meilleure motivation et ce n'est pas le moyen le plus efficace.
- En prévention, il ne semble pas y avoir une religion meilleure qu'une autre.
- Comme pour tout, seul l'extrémisme est dangereux…

35

Réseaux sociaux : Facebook, Twitter…

Selon une étude française de 2012, 61,9 % des 60-74 ans et 23,4 % des 75 ans et plus avaient Internet à la maison. Presque 39 % des 60-74 ans l'utilisaient tous les jours, et 10 % des 75 ans et plus. Ces derniers sont baptisés les *silver surfers*. En 2013, une enquête américaine réalisée par Google et Ipsos chez des personnes de 67 ans et plus a montré qu'elles passaient en moyenne 15,8 heures par semaine sur Internet contre 16,3 heures à regarder la télévision. Pour s'informer, 77 % utilisaient Internet, 66 % la télévision et 58 % les magazines ou les journaux. Les principaux centres d'intérêt des seniors sur la Toile concernaient la santé. En France, en revanche, ils consultent principalement les services de banque en ligne pour connaître l'état de leurs finances (56 %) ou ils regardent des vidéos (53 %). D'un point de vue familial, les activités principales concernent le partage de photos et les conversations via une webcam.

Cette même étude Google-Ipsos a montré que la répartition des seniors sur les réseaux sociaux était la suivante :

Facebook 97 %, Google + 22 %, LinkedIn 21 %, Twitter 17 %, Classmates.com (en France il s'agit de Trombi.com, équivalent de Copains d'avant) 17 %, Pinterest 11 %, Myspace 7 %, Tumblr 1 % et Foursquare 1 %. Ainsi, Facebook serait le réseau social le plus fréquenté par les seniors : les plus de 55 ans représentent 15,6 % des utilisateurs aux États-Unis. Entre 2011 et 2014, le nombre de 55 ans et plus qui ont rejoint Facebook a augmenté de 80,4 % ! En France en 2013, les 60-69 ans représentaient 19 % des utilisateurs, et les 70 ans et plus, seulement 4 %.

Les réseaux sociaux sont utilisés aussi par exemple pour communiquer entre malades ou proches de malades pour avoir des informations ou des conseils. Fin 2015, une étude a dénombré sur Facebook et Twitter 357 groupes sur la maladie de Parkinson, 325 groupes sur la démence, 853 sur la maladie d'Alzheimer et 1 127 sur la dépression.

Quels bénéfices Internet et les réseaux sociaux peuvent-ils apporter aux seniors et sont-ils susceptibles de leur permettre de mieux vieillir ? La réponse semble être oui, puisque, selon une étude publiée en 2014, l'utilisation régulière d'Internet chez les seniors américains réduit de 33 % le risque de dépression, en particulier chez ceux vivant seuls. Une étude anglaise publiée la même année, évaluant des personnes âgées de 50 à 89 ans, a montré une amélioration cognitive pour celles qui se connectaient, y compris pour envoyer seulement des courriels.

Les études sur l'impact de l'utilisation des réseaux sociaux en termes de vieillissement sont encore rares, compte tenu de leur relative jeunesse. Une chose est sûre : en tant que véritables vecteurs de lien social, ils sont probablement positifs. Sur 213 seniors (60 ans et plus) habitant en ville, ceux qui utilisaient les réseaux sociaux (45 %) avaient de meilleures performances cognitives que les autres, d'après une étude publiée en 2014. Plus l'utilisation des réseaux sociaux était ancienne, meilleures étaient les performances cognitives.

MES CONSEILS

— Attention à bien utiliser les réseaux sociaux : il est recommandé de ne pas partager de données personnelles et autres informations du type : « Je ne serai pas à la maison de telle date à telle date », véritable invitation aux cambrioleurs...
— Attention également aux courriels émanant de votre banque qui vous demandent vos références de carte bleue ou autre. Soyez vigilant car il existe un certain nombre d'arnaques sur la Toile qui arrivent parfois jusque dans les courriels.
— N'hésitez pas à suivre une petite formation. Le réseau le plus familial et amical est Facebook, pour les informations c'est Twitter, pour les photos c'est Instagram et pour les GIF (animations vidéos très courtes) c'est Tumblr.

36

Sexualité pour bien vieillir

Les études qui s'attachent à mesurer l'activité sexuelle – et ses éventuels bénéfices – sont toujours extrêmement difficiles à mener et souvent très subjectives. En effet, la plupart se basent sur les chiffres donnés par les participants eux-mêmes, notamment en ce qui concerne la fréquence de leurs rapports sexuels (on peut imaginer qu'ils la surestiment un peu). Par ailleurs, ces recherches envisagent le plus souvent la sexualité comme une activité physique (une sorte de gymnastique sportive) et non comme une relation psycho-affective complexe, et ne s'attachent presque exclusivement qu'aux rapports hétérosexuels.

En réalité, l'activité sexuelle constitue-t-elle réellement une sorte d'exercice physique, et si oui, de quel ordre de grandeur ? Une étude publiée en 2013 a évalué cette problématique chez vingt et un couples âgés de 18 à 35 ans (âge moyen 22,6 ans). Les résultats de ce travail ont montré que la durée moyenne d'un rapport sexuel était de

25 minutes, et que la dépense énergétique moyenne d'un rapport sexuel était de 101 calories chez les hommes (4 calories par minute) contre 69 calories chez les femmes (3 calories par minute). C'était significativement inférieur à la dépense énergétique moyenne de 30 minutes d'exercice sur un tapis roulant (276 calories, ou 9 calories par minute, pour les hommes et 213 calories, ou 7 calories par minute, pour les femmes). Cependant, certains hommes (très actifs) dépensent plus d'énergie lors d'un rapport sexuel que lors d'un exercice (jusqu'à plus de 306 calories). L'activité sexuelle est donc un exercice significatif, plus intense qu'une marche mais moins intense qu'un jogging : la dépense énergétique est comparable à une marche à la vitesse de cinq à huit kilomètres à l'heure pendant trente minutes.

Ceci établi, quel bénéfice cela représente-t-il en matière de santé et de meilleur vieillissement ? Il semblerait qu'une sexualité régulière permette de faire « plus jeune que son âge » (la chirurgie esthétique a le même effet mais c'est plus cher !), si l'on en croit une étude de 2013 sur 3 500 personnes à qui on donnait moins que leur âge : le premier facteur explicatif était quand même le sport, mais l'activité sexuelle régulière arrivait tout de suite en deuxième position, les activités sociales entrant également en ligne de compte. Avoir des rapports trois fois par semaine donnait sept à douze ans de rajeunissement apparent, mais en avoir plus de trois n'apportait pas de bénéfice supplémentaire. La multiplication des partenaires ou l'infidélité, en revanche, auraient semble-t-il l'effet inverse !

Les avantages d'une sexualité régulière sont mis en valeur par une abondante littérature médicale. Une étude publiée en 2004 a ainsi montré l'effet bénéfique de l'activité sexuelle intensive chez l'homme sur la prostate et le risque de cancer. Cette étude a suivi, entre 1992 et 2000, près de trente mille hommes âgés de 46 à 81 ans. Ceux qui éjaculaient plus de vingt fois par mois (tous modes d'éjaculation confondus : relation sexuelle, éjaculation nocturne ou masturbation) avaient un risque de cancer de la prostate réduit d'un tiers par rapport à ceux qui le faisaient moins de huit fois par mois. Le bénéfice devenait significatif à partir de douze éjaculations par mois. Pour les femmes, il y aurait une réduction du risque de cancer du sein par le biais de la libération d'ocytocine. La sexualité joue également un rôle dans la régulation des émotions et le maintien du bien-être psychologique : elle améliore la qualité du sommeil, réduit le stress, les états dépressifs et l'anxiété.

Comme tout exercice, néanmoins, l'activité sexuelle peut être responsable d'un accident cardiaque. Selon une étude de 2011, le risque d'avoir une crise cardiaque pendant ou immédiatement après l'acte sexuel est multiplié par 2,7. Mais ce risque concerne surtout les personnes qui ont une activité physique ou sexuelle irrégulière, le risque d'infarctus du myocarde étant moindre pour les autres : pour chaque heure d'activité physique supplémentaire hebdomadaire, le risque d'infarctus diminue en moyenne de 45 % et celui de mort subite par arrêt cardiaque de 30 %.

Qu'on se rassure quand même, dans une étude ayant porté sur vingt-sept années (1972-2004) et concernant 32 000 autopsies, seuls 68 cas de décès ont pu être reliés à la pratique d'une activité sexuelle, chez des femmes dans 5 cas et des hommes dans 63 cas. L'incidence annuelle de décès cardio-vasculaires au cours de l'activité sexuelle dans cette étude était donc de 1,9 pour 1 000 autopsies chez les hommes et 0,16 pour 1 000 autopsies chez les femmes. Ce qui confirme par ailleurs la différence qui existe en termes de contrainte cardio-vasculaire entre homme et femme au cours de l'acte sexuel. Au final, diverses études ont montré qu'avoir une activité sexuelle deux à trois fois par semaine diminuerait de 30 à 50 % le risque d'accident cardiaque ou cérébral.

MES CONSEILS

— Continuez à avoir l'activité sexuelle qui vous convient le mieux et qui vous épanouit.
— Si vous êtes un homme, un nombre d'éjaculations important (supérieur à cinq par semaine, avec ou sans rapport sexuel) pourrait diminuer votre risque de cancer de la prostate. Même si ceci repose sur une seule étude, vous ne prenez aucun risque à suivre ce conseil.
— En cas de nouveau partenaire, pensez toujours à vous protéger en utilisant un préservatif. Les infections sexuellement transmissibles (IST) ne font pas de distinction d'âge.

37

Plaisir solitaire : un petit complément

Comme l'a si bien dit Woody Allen : « Se masturber, c'est faire l'amour avec la personne qu'on aime le plus au monde. » Aujourd'hui, 85 % des Français la pratiquent de temps en temps, et 35 % chaque semaine… Et cela concerne aussi bien les femmes que les hommes, même si la masturbation (ou onanisme) reste plus fréquente chez ces derniers. « Hein ? » répondront ceux qui croient encore que cela rend sourd.

Si tout le monde est maintenant convaincu que la masturbation ne rend ni sourd ni aveugle, les bénéfices qu'elle procure en termes de santé ou de bien-vieillir sont moins connus. On peut déjà affirmer, sans aucun risque d'erreur, qu'elle évite les infections sexuellement transmissibles, les grossesses non désirées (pour les femmes non ménopausées !), le désagrément de ne pas satisfaire le ou la partenaire, et, aussi, libère de l'angoisse de performance ! Phase importante du développement sexuel et de l'apprentissage de la sexualité, elle permet un meilleur contrôle de son plaisir lors des activités en couple. Ce serait même un excellent exercice pour ceux qui éjaculent de manière précoce, pour ceux qui ont des difficultés à éjaculer ou pour ceux qui éprouvent des troubles érectiles.

Mais, s'il existe peu d'études sur les bénéfices de la sexualité en général, il en existe encore moins sur ceux de la masturbation. Ce type d'étude a en outre souvent des effectifs limités et reste basé sur du déclaratif.

Chez la femme, une étude de 1988 révélait que l'autostimulation génitale augmentait le seuil de tolérance à la douleur et produisait un effet analgésique. Une autre, en 2004, portant sur la sexualité de 914 femmes âgées de 42 à 52 ans, constatait que celles qui avaient souffert de dépression se masturbaient davantage et tiraient une moins grande satisfaction de leurs relations sexuelles à deux que les femmes non dépressives. Comme on l'a vu, le nombre d'éjaculations (y compris par masturbation) serait un élément protecteur contre le cancer de la prostate. Pour l'homme, comme pour la femme, la masturbation est un bon moyen de déstresser et cela favorise l'endormissement.

En matière d'activité physique, les dépenses caloriques de la masturbation sont inférieures à celles d'une activité sexuelle en couple. Ainsi, si la fréquence cardiaque augmente de 51 % lors d'un rapport hétérosexuel, elle ne s'accroît que de 37 % au cours d'une masturbation.

MES CONSEILS

- — En tant qu'exercice physique pur, la masturbation est inférieure à l'activité sexuelle à deux. Mais c'est un bon anti-stress et, avant de se coucher, cela favorise le sommeil.
- — Attention, au-delà de cinq fois par jour, cela devient pathologique (masturbation compulsive).
- — Avec l'âge, c'est parfois la seule solution licite lorsqu'on n'a plus de partenaire.

38

Et la tendresse ?... bordel !

Et la tendresse ?... bordel est le titre d'une comédie de 1979, qui a eu un grand succès dans les salles de cinéma. Elle racontait l'histoire de trois couples qui se croisaient, un couple désigné à l'époque comme « phallo » (avec un homme dominateur et obsédé sexuel), un couple romantique et un couple tendre. Seul ce dernier résistait à la routine du quotidien et s'épanouissait, l'histoire soulignant la nécessité de la tendresse, complément indispensable à l'activité sexuelle. Pour certains jeunes couples comme dans le film, néanmoins, ce mot ne semble guère avoir de signification et encore moins de mise en œuvre.

L'âge avançant, la place de la tendresse, de l'attention à l'autre, de la gentillesse, semble en revanche de plus en plus prépondérante. Le besoin de tendresse se développe, sans jamais cependant se substituer à la sexualité. Même si la sexualité dans sa dimension génitale a tendance à devenir moins fréquente, elle persiste sans totalement disparaître. Le désir sexuel diminue avec l'âge, en particulier chez la femme, mais celle-ci reste très sensible à la qualité de la relation avec son partenaire. Différentes études ont mis en évidence que c'était la qualité de la relation conjugale (engagement, confiance, communication) qui était corrélée avec la santé. Cette qualité, favorisée par la tendresse, est un élément d'équilibre et de bien-être. La santé des femmes semble plus vulnérable en cas de mauvaise relation conjugale que celle des hommes (ce qui augmenterait par exemple leur pression artérielle), mais une étude publiée en 2016 a montré que le stress induit chez les femmes par une dégradation de la relation conjugale entraînait à son tour une augmentation de la pression artérielle chez le mari ! Une étude de 2013 a mis en évidence que les mauvaises relations de couple doubleraient les risques de dépression par rapport aux bonnes relations. Et la gentillesse au sein du couple (et aussi en dehors) permet de diminuer le risque de dépression et de développer une forme de compassion et des émotions positives.

L'habitude de l'autre et une certaine lassitude sont des causes habituelles de la baisse du désir sexuel. Chez des couples formés depuis longtemps, le « train-train » peut entraîner une baisse de l'intérêt sexuel : au fil des années s'installe une routine sexuelle, répétant les mêmes schémas, allant bien souvent au plus rapide de l'orgasme qui devient de moins en moins attrayant tant il est un automatisme sans surprise. Seule la qualité de la relation dans le couple peut vaincre cette routine et stimuler le désir. L'attention à l'autre et les petits gestes de tous les jours (bisous, câlins, caresses...) sont donc surtout le secret pour bien vieillir... à deux ! Une étude de l'institut Kinsey (célèbre organisme de recherche sur la sexualité), publiée en 2011 et ayant porté sur mille couples dans cinq pays (États-Unis, Japon, Allemagne, Espagne et Brésil), a souligné la nécessité d'être tendre pour vivre une relation heureuse. Ce qui ressortait le plus significativement (et avant la bonne santé ou la satisfaction sexuelle), c'était l'importance des bisous et des câlins. Ce critère était même deux fois plus décisif pour les hommes que pour les femmes !

MES CONSEILS

— Autorisez-vous à dire des mots tendres, c'est un acte thérapeutique.
— Pour rester en couple, bisous et câlins sont un gage de longévité !
— La tendresse permettra à votre couple de durer, d'éviter l'ennui et d'avoir une sexualité épanouie et persistante à tout âge.
— Si votre pression artérielle monte… c'est peut-être lié à un problème dans votre couple.

39

Et si on se mariait ?

En France, le nombre de mariages semble progresser ces dernières années, surtout du fait du mariage pour tous. Ainsi, en 2014, l'Insee estimait que 241 000 mariages avaient été célébrés en France : 231 000 entre personnes de sexe différent et 10 000 entre personnes de même sexe. Le nombre de mariages de personnes de sexe différent a très légèrement diminué, alors que celui des personnes de même sexe a augmenté de 2 500. Que ce soit par romantisme, convention ou calcul fiscal, se marier est-il une bonne chose en termes d'espérance de vie et de vieillissement réussi ?

La réponse est oui : les femmes et les hommes mariés ont une meilleure espérance de vie que les célibataires, les hommes tout particulièrement. Des chercheurs américains ont compilé près de quatre-vingt-dix études réalisées au cours des soixante dernières années. Elles montrent que les célibataires, notamment les hommes, vivent en moyenne beaucoup moins longtemps que leurs congénères mariés : ils auraient un risque de mortalité plus élevé de

32 % au cours de leur vie, principalement en rapport avec un plus grand isolement social. La période la plus à risque pour les hommes célibataires serait celle de la trentaine, durant laquelle ils auraient 128 % de risques supplémentaires de mourir que les hommes mariés. Le risque de surmortalité semble diminuer avec l'âge, pour pratiquement disparaître après 70 ans.

Une étude française sur la supplémentation en vitamines et minéraux antioxydants chez treize mille personnes âgées de 45 à 60 ans explique indirectement et en partie ces bénéfices du mariage pour les hommes. Les résultats de ce travail montraient une diminution de 30 % de certains cancers (digestif, ORL, pulmonaire) chez les hommes uniquement grâce aux compléments alimentaires, mais aucun effet chez les femmes. Pourquoi ? Parce que les femmes ont naturellement des apports réguliers en antioxydants par leur alimentation riche en fruits et légumes ! Or, lors du mariage, ce sont les hommes qui se convertissent aux habitudes alimentaires de leurs femmes et consomment plus de fruits et légumes que lorsqu'ils étaient célibataires. Ainsi, en se mariant, les hommes diminueraient leur risque de cancers. Le mariage favorise également une diminution de la consommation d'alcool ou de drogues, ce qui est positif pour la santé. Enfin, autre avantage à être marié, plusieurs études mettent en valeur une diminution à âge égal du risque d'avoir la maladie d'Alzheimer.

Pour les femmes, une étude américaine, menée sur 10 071 personnes, établit qu'elles ont tendance à prendre du poids après leur mariage, du fait d'une plus grande sédentarité. Toujours d'après cette étude, le poids des hommes ne varierait pas significativement pendant leurs premières années de mariage. En revanche, ils prennent du poids de façon importante au moment du divorce.

Les Danois ont étudié quant à eux le risque de mortalité en fonction de la différence d'âge des conjoints. Il est réduit de 11 % pour un mari qui est de sept à huit ans plus vieux que sa femme, comparé aux couples où les deux partenaires sont du même âge. À l'inverse, un homme décède plus tôt quand il est plus jeune que son épouse. Pour une femme, le mieux est de se marier avec un homme exactement du même âge qu'elle ; un mari plus vieux raccourcissant son espérance de vie, et un plus jeune encore plus : les femmes qui épousent un partenaire de sept à neuf ans plus jeune augmentent leur risque de mortalité de 20 %.

Quoi qu'il en soit, il semblerait quand même que ce ne soit pas le mariage lui-même qui augmente l'espérance de vie, mais la vie commune. Ainsi, les couples mariés qui vivent séparément ou les personnes mariées deux fois ou plus ont un taux de mortalité plus important que celui des couples hétérosexuels et homosexuels qui cohabitent.

En ce qui concerne les couples du même sexe, toujours selon la même étude danoise, il est plus dangereux pour un homme d'être célibataire ou divorcé que d'être marié à un autre homme. En revanche, cette espérance de vie accrue ne semble pas concerner les couples lesbiens, sans qu'il y ait d'explication très claire à cet état constaté.

MES CONSEILS

— Mariez-vous plutôt par amour que par intérêt, mais ce serait dommage de vous priver des avantages de la situation maritale !

— Si vous êtes un homme, mariez-vous, et adoptez l'alimentation de votre femme (c'est-à-dire riche en fruits et légumes).
— Si vous avez choisi de rester célibataire, réduisez tous vos autres facteurs de risque pour compenser les pertes de chance que cela engendre ! Et prenez une supplémentation en vitamines !
— Un test simple pour mesurer votre risque de mortalité prématurée : portez-vous une alliance ?

40

Une fille toujours tu auras

C'est un conseil difficile à appliquer, mais si vous avez l'intention d'avoir des enfants, essayez d'avoir au moins une fille ! Et – difficile aussi car on ne vous demande pas votre avis généralement – si vous n'avez pas réussi à avoir de fille, choisissez bien votre ou vos belles-filles ! Très souvent, en effet, ce sont les filles qui s'occupent de leurs parents quand ils vieillissent, ou les belles-filles, alors même parfois qu'elles sont séparées de leur mari depuis des années.

Si vous tombez malade ou si vous devenez dépendant, vous allez avoir besoin d'être aidé. Le plus souvent, c'est un proche, appelé « aidant familial », qui va s'occuper de vous. En général, lorsqu'on est en couple, c'est le conjoint. Mais lorsqu'on est célibataire ou veuf, ce sont le plus souvent les enfants. Ceci a particulièrement bien été étudié dans la maladie d'Alzheimer et dans la maladie de Parkinson. Dans les deux cas, il apparaît que l'aidant principal est le plus souvent une femme (56 à 66 %

des cas), que ce soit la conjointe ou une fille, et ce, quel que soit le pays concerné.

Dans l'étude française Pixel, deux groupes distincts ont été observés. Le premier groupe était constitué d'aidants relativement jeunes (50-60 ans) encore impliqués dans une vie professionnelle (50 % des cas). Ils aidaient des patients très âgés (80 ans). Le plus souvent il s'agissait des enfants des patients, et trois fois sur quatre de leur fille. Ils ont dû réaménager leur temps de travail dans un quart des cas pour faire face à cette situation. Ce qui explique que seulement 12 % des enfants travaillaient à temps plein. Le second groupe d'aidants était constitué des conjoints. Il s'agissait des épouses dans deux cas sur trois. L'âge de l'aidant était alors plus élevé, proche de celui du patient. Le nombre d'heures d'aide allait jusqu'à six heures par jour pour 70 % des conjoints et 50 % des enfants. En 2015, une autre étude évaluait le nombre d'heures d'aide par semaine à dix-neuf en moyenne.

Si vous êtes vous-même un aidant familial, il faut savoir que c'est une situation potentiellement difficile et qui peut avoir des répercussions sur votre santé. Les aidants font face à plus de stress, de dépression, de pathologies cardio-vasculaires, et connaissent une baisse de leurs défenses immunologiques (avec par exemple une moins bonne réponse aux vaccinations) et même un risque de mortalité plus élevé. On estime que 39 % des conjoints aidants décèdent avant la personne malade. En tant qu'aidant, il faut donc savoir aussi se faire aider. Il faut se ménager des périodes de temps libre consacrées à son propre bien-être.

MES CONSEILS

- Avoir une (ou plusieurs) fille est une chance pour vos vieux jours.
- Sinon, faites des efforts pour bien vous entendre avec votre belle-fille.
- Allez, les fils, occupez-vous aussi de vos parents !
- Acceptez si vous êtes aidant d'être secondé par des professionnels et trouvez du temps pour vous.

IV

Exercice physique, jeux et loisirs, c'est bon pour la santé

41

Dix mille pas par jour

Pierre, 75 ans a passé un examen par résonance magnétique (IRM) de ses cuisses pour un problème musculaire. Son rhumatologue l'a rassuré car cet examen était normal. Cependant, il reste inquiet car il trouve les images « bizarres ». Il a regardé sur Internet d'autres photos d'IRM et cela ne correspond pas du tout aux siennes. Sur son ordinateur, on voit un rond blanc (l'os du fémur) avec autour une masse gris sombre bien dense (le muscle quadriceps). Or sur ses clichés à lui, il y a une toute petite partie gris sombre, toute ratatinée et irrégulière, avec autour beaucoup de blanc. Il se demande si c'est normal. En fait, Pierre a progressivement arrêté toute activité physique depuis l'âge de 30 ans. Il marche très peu et prend sa voiture dès qu'il a besoin de faire une course. Progressivement, les muscles de ses cuisses, insuffisamment stimulés, ont été remplacés par de la graisse (en blanc sur l'IRM). Contre cette fonte musculaire (ou sarcopénie), il n'y a qu'un seul remède : l'exercice !

Notre style de vie actuel ne favorise pas la marche : voiture, bureau, voiture, canapé, lit. Et il est prouvé qu'on marche de moins en moins et encore moins le week-end (– 10 %), et ce, dès l'enfance. Un médecin anglais a étudié en 2007 les déplacements d'un enfant de 8 ans à travers quatre générations. En 1919, son arrière-grand-père allait pêcher à pied jusqu'à dix kilomètres de chez lui. Son grand-père en 1950 marchait jusqu'à un bois situé à un kilomètre et demi. Sa mère en 1979 avait le droit de se rendre seule à la piscine, à huit cents mètres. Quant à lui, il n'avait l'autorisation que d'aller jusqu'au bout de la rue, à trois cents mètres. Aujourd'hui, de plus en plus d'enfants vont à l'école en voiture, alors que dans les années 1950, les enfants faisaient souvent plusieurs kilomètres pour s'y rendre.

Et vous ? Avez-vous déjà compté le nombre de pas que vous faites par jour ? Probablement jamais. Mais si on vous pose la question, vous avez sûrement l'impression de marcher suffisamment. C'est simple à vérifier. Il suffit de s'acheter un podomètre dans un magasin de sport (les appareils les moins chers valent autour de 20 euros) ou, si on veut y mettre les moyens, un de ces bracelets connectés qui sont à la mode. Il en existe plusieurs modèles à différents prix. Vous avez aussi des applis gratuites sur votre Smartphone qui font l'affaire (Runstatic par exemple).

Muni de l'un ou l'autre de ces podomètres, vous allez peut-être être déçu du résultat qu'il vous affiche. Alors, combien de pas par jour ? Dans une journée, si on a plutôt une activité de bureau, on fait 3 000 à 4 000 pas par jour au maximum. Et encore, si on ne prend pas la voiture pour se déplacer. Avec moins de 5 000 pas par jour, vous êtes considéré comme « sédentaire » ou inactif, donc à risque d'obésité, d'hypertension, de maladies cardio-vasculaires, de diabète, de troubles de la mémoire, de mauvais vieillissement et de surmortalité. Rassurez-vous, vous n'êtes pas tout seul : c'est le cas de 75 % des Français.

L'activité nécessaire pour un effet bénéfique sur la santé est de 10000 pas par jour. Si votre pas fait 60 ou 70 centimètres, cela représente 6 à 7 kilomètres par jour. Avant 20 ans, c'est 15000 pas par jour, et après 70 ans, c'est 8000 pas par jour. Ce nombre de 10000 a été choisi au départ par un Japonais dans les années 1960 à partir d'un calcul sur les dépenses caloriques. Depuis, diverses études ont confirmé l'intérêt d'une activité comprise entre 7000 et 13000 pas par jour. L'objectif de 6000 pas par jour que s'est fixé le président François Hollande est insuffisant pour obtenir un gain en termes de mieux vieillir.

Trente minutes de marche soutenue correspond à environ 4000 pas. En se forçant un peu à marcher (voir mes conseils) on arrive à 7000-8000 pas. Pour évaluer correctement son activité de base, il est conseillé d'enlever son podomètre lorsqu'on fait une activité sportive.

Il faut réapprendre à marcher et à éviter la voiture. Les Américains, qui ne sont jamais à court d'imagination, ont même inventé des bureaux debout avec tapis roulant pour travailler en marchant. Plus récemment, un artiste a conçu un bureau équipé d'une roue de hamster à taille humaine (*http://www.instructables.com/id/ENDSM1RHY8IPJ93/*).

Une enquête publiée en janvier 2016 a montré que les Franciliens sont parmi les plus actifs de France avec seulement 20 % de personnes sédentaires : les Parisiens marchent 1000 pas de plus par jour que les banlieusards. Ceux qui prennent le train ou le métro font en moyenne 7900 pas par jour, contre 7000 pour ceux qui prennent la voiture. On reste quand même loin de l'objectif des 10000 pas ! Globalement, 30 % des Franciliens utilisent les transports en commun de façon quotidienne : cela représente en moyenne pour cette population 27 minutes d'activité physique par jour, soit une dépense de 180 kilocalories. Pour ceux qui utilisent des modes de transport individuels motorisés (voiture, deux-roues à moteur, taxi, etc.), leurs déplacements quotidiens génèrent une activité physique chiffrée à 16 minutes par jour, soit 58 kilocalories !

Un bon moyen de marcher est d'avoir un chien qu'on est obligé de sortir plusieurs fois par jour (il faut bien sûr ramasser ses excréments !). L'animal de compagnie est par ailleurs très bon pour le moral, le lien social, lorsqu'on avance en âge et il favorise un vieillissement réussi. Ceux qui ont un chien augmentent leur activité physique de 12 %. Les chats et les autres animaux de compagnie ne procurent pas le bénéfice de la marche, mais ils ont d'autres vertus (voir « Ami des animaux tu seras », p. 391).

MES CONSEILS

— Marchez : c'est l'exercice physique le plus simple et le plus facile à mettre en œuvre.
— Essayez de marcher en rentrant du travail et évitez le plus possible de prendre votre voiture.
— Dans le bus ou le métro, descendez une station ou un arrêt avant votre destination. Ou faites le tour du quartier avant de rentrer chez vous.
— Évitez les ascenseurs et prenez les escaliers. Il faut monter au moins deux étages quotidiennement pour

avoir des bénéfices en termes de mémoire : le déclin cognitif recule de plus d'une demi-année pour chaque étage supplémentaire monté chaque jour.

— Évaluez votre marche au moins pendant un certain temps avec un podomètre ou un bracelet connecté pour avoir une vision précise de votre activité et vous faire une idée de ce que représentent dix mille pas par jour.
— N'en faites pas non plus une obsession. Il faut que cela reste ludique.
— Si vous étiez plutôt inactif (moins de 5000 pas par jour), allez-y progressivement.
— Éduquez vos enfants à la marche.
— Ayez un chien pour le promener et augmenter votre activité physique – mais évaluez auparavant ce que signifie l'acquisition d'un animal !

42

Ta vitesse de marche tu évalueras

Tout le monde a déjà traversé à un passage clouté avec des feux tricolores : le plus souvent, un petit bonhomme vous indique lorsqu'il est vert que vous pouvez traverser, lorsqu'il est rouge que c'est interdit. C'est d'ailleurs ce que l'on apprend aux enfants dès leur plus jeune âge. Aux États-Unis et dans d'autres pays, il existe même des systèmes avec un compte à rebours qui vous annonce le temps restant pour vous avancer en toute sécurité. Mais comment est calculée la durée pendant laquelle le petit bonhomme reste au vert ? Est-ce une durée standard pour tous les feux ? En fait, ce calcul est assez compliqué, et il comporte de nombreux paramètres. Mais un de ces paramètres, quasi constant, est de considérer que la vitesse de marche des piétons est en moyenne de un mètre par seconde. C'est donc en partie la largeur de la chaussée qui va déterminer la durée du feu tricolore.

Or, avec le vieillissement de la population, il faudra revoir ce mode de calcul pour mieux adapter nos villes aux personnes âgées. En effet, la vitesse moyenne de marche est inférieure à un mètre par seconde pour les femmes à partir de 65 ans et à partir de 70 ans pour les hommes. Pour les plus de 85 ans, la vitesse moyenne de marche est de 0,7 mètre par seconde pour les hommes et de 0,5 mètre par seconde pour les femmes…

Toutes les études faites ces dernières années confirment que la vitesse de marche est fortement corrélée avec l'espérance de vie en bonne santé. Après 65 ans, la meilleure espérance de vie est obtenue pour une vitesse supérieure à un mètre par seconde. Une vitesse de marche supérieure à 1,2 mètre par seconde entraîne même un gain d'espérance de vie de cinq à dix ans. A contrario, une vitesse inférieure à 0,7 mètre par seconde est un facteur de risque de mauvais vieillissement et même de surmortalité. La vitesse de marche est le moyen le plus simple et le plus fiable pour estimer le risque de fragilité (voir « Vous avez dit fragile ? », p. 331) et ce paramètre est de ce fait maintenant intégré à la plupart des scores utilisés par les médecins pour dépister ce risque.

Comment mesurer sa vitesse de marche ? Rien de plus simple. Il suffit de mesurer une distance de quatre mètres dans une pièce, un couloir ou dans la rue et de chronométrer combien de temps on met à les parcourir. Comme on l'a vu, l'idéal est de mettre quatre secondes ou moins. Il faut bien sûr marcher d'un pas normal et habituel. Une autre façon de faire est d'attendre à un feu tricolore que le petit bonhomme passe au vert et de traverser la chaussée. Si vous n'y arrivez pas avant que le petit bonhomme ne devienne rouge, c'est que votre vitesse de marche est inférieure à 1 mètre par seconde… Il ne vous reste plus qu'à écrire au maire pour qu'il modifie les feux tricolores de votre quartier ! Et surtout à faire le nécessaire pour que votre performance s'améliore.

Une étude très intéressante publiée en 2014 a montré que ceux qui avaient une vitesse de marche lente avaient plus de risque d'avoir des troubles cognitifs et une pathologie démentielle que ceux qui avaient une vitesse de marche considérée comme normale. Ce risque de troubles cognitifs était même significativement plus important chez ces personnes que pour celles qui se plaignaient de leur mémoire ! En revanche, celles qui avaient une vitesse de marche lente et qui en plus se plaignaient de leur mémoire avaient un risque très élevé de troubles cognitifs et de pathologie démentielle. Une autre enquête française, publiée en 2016, a mis en évidence que la vitesse de marche était corrélée au risque de maladie de la mémoire. Parmi les 3 663 personnes âgées entre 65 et 85 ans évaluées sur neuf ans, celles qui avaient une vitesse de marche inférieure à un mètre par seconde avaient un risque de maladie d'Alzheimer multiplié par deux durant le suivi et de démence vasculaire multiplié par plus de douze. De plus, la baisse de la vitesse de marche commencerait sept ans avant les troubles de mémoire et pourrait être utilisée comme un signe d'alerte.

MES CONSEILS

— Mesurez votre vitesse sur une distance de quatre mètres, au moins une fois par an.
— Si votre vitesse de marche augmente : vous êtes sur la bonne voie !

— Si elle diminue en-dessous de un mètre par seconde, faites vérifier votre mémoire.
— Si votre vitesse de marche est inférieure à 0,7 mètre par seconde, reprenez rapidement la situation en main : une alimentation diversifiée, de l'exercice physique et les conseils de ce livre devraient vous aider à améliorer les choses.

43

Rester assis et la télé tu éviteras

Dans nos sociétés modernes, on passe de plus en plus de temps assis et on a de moins en moins d'activités debout, ce qui était moins vrai pour les générations précédentes. Après être resté couché toute la nuit, on se lève et on part au travail (voiture ou transport en commun assis) ; beaucoup de gens restent assis au travail, puis reviennent à leur domicile (voiture ou autre) et une fois chez eux passent la soirée sur le canapé ou dans un fauteuil à regarder la télévision, avant d'aller se coucher. Une étude américaine de 2008 a ainsi montré qu'on passait en moyenne 7,7 heures à être assis, voire même 9,3 heures selon une autre étude. Or cette sédentarité est mauvaise pour la santé et le vieillissement. Elle est responsable d'obésité, de diabète, de pathologies cardio-vasculaires et augmenterait le risque de certains cancers, comme le cancer colorectal. Une enquête danoise récente a également montré que les hommes qui passaient plus de cinq heures par jour devant le petit écran avaient significativement moins de spermatozoïdes que les autres.

On pourrait imaginer que faire beaucoup d'exercice compenserait le fait de rester assis. Mais cela n'est pas totalement vrai au-delà d'un certain seuil d'inactivité. Ainsi, une étude australienne publiée en 2012 et ayant inclus 222497 adultes de plus de 45 ans a montré que plus on restait assis, en particulier au-delà de onze heures par jour, plus la mortalité augmentait, davantage pour les femmes que pour les hommes. Les hommes qui restent assis plus de six heures par jour ont une mortalité supérieure de 20 % par rapport à ceux qui restent assis moins de trois heures par jour. Les femmes qui restent assises plus de six heures par jour ont une mortalité augmentée de 40 %.

Chez les personnes en bonne santé, l'activité physique annulait ce risque de surmortalité dès qu'elles avaient une activité régulière chaque semaine, et ce quel que soit le degré d'activité. En revanche, chez les personnes ayant une pathologie cardio-vasculaire ou un diabète, même une activité physique supérieure à trois cents minutes par semaine n'arrivait pas à contrebalancer le risque de surmortalité pour ceux qui restaient assis plus de onze heures par jour. Selon une autre étude, les personnes qui réduisent à trois heures la durée passée en position assise par jour gagnent en moyenne presque un an et demi d'espérance de vie.

À domicile, on reste majoritairement assis devant la télévision ou un écran d'ordinateur. En ce qui concerne le temps passé devant la TV, une étude américaine sur 240 819 personnes âgées de 50 à 71 ans a été publiée en 2012. Dans ce travail, c'est le fait de rester plus de sept heures par jour devant son écran qui entraînait la surmortalité la plus importante, en particulier chez les personnes ayant une maladie cardio-vasculaire. L'augmentation du risque de mortalité était proportionnelle au temps passé à regarder la télé : 4 % pour une à deux heures, 14 % pour trois à quatre heures, 31 % pour cinq à six heures et 61 % pour plus de sept heures. Le fait d'avoir une activité physique diminuait ce risque, y compris pour ceux qui y consacraient plus de sept heures par semaine, mais pas suffisamment. Par ailleurs, deux heures par jour devant la TV augmentent votre risque de diabète gras (type 2) de 14 % !

Peut-être faudrait-il écrire sur toutes les chaises : « Rester assis tue » et sur tous les écrans : « Regarder trop longtemps un écran réduit votre espérance de vie » !

MES CONSEILS

— Passez moins de temps assis chaque jour, vous allongerez votre espérance de vie.

— Lorsque vous avez un travail sédentaire, essayez de bouger régulièrement en marchant ou en faisant quelques exercices.

— Dans les transports en commun, ne vous précipitez pas sur les places assises. Cédez votre place à une personne qui en a besoin (femme enceinte, personne âgée ou handicapée) : vous ferez une bonne action et améliorerez votre santé !

— Libérez-vous de l'emprise de la télévision et des ordinateurs qui vous obligent à rester assis. Cela libérera aussi votre esprit et vos capacités de réflexion.

44

Ton équilibre tu testeras

Qui n'a pas joué à la marelle lorsqu'il était enfant ? Ce jeu qui était déjà connu des Romains et qui se pratique dans tous les pays consiste à se déplacer de case en case, de la terre au ciel et retour, à cloche-pied. On devrait continuer à y jouer plus vieux pour conserver un bon équilibre. Le fait de pouvoir rester sur un pied (appelé « station unipodale ») est un très bon indice pour détecter certains problèmes de santé, et un test médical consiste à mesurer le temps passé dans cette position : il faut être capable de rester en équilibre plus de cinq secondes ou tenir le plus longtemps possible avec souvent une limite à trente secondes.

Avec l'âge, il est de plus en plus difficile de tenir au-delà de trente secondes. Ceux qui y arrivent sont plutôt en bonne forme et ont un vieillissement réussi. Au contraire, ceux qui ne peuvent pas tenir cinq secondes en équilibre sur une jambe sont à haut risque de chute (voir « Plus dure sera la chute », p. 311). C'est aussi un indicateur de dénutrition et de risque de perte d'autonomie.

Une étude japonaise, menée sur 841 femmes et 546 hommes âgés en moyenne de 67 ans, chez qui était testée la station unipodale et à qui on avait fait une IRM, a montré que le fait de ne pas tenir l'équilibre plus de vingt secondes était associé à de petits accidents vasculaires cérébraux (AVC) asymptomatiques, de types lacunes et micro-saignements. Et que, par conséquent, un test anormal devait encourager à faire un bilan et une imagerie cérébrale. Une étude toulousaine chez 686 personnes vivant à domicile et ayant une maladie d'Alzheimer a mis en évidence que celles qui avaient une station unipodale anormale avaient également un déclin cognitif plus rapide sur deux ans. Dans une étude que j'avais faite avec mon équipe hospitalière, la station unipodale inférieure à cinq secondes était corrélée pour ceux qui conduisaient à un risque plus important d'accidents de la route. Les médecins ont bien sûr d'autres moyens d'évaluer l'équilibre, y compris avec du matériel très sophistiqué.

Une autre méthode simple, que chacun peut tester lorsqu'il avance en âge, est le test « *Up and Go* ». Il consiste à s'asseoir dans un fauteuil avec accoudoirs. On se lève sans s'aider des mains, on marche trois mètres puis on effectue un demi-tour et on revient s'asseoir. On peut faire une analyse qualitative de ce test (utilisation ou non des mains, façon de marcher, risque de chute au moment du demi-tour et manière de s'asseoir) ou, plus simplement, une analyse chronométrée : s'il vous faut plus de vingt secondes pour effectuer ce test, vous êtes à risque de chute.

Une façon non médicale d'évaluer son équilibre et d'essayer de l'améliorer peut consister à utiliser la plateforme Wii Fit (Wii *balance board*) de Nintendo qui évalue (entre autres) la station unipodale et propose des exercices plutôt bien faits pour renforcer ses capacités. Ce jeu vidéo (voir « Une santé augmentée avec les jeux vidéo », p. 204) a des capacités correctes d'évaluation et de stimulation, même s'il n'est pas très bien noté par les études qui ont été faites. Par ailleurs, c'est un loisir amusant que l'on peut pratiquer en famille avec les enfants et petits-enfants, entre amis et même en maison de retraite.

MES CONSEILS

- Continuez à jouer à la marelle toute votre vie pour conserver un bon équilibre.
- Faites régulièrement une auto-évaluation de vos capacités d'équilibre par la station unipodale. Il faut bien sûr être prudent en réalisant cet exercice et prévoir un appui à proximité au cas où... pour éviter de tomber en voulant faire le test !
- Évitez de conduire si vous avez un trouble de l'équilibre.
- Renforcez votre équilibre par des exercices adaptés avec l'association Siel Bleu par exemple (*http://www.sielbleu.org/*) ou encore en pratiquant certains jeux avec la Wii Fit de Nintendo.

45

Sport : tout est bon

En 2012, le cycliste Robert Marchand a établi à Lyon le record des cent kilomètres, en 4 heures 17 minutes et 27 secondes, à la moyenne de plus de 23 kilomètres à l'heure, dans la catégorie des plus de cent ans. En 2014, il a grimpé le col qui porte son nom pour fêter ses 103 ans : une montée de dix kilomètres avec quatre cent cinquante mètres de dénivelé qu'il a effectué en 56 minutes malgré la pluie et le froid. Le 26 novembre 2015, jour de ses 104 ans, il a parcouru en Ardèche plus de vingt kilomètres d'une étape du Tour de France 2016. Le 4 janvier 2017, il a parcouru 22,547 kilomètres en une heure sur le vélodrome national de Saint-Quentin-en-Yvelines. Il a établi ainsi le record du monde de vitesse à vélo dans la catégorie des 105 ans, dont il est le seul et unique représentant.

Pour Véronique Billat, une enseignante-chercheuse en physiologie qui le suit depuis plusieurs années, Robert Marchand a les capacités physiologiques et cardiaques d'un homme de 50 ans. Il s'agit là, bien sûr, d'un exemple extrême, mais il existe de nombreux sportifs très âgés qui font régulièrement des exploits. Fauja Singh, un Britannique, a couru en 2011 le marathon de Toronto en 8 heures, 25 minutes et 16 secondes, devenant le premier centenaire à achever cette épreuve (42,195 kilomètres). La même année, il a effectué un cent mètres en 23 secondes 40. Les hommes ne sont pas les seuls à accomplir des exploits, des femmes nonagénaires ou centenaires se distinguent également dans toutes les disciplines : lancer de poids, alpinisme, parapente, saut en parachute, saut à la perche, gymnastique, natation…

Même si l'on sait que les performances physiques diminuent après l'âge de 40 ans (de 7 à 14 % tous les dix ans), un sportif qui s'entraîne régulièrement peut améliorer ses résultats quel que soit son âge.

Des chercheurs français ont analysé les données biographiques et de performance de l'ensemble des athlètes ayant participé aux Jeux olympiques depuis 1896, et de la totalité des athlètes français ayant participé au Tour de France depuis 1947, soit plus de vingt mille athlètes : leurs résultats révèlent que les sportifs, tous sports confondus, présentent une mortalité réduite de 50 % par rapport au citoyen lambda et meurent beaucoup moins de maladies cardio-vasculaires, cancers et de causes externes (accidents). Ces athlètes ont, en moyenne, une espérance de vie de sept ans supérieure à celle de la population générale ; environ deux années gagnées en raison du risque diminué de maladies cardio-vasculaires, deux en raison d'une diminution du risque de cancer et trois en raison d'une diminution du risque lié aux autres causes. Ces résultats concernent aussi bien les hommes que les femmes. Les cyclistes du Tour de France présentent une réduction de mortalité générale de 41 %, avec un risque diminué de décès par maladies cardio-vasculaires et par cancers.

Donc, pas de doute, le sport est bon pour la santé. Encore faut-il en faire suffisamment : des enquêtes réalisées entre 2006 et 2007 montrent que 40 % des Français n'atteignent pas le niveau d'activité physique recommandé pour obtenir un effet bénéfique (soit dix à quinze minutes par jour !). Une durée de dix minutes est vraiment un minimum, car plus l'activité physique est importante, plus l'impact sur la mortalité est grand.

De très nombreuses preuves de l'efficacité du sport existent, car c'est un domaine très étudié. En 2008, l'Inserm a publié un rapport basé sur l'analyse de deux mille articles sur le thème « Activité physique et santé » (*http://www.sports.gouv.fr/IMG/pdf/1-inserm.pdf*) et en février 2016, l'Anses a rédigé un avis de 584 pages sur les bénéfices de l'activité physique (*https://www.anses.fr/fr/system/files/NUT2012SA0155Ra.pdf*).

Comme le rappelle l'Anses, l'exercice physique régulier est associé, selon les études analysées, à une réduction de la mortalité de 29 à 41 %. Il a pu être chiffré qu'une pratique quotidienne de quinze minutes pouvait déjà diminuer le risque de 14 %. Une pratique à un niveau voisin de celui des recommandations pour l'activité d'intensité modérée (marche au moins trois heures par semaine) ou pour l'activité d'intensité élevée (course au moins vingt minutes, trois fois par semaine) entraîne une réduction du risque de mortalité de l'ordre de 30 % : une heure d'exercice intense équivalant donc à trois heures modérées.

Bien-être, qualité de vie, perception de soi, lutte contre l'anxiété et le stress, entretien de la fonction musculaire (lutte contre la sarcopénie), maintien du capital osseux, prévention des maladies cardio-vasculaires, meilleur fonctionnement cérébral, lutte contre l'obésité, etc., la liste des effets bénéfiques du sport est longue. Et sont efficients chez les personnes en bonne santé comme chez celles ayant une pathologie chronique, un handicap ou un état de dépendance.

Non seulement l'exercice a un impact préventif, mais dans certains domaines (cardio-vasculaire, ostéo-articulaire, diabète, bronchopathie chronique obstructive, asthme, cancers) il serait aussi curatif ou au moins limitatif. Chez les personnes ayant une intolérance au glucose, il empêche ainsi le passage au diabète dans 60 % des cas. Pour les patients hypertendus, l'activité physique réduit la pression artérielle en moyenne de 11 mmHg pour la pression systolique et de 8 mmHg pour la pression diastolique, ce qui leur permet d'éviter de prendre des médicaments. Le sport est également susceptible de lutter contre l'obésité, de réduire le mauvais cholestérol et d'augmenter le bon. Chez les personnes ayant un problème coronarien (par exemple celles qui ont fait un infarctus du myocarde quelques années auparavant ou qui souffrent d'angine de poitrine), l'exercice physique (sous surveillance et avec l'accord du médecin) réduit la mortalité de 25 à 35 %. En 2007, sur les cinquante et une études ayant porté sur le cancer du côlon et le cancer colorectal, quarante-trois avaient démontré une diminution du risque chez les sujets ayant l'activité physique la plus importante, avec une réduction moyenne de 40 à 50 %. Plus l'exercice était conséquent, plus le risque diminuait. Pour le cancer du sein, en 2006, quarante-cinq études sur soixante-quatre avaient démontré une diminution du risque chez les sujets ayant l'activité physique la plus importante avec une réduction moyenne de 30 à 40 %. Avec un effet dose-réponse, c'est-à-dire que plus la quantité d'exercice était importante plus le bénéfice était grand. Chez des femmes traitées pour un cancer du sein, les études ont montré qu'une activité physique de type marche (trois à cinq heures par semaine) diminue le risque de récidive ou de décès de 20 à 50 %. Pour les cancers du poumon, de la prostate, de l'endomètre, des ovaires ou de l'estomac, les résultats, même s'ils sont parfois contradictoires, semblent globalement en faveur d'un effet bénéfique de l'activité physique.

Le sport est également considéré comme un facteur de prévention des troubles cognitifs. L'exercice réduit, voire bloque l'altération ou la perte neuronales. Les sujets âgés qui ont eu une activité physique régulière tout au long de leur vie ont une perte de tissu cérébral (atrophie) moindre que les sujets sédentaires et ont de meilleures performances cognitives. Ce serait donc un élément de prévention contre la maladie d'Alzheimer. La pratique régulière d'une activité physique est associée à une diminution (jusqu'à 45 %) du risque d'apparition de la maladie d'Alzheimer.

Les recommandations générales après 65 ans sont les suivantes : effectuer des activités d'intensité modérée de type aérobie (en endurance) pour un minimum de trente minutes par jour, cinq jours par semaine ; ou de forte intensité vingt minutes par jour, trois jours par semaine. Ces exercices viennent en supplément des activités de la vie quotidienne ou des exercices d'intensité modérée durant moins de dix minutes (tâches ménagères, marche du parking jusqu'au centre commercial, lèche-vitrines…).

Depuis 2012, la ville de Strasbourg expérimente des séances de sport sur ordonnance pour les malades chroniques. Les malades, munis de leur ordonnance, sont pris en charge par des éducateurs sport-santé spécifiquement formés qui leur proposent une activité adaptée. Ce dispositif s'adresse aux personnes obèses, diabétiques, hypertendues ou en rémission d'un cancer du sein. Mais ensuite, la pratique sportive doit être prise en charge financièrement par le patient, car pour l'instant, bien que le sport ait été prescrit sur ordonnance, le patient ne peut pas se faire rembourser par la Sécurité sociale. Certaines mutuelles le prennent en charge, selon le type de contrat. En mai 2015, les députés ont adopté un amendement (article 35 bis A) autorisant les médecins à prescrire officiellement des activités sportives à leurs patients ayant une affection de longue durée (ALD). L'article 144 de la loi de modernisation de notre système de santé (loi n° 2016-41 du 26 janvier 2016) autorise la prescription d'une activité physique adaptée à la pathologie, aux capacités physiques et au risque médical du patient dans le cadre du parcours de soins des patients atteints en ALD. Il a été mis en place des coupons sport qui permettent de réduire les frais de licences et de cours. Ils peuvent être délivrés par les mairies, le département, l'employeur ou le comité d'entreprise. Les coupons sont cumulables. Il faut se renseigner pour savoir où ils sont délivrés et si vous y avez droit.

Question motivation, il faut noter que les femmes font plus souvent du sport pour des raisons de santé ou d'apparence, alors que les hommes le font plus pour le plaisir et la compétition. Mais, plus l'on vieillit, plus on fait du sport pour la santé.

MES CONSEILS

- Faites du sport mais sans excès : le risque d'addiction pourrait exister mais reste très discuté.
- Adaptez vos activités à votre âge et évitez de prendre des risques inutiles en vous adonnant à certains sports qui peuvent être dangereux : karaté, judo, rugby, ski, patinage... Évitez certains sports à haut risque de traumatismes cérébraux comme la boxe, le rugby ou encore le football américain. Il semble en effet de plus en plus clair que les chocs à la tête répétés peuvent accroître le risque d'apparition de la maladie d'Alzheimer.
- Pratiquez jusqu'à un âge très avancé (et probablement sans limite) le vélo, la natation, la gymnastique douce et le tai-chi-chuan.
- Ne vous dopez pas, quel que soit votre âge, car vous obtiendrez l'effet inverse du sport : mauvais vieillissement et risque de surmortalité.
- Si vous êtes coronarien, ne pensez pas que l'activité sportive vous est interdite. Pratiquez-la en accord avec votre médecin et, pour être efficace, vous devez atteindre 50 % des capacités maximales mesurables par un test d'effort. Les recommandations préconisent que la durée minimale d'une séance d'exercice doit être de trente minutes. La fréquence préconisée habituellement est quotidienne, ou au minimum cinq jours par semaine, pour l'entraînement global, et au minimum deux séances par semaine pour le renforcement musculaire contre résistance.
- Même si vous êtes fumeur, pratiquez une activité physique au moins deux heures par semaine : cela va réduire votre risque de développer une bronchopathie chronique obstructive (BPCO) et de 40 % votre risque d'hospitalisation ou de mortalité d'origine respiratoire.

— Anxieux ou dépressif, soignez-vous par le sport plutôt que par les médicaments : travail de type aérobie (vélo ou tapis de course) ou en résistance (soulever des poids, musculation) trois à cinq fois par semaine, d'intensité modérée, par séquences de trente minutes. Il faut un engagement supérieur à douze semaines (effet à partir de huit semaines). On peut le faire en groupe ou individuellement avec un coach.

— Diminuez vos risques de fractures (en particulier chez la femme après la ménopause) : seuls les exercices avec mise en charge (course à pied, musculation, marche à un bon rythme, montée d'escaliers) ont fait la preuve de leur efficacité. Les exercices qui n'impliquent pas de mise en charge (natation, cyclisme) sont peu ou pas efficaces dans ce cas.

— Faites du sport sur ordonnance ! Depuis le 1er mars 2017, les médecins peuvent prescrire de l'activité physique (sur formulaire spécifique) à leurs patients souffrant d'une ALD.

46

Tai-chi-chuan : une gymnastique très étudiée

Plus de mille cinq cents articles scientifiques, tous domaines confondus, ont déjà été consacrés au tai-chi. Pour la seule année 2015, il y en a eu cent quatre-vingt-dix, contre seulement une petite dizaine avant l'année 2000. Et encore, cette recherche ne tient compte que des revues anglo-saxonnes.

Peu connue il y a encore quelques dizaines d'années en France, cette gymnastique chinoise est désormais largement répandue et parmi les différentes activités physiques et sportives envisagées pour favoriser un vieillissement réussi, elle est l'une de celles pour laquelle il existe le plus de données dans la littérature médicale.

Le tai-chi-chuan est une gymnastique douce, physique et mentale, d'origine chinoise, inspirée par la philosophie de Lao Tseu (taoïsme), incluant les grands principes du yin et du yang. Les premiers textes citant ce terme remontent au XIIIe siècle. *Tai-chi* signifie « point d'unification des contraires ». Le tai-chi est un « art martial interne », au même titre que le kung-fu est un « art martial externe ». Tous deux font partie des *wushu*, les arts martiaux universels. Le tai-chi-chuan ou « tai-ji-quan » (voie-souffle-forme) est un exercice qui apporte sérénité, fluidité, aisance dans le déplacement, et stabilité psychique et physique. Tous les mouvements centripètes (descendre, replier les bras…) sont dits yin : il s'agit d'inspirer l'air. Tous les mouvements dits yang, vers l'extérieur, vers le haut, centrifuges, sont basés sur l'expiration. Le travail de la respiration (qi ou chi, ou énergie vitale) y est essentiel.

Dans le tai-chi, tout part du principe que le corps et l'esprit sont liés. Cette discipline, qui travaille sur la lenteur, consiste en une succession permanente de mouvements : plus lent est le mouvement, plus on va développer une conscience régulière, une observation continue. Elle complète parfaitement le qi gong (ou chi gong), qui est quant à lui composé d'un mouvement unique que l'on va longuement répéter, puis d'un deuxième mouvement que l'on répétera de la même façon. Pendant les exercices, il est nécessaire d'avoir la pleine conscience du mouvement réalisé et de sa respiration. Cette pratique doit être régulière, au moins trente minutes par jour ou une heure et demie par semaine.

Les principaux bienfaits du tai-chi ont été largement étudiés en médecine. En tant qu'exercice physique, il permet de lutter contre la sédentarité et donc prévient la perte d'autonomie, que ce soit en termes de mobilité ou pour les gestes de la vie quotidienne. C'est aussi une méthode extrêmement bien étudiée de prévention des chutes et de ses conséquences. Les autres intérêts prouvés sont d'ordre cardio-vasculaire (baisse de la pression artérielle chez l'hypertendu, amélioration du profil lipidique et intérêt dans la rééducation des insuffisants cardiaques et post-AVC), musculaire (évite la sarcopénie, augmente la souplesse), pulmonaire (augmentation de la capacité respiratoire), ostéo-articulaire (amplitude articulaire, équilibre, surtout dans l'arthrose, mais aussi rôle préventif dans l'ostéoporose), immunologique (amélioration de l'immunité cellulaire et meilleure réponse vaccinale), thymique et psychologique (lutte contre la dépression, qualité de vie, bien-être).

Une analyse publiée en 2015 a porté sur neuf études de qualité montrant un effet bénéfique du tai-chi-chuan sur les fonctions cognitives (renforcement de la mémoire). L'avantage de cette gymnastique est qu'elle peut même être pratiquée par des personnes ayant une démence débutante ou modérée, et également des personnes très dépendantes (patients en fauteuil roulant par exemple). Dans le cadre d'une activité de groupe, l'aspect convivial et ludique est en outre intéressant.

Malheureusement, l'aspect spirituel du tai-chi (qui est une forme de méditation) n'a pas été évalué et son bénéfice n'est pas connu.

MES CONSEILS

— Pratiquez le tai-chi, ses bénéfices sont amplement prouvés et il n'existe aucune contre-indication à cette gymnastique douce !
— Vous pouvez vous appliquer : la lenteur et la perfection sont gages de longévité.

47

Ordinateur et mémoire : quelles conséquences ?

Les progrès techniques font que nous utilisons de moins en moins notre mémoire. Plus besoin du calcul mental avec les calculettes électroniques. Plus besoin de retenir les numéros de téléphone puisque les appareils s'en chargent. Pour faire ses courses, on a la liste dans son Smartphone (et bientôt votre réfrigérateur commandera directement les produits qu'il vous manque sans même avoir besoin de passer par vous). Et si on a besoin d'une information, d'un dictionnaire ou de retrouver l'orthographe d'un mot, il y a Internet pour ça. C'est simple comme un clic ! Il n'est plus nécessaire de savoir quelle est la capitale de tel ou tel pays puisqu'il suffit de poser la question à Siri ou de taper la recherche sur Google. Et conséquemment, on se sert de moins en moins de nos capacités de mémorisation.

Selon les données de l'Insee en 2012, 87,8 % des Français âgés de 45 à 59 ans avaient un ordinateur,

63 % des 60-74 ans, et 24,4 % des 75 ans et plus. Cet ordinateur étant presque toujours connecté à Internet. On peut imaginer que ces chiffres ont progressé et ne vont faire encore qu'augmenter au fil du temps, d'autant plus qu'ils ne prennent pas en compte les tablettes qui ont déjà, pour certains, totalement remplacé l'ordinateur.

Quel impact ces écrans ont-ils sur la santé de tous ces utilisateurs en général et sur leur mémoire en particulier ? Une première réponse : 5 à 10 % des troubles musculo-squelettiques (TMS) du membre supérieur sont provoqués par une activité professionnelle sur un ordinateur. Fatigue visuelle, céphalées, problèmes liés au fait de rester assis trop longtemps, allongent la liste des maux. Il existe de nombreux documents expliquant comment s'installer correctement, et on les trouve tous sur… Internet ! La position de la souris aussi peut induire des pathologies : il existe même un syndrome de la souris qui englobe tous les troubles du membre supérieur du côté où on l'utilise, et en particulier le syndrome du canal carpien qui se caractérise par une sensation de fourmillement, d'engourdissement et parfois de douleur dans les doigts, en rapport avec une compression du nerf médian.

Hormis les problèmes de posture devant l'écran, l'ordinateur suscite également des troubles en matière de concentration. La lecture d'un texte avec de nombreux liens hypertextes, caractéristique des pages Internet, ne permettrait pas de fixer son attention, au contraire de la lecture d'un texte dit « classique » (voir « Lecteur ou sportif, même combat ! », p. 211). Seuls 28 % des mots présents sur une page Web seraient réellement déchiffrés. La capacité de concentration serait passée de douze secondes en moyenne à huit secondes en l'espace de quinze ans (celle d'un poisson rouge est de neuf secondes !). C'est tout le problème des activités multitâches. Une étude avec imagerie IRM a montré que pour faire deux tâches à la fois, notre cerveau est obligé d'activer ses deux lobes frontaux. Au-delà de deux tâches, il y a un phénomène d'échappement et de nombreuses erreurs sont commises. Lorsqu'on téléphone au volant, c'est ce qui arrive, et cela augmente de façon très importante le risque d'accident. Dans une étude, seuls 2,5 % des participants parvenaient à maintenir une conduite performante tout en téléphonant.

Qu'en est-il de la mémoire ? Un livre américain de Nicholas Carr, traduit en français en 2011, s'intitulait de façon provocatrice *Internet rend-il bête ?*. Bien sûr que non ! Mais Internet transforme notre façon de penser et de stocker des informations. Un travail publié en 2011 dans *Science* et présentant quatre expériences différentes a montré que quand on pose des questions difficiles à des étudiants, ils vont immédiatement chercher les réponses sur Google et que, surtout, ils oublient rapidement les informations trouvées, pour peu qu'on leur assure qu'elles ont bien été enregistrées sur leur ordinateur. Ils comptent sur Internet comme sur une mémoire externe pour suppléer la leur. Les étudiants à qui on avait dit que l'information allait s'effacer s'en souvenaient mieux. En fait, nous évoluons vers une mémoire « transactive » : plutôt que d'enregistrer directement des informations notre mémoire se focalise sur le lieu (fichier, dossier, site…) où est stockée cette information.

Toutefois, l'ordinateur n'est pas seulement un instrument qui tend à moins solliciter la mémoire : il peut à l'inverse être le vecteur de solutions pour lutter contre les pertes de mémoire. Ainsi, des programmes de stimulation cognitive se développent sur la Toile ou par le biais des réseaux sociaux ou des jeux vidéo. Il semblerait en outre que l'utilisation d'Internet développe les capacités de la mémoire visuospatiale. Les fonctions visuospatiales permettent de s'orienter dans l'espace, de percevoir les objets de notre environnement et de les organiser de façon cohérente, et enfin de pouvoir imaginer mentalement un objet physiquement absent.

MES CONSEILS

— Gardez le dos droit en permanence lorsque vous êtes assis devant votre ordinateur (le haut du dos ne doit pas former un arrondi). Si vous devez rester assis longtemps, utilisez un coussin pour supporter le bas du dos.
— Veillez à garder votre clavier à la bonne hauteur par rapport à vos bras : les avant-bras doivent former un angle droit par rapport aux épaules. Ne gardez pas les bras tendus en permanence vers votre clavier.
— Placez votre souris à côté et au même niveau que le clavier ; elle doit être positionnée à la hauteur du coude.
— Positionnez l'écran de l'ordinateur à hauteur des yeux : rehaussez l'écran si nécessaire.

Posture devant l'ordinateur

Les poignets et les avant-bras légèrement au-dessus du bureau (2 doigts) pour éviter toute compression.
Les coudes proches du corps, selon un angle de 90° à 120°.
Les pieds posés sur le sol ou un repose-pieds.
Un angle de 90° à 120° entre la cuisse et le mollet.

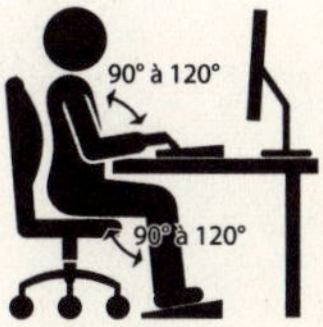

L'écran à une distance de 50 à 70 cm.
Le haut de l'écran au niveau des yeux, dans l'angle de vision direct.
Si vous utilisez des verres progressifs, abaissez légèrement votre écran.

— Faites des pauses, des étirements et des exercices le plus souvent possible : évitez de rester immobile plus de trente minutes d'affilée.

48

Objets connectés, la solution pour bien vieillir ?

Les objets connectés sont à la mode et ont commencé à envahir notre quotidien (bracelets, montres, balances…). Ils se révèlent pratiques pour évaluer sa marche ou son sommeil ou surveiller son poids. Sont-ils susceptibles de rendre aussi des services en termes de mieux vieillir ? Les nouvelles technologies sont-elles utiles dans le domaine de la santé et de la prévention de la dépendance (ou comme aide pour les personnes en perte d'autonomie) ?

En 2014, le baromètre BVA-Orange Healthcare-MNH-*Le Figaro Santé*, indiquait que, si 78 % des Français se disaient effrayés par la perspective de devenir dépendants, ils pensaient que les nouvelles technologies pouvaient les aider à un meilleur suivi des traitements (80 %), à améliorer la sécurité au domicile (79 %) et à améliorer le suivi de leur santé (76 %). Soixante-treize pour cent pensaient aussi qu'Internet et les réseaux sociaux étaient susceptibles de les aider à rompre leur isolement de seniors. La « silver économie » (entreprises ayant des activités en rapport avec le vieillissement) qui œuvre en ce sens a été particulièrement développée en France et, depuis quelques années maintenant, le phénomène du *quantified self*, qui permet d'évaluer sa santé et de l'améliorer à l'aide d'objets connectés, a énormément progressé : podomètre de poignet, montre, balance, capteurs de mouvements, tensiomètre, lecteur de glycémie, patchs intelligents, piluliers, vêtements… Les Smartphones de dernière génération intègrent même directement certaines de ces applications comme le podomètre.

L'intérêt potentiel de ces objets est de permettre à tout un chacun de jouer un rôle plus actif dans la gestion de son capital santé. Apple a ainsi développé son application dévolue à la santé (plate-forme HealthKit et app Santé) et Google propose aussi sa plate-forme, Google Fit. Ces applications sont très similaires et permettent de regrouper toutes vos données de santé (activité physique, nutrition, sommeil, relaxation…) et de stocker les informations de tous vos appareils connectés (pression artérielle, fréquence cardiaque, poids…). Le plus souvent des conseils sont proposés (coach virtuel). L'app Santé d'Apple propose également à ses utilisateurs de donner l'autorisation pour transférer leurs données directement à des équipes de recherche (ResearchKit) ou à des soignants (CareKit). Avec l'expansion des réseaux sociaux, comme on l'a vu précédemment, des groupes de malades ou d'aidants aux malades se développent sur Facebook ainsi que des interrelations directes entre professionnels (médecins, infirmières, kinésithérapeutes, aides-soignantes, étudiants…) et patients sur Twitter. On parle de médecine 2.0 (et bientôt 3.0) et d'e-santé (il existe déjà plus de cent mille applications santé !).

Aujourd'hui, la silver économie et le *quantified self* sont en train de converger pour proposer de meilleures solutions pour aider les personnes âgées dépendantes à domicile. Les nouvelles technologies sont susceptibles aujourd'hui d'envisager des organisations innovantes pour les soins (*care*) des personnes âgées dépendantes. Dans ce modèle de *care*, tous les objets connectés (*Internet of Things*, IOT) au domicile de la personne dépendante pourront envoyer leurs données dans le nuage (le *cloud*) vers une plate-forme de santé où elles seront analysées par des logiciels spécifiques pour déclencher une alerte si nécessaire. Laissant à la personne le plus de liberté possible, la plate-forme la contactera ou lui enverra des soignants ou un médecin lorsqu'il existera des signes (tension artérielle, pouls, fréquence respiratoire, poids, oxymétrie, glycémie, oubli de prise de médicaments…) ou préviendra un membre de sa famille (alarme sur le Smartphone).

Ce système devrait aussi permettre une meilleure prise en charge des maladies chroniques avec un coût réduit, de diminuer les hospitalisations et de favoriser le retour à domicile après un séjour à l'hôpital. Il est ainsi intéressant de faire surveiller sa pression artérielle par votre médecin traitant ou votre cardiologue avec un tensiomètre connecté qui lui transmet directement vos chiffres. Un travail en Auvergne a montré l'utilité des balances connectées pour suivre des patients ayant une insuffisance cardiaque à domicile. Dans cette maladie, toute prise de poids traduit l'apparition d'œdèmes et une insuffisance du traitement. Un premier niveau d'alerte (appel téléphonique) est déclenché pour une prise de poids inférieure à 5 kilogrammes. Au-delà de 5 kilogrammes, un médecin est prévenu et intervient.

Il faut bien sûr faire la différence entre les objets connectés qui ont un objectif de bien-être (c'est le cas des podomètres par exemple) et les dispositifs médicaux connectés qui impliquent des professionnels (soignants et médecins) pour une meilleure prise en charge de pathologies chroniques. Les applications médicales (tensiomètre, oxymètre, glucomètre…) ne sont pas encore totalement fiables. À terme, elles devraient répondre à des normes bien précises pour pouvoir être utilisées – comme cela est fait pour les appareils d'automesure de la pression artérielle – par l'Agence nationale de sécurité du médicament et des produits de santé (ANSM). En 2015, l'application Instant Blood Pressure a été retirée du marché car elle sous-estimait la pression artérielle chez 80 % des personnes hypertendues. Parmi les objets connectés à l'étude dans le domaine médical, on peut citer un bracelet connecté qui pourrait détecter une récidive de dépression (MyndBlue), un pyjama connecté pour analyser les problèmes de sommeil (ce qui éviterait d'être hospitalisé), une balance connectée afin d'évaluer votre risque cardiovasculaire, ou encore un bonnet connecté pour détecter les crises d'épilepsie.

Les assureurs sont aussi intéressés par ces fonctionnalités : AXA a lancé une offre d'assurance complémentaire santé individuelle incluant un objet connecté, le tracker d'activité Pulse O2 du Français Withings. En Angleterre, votre cotisation d'assurance peut varier selon que vous respectez ou non certaines recommandations (ne pas fumer, manger des fruits et des légumes…) et que votre podomètre indique que vous faites bien vos dix mille pas par jour !

Les objets sont en mesure aussi d'interagir directement les uns avec les autres (*Machine to Machine*, M2M) :

fermeture des volets et ouverture des lumières en fonction de la luminosité, ou déclenchement du chauffage ou de la climatisation en fonction de la température. Grâce au *cloud*, on peut ainsi interconnecter toutes sortes d'objets et d'applications (quels que soient les fabricants) au service des personnes âgées dépendantes. Tout ce qui relève de la téléassistance et de la télémédecine va rapidement évoluer vers ce type de solutions techniques. Déjà, les téléalarmes commencent à évoluer vers des systèmes connectés avec capteurs de mouvements et même des sols connectés.

Les robots d'assistance (il en existe déjà : Hector, Kompaï, Care-O-Bot, Pearl, Nao) seront aussi connectés au *cloud* et pourront donner l'alerte ou appeler directement un service de secours, tout comme les agents virtuels. Quant aux robots compagnons (Aibo, Paro, NeCoRo), ils commencent à faire leur apparition en France (c'est le cas de Paro, le robot phoque qui est utilisé pour les personnes atteintes de la maladie d'Alzheimer – le bébé phoque a été choisi car ce n'est pas un animal domestique, qu'il ne fait pas peur et qu'il stimule l'instinct maternel ou paternel.). Ces robots n'ont pas pour fonction actuellement de remplacer des soignants, mais plutôt de tenir compagnie, de distraire ou de pouvoir alerter en cas de problème.

Toutes ces nouvelles technologies ne sont pas sans poser de nombreuses questions éthiques quant au risque d'intrusion dans la vie personnelle (on pense à George Orwell et à son *Big Brother*). Qu'en sera-t-il de la confidentialité des données, en particulier médicales ? La Commission nationale de l'informatique et des libertés (Cnil) s'interroge à ce sujet. Où vont toutes ces données (Big Data), à qui appartiennent-elles et qui les exploite ? Quel est le degré de sécurité du nuage ? Les données seront-elles toutes cryptées ? Qui y aura accès ? Qui va contrôler cet accès ? Autant de questions auxquelles vont avoir à répondre nos sociétés hyper-connectées.

Une chose est sûre, demain notre santé sera en ligne et la prévention de la dépendance passera par le nuage.

MES CONSEILS

— N'ayez pas peur des objets connectés.
— Utilisez ces objets comme un « coach » qui peut vous aider à gérer vous-même votre capital santé.
— Vous faites de la prévention sans le savoir en utilisant un podomètre ou d'autres objets connectés de ce type.
— Si vous avez acheté un objet connecté, ne faites pas comme la plupart des Français, soyez persévérants et ne l'abandonnez pas au bout de quelques mois.
— Attention tout de même à ne pas devenir un obsessionnel de la mesure !

49

Une santé augmentée avec les jeux vidéo

Les jeux vidéo sont l'objet de critiques très contradictoires : décriés, voire considérés comme nocifs par les uns, ils sont défendus par les autres qui soulignent leur intérêt à différents points de vue : stimulation cognitive et motrice. Bien sûr, il ne faut pas en abuser car l'excès, comme pour tout, peut être délétère : des complications spécifiques ont même été décrites (« nintendinites » ou « wiitites ») : syndrome du canal carpien, tendinite du coude ou même rupture du tendon d'Achille.

Toutefois, en dehors de ces cas extrêmes, les jeux vidéo semblent avoir, quel que soit l'âge du joueur, un effet positif si l'on en croit les études qui ont été faites. Les examens d'imagerie cérébrale des joueurs mettent par exemple en évidence une augmentation du volume de certaines zones de leur cerveau quand ils pratiquent cette activité : l'hippocampe droit, le cortex préfrontal et le cervelet. Ces régions sont impliquées dans les fonctions d'orientation spatiale, de formation de la mémoire, la mise en place de stratégies, et leur stimulation entraîne une amélioration des facultés motrices.

Chez les enfants, contrairement à ce que l'on pourrait supposer, les jeux vidéo sont susceptibles également d'être bénéfiques pour le cerveau. Certains divertissements – ceux qui sollicitent le corps ou se jouent avec des manettes qui simulent les mouvements – stimulent même l'activité physique (*exergaming*). Un jeu intensif améliore les activités vasculaire et cardiaque et augmente le taux de calories brûlées. Dans les services de pédiatrie, leur vertu est également de détourner l'attention des jeunes enfants lors de gestes potentiellement douloureux (prise de sang, sutures) ou lors d'examens. Les chirurgiens devraient tous également jouer à un jeu vidéo en 3D car cela améliorerait la précision de leurs gestes !

Les jeux vidéo auraient donc finalement de nombreux avantages. Les études tendent à prouver qu'ils améliorent l'acuité visuelle et les réflexes, diminuent l'agressivité, et ont également une action antidépressive. En psychiatrie, ils seraient, selon certaines enquêtes, intéressants pour tout ce qui concerne les troubles de l'humeur, la schizophrénie, les troubles de stress post-traumatiques ou les maladies neurodégénératives. Dans la dépression du sujet âgé, par exemple, des résultats sont obtenus dès quatre semaines de jeux contre douze semaines en moyenne pour un traitement médicamenteux…

Enfin, ils semblent être source de nombreux bienfaits sur la mémoire. Ainsi, plusieurs études récentes ont mis en évidence le bénéfice qu'ils procurent dans le ralentissement du déclin des capacités cognitives (et donc l'éloignement d'Alzheimer), par leur action sur le langage, l'attention, la mémoire à court terme, le raisonnement, la perception de l'environnement, l'exécution et la coordination des mouvements, ainsi que sur la capacité à effectuer plusieurs tâches en même temps. Des jeux spécifiques dits sérieux (*serious games*) ont même été développés pour essayer de lutter contre le risque de maladie d'Alzheimer ou de Parkinson. Les études ont montré que les bénéfices de ces séances de jeux vidéo persistaient encore six mois à un an après la période d'entraînement. Les joueurs pourraient gagner de un an et demi à sept ans de bonne santé mentale selon le nombre d'heures passées à jouer. Une étude utilisant le jeu « Super Mario 64 » a montré une augmentation du volume cérébral de l'hippocampe et du cortex préfrontal (zones fortement impliquées dans la mémoire) après deux mois d'entraînement.

Contrairement à une idée très répandue, de plus en plus de seniors jouent à des jeux vidéo (la moitié des plus de 50 ans jouerait à ces jeux), soit seuls (sur leur Smartphone, tablette, PC ou télévision) soit à plusieurs (avec les enfants et petits-enfants, avec des amis, en atelier ou même en institution, voire même en réseau). Le fait de jouer à plusieurs renforce le lien social, qui est un élément très important du bien-vieillir. Les *exergames* ont des avantages supplémentaires puisqu'ils renforcent l'activité physique, autre point clé pour un vieillissement réussi.

Durant l'été 2016, un jeu vidéo interactif basé sur la réalité augmentée a conquis la planète en quelques jours : il s'agit de « Pokémon Go ». Les joueurs, invités à une chasse virtuelle, doivent marcher parfois plusieurs kilomètres pour capturer des Pokémon (il y en a cent cinquante et un) comme le célèbre Pikachu ou, par exemple, pour faire éclore un œuf. Dans le monde entier, des millions de personnes (plus de cent millions de téléchargements) se sont mises à arpenter les rues pour faire avancer leur partie. Ce simple jeu vidéo a déjà fait faire de l'exercice à beaucoup plus de personnes que toutes les campagnes nationales et internationales de santé publique. Il a obligé des gens à marcher, à sortir de chez eux et a même favorisé des relations sociales. Il pourrait donc permettre de lutter contre la sédentarité, l'obésité et le diabète de type 2. Une étude a déjà montré que les joueurs de « Pokémon Go » marchent 18 % plus que les autres. Mais attention, cet effet de stimulation disparaît au bout de six semaines en moyenne chez les jeunes adultes.

En février 2017, alors que le jeu a été téléchargé plus de six cent millions de fois, une importante mise à jour a ajouté quatre-vingts nouvelles créatures à capturer.

MES CONSEILS

— N'empêchez pas vos enfants ou petits-enfants de jouer aux jeux vidéo (du moment que c'est avec modération) et essayez même de jouer avec eux.
— Pratiquez un jeu vidéo en famille, avec des amis ou dans un club, cela renforcera votre lien social.
— Si vous avez des problèmes de concentration, si vous manquez de réflexes, si vous n'arrivez pas à faire plusieurs choses à la fois, les jeux vidéo peuvent peut-être vous aider.
— Jouez, vous élargirez votre champ visuel et améliorerez votre dextérité.
— Essayez de jouer à « Pokémon Go » ! Restez quand même vigilant quand vous êtes dans la rue, et n'oubliez pas où vous êtes. Ne jouez pas en conduisant et n'allez pas dans des endroits privés ou interdits. Et surtout, continuez à jouer le plus longtemps possible !

50

Jeux de cartes, mots croisés, Sudoku…

On distingue quatre sortes de loisirs, les loisirs physiques (sport, jardinage, bricolage), les loisirs sociaux, les loisirs passifs (regarder la télévision ou écouter de la musique) et, enfin, les loisirs stimulants : jeux de cartes, mots croisés, Sudoku… Une étude française publiée en 2009 a montré qu'une personne pratiquant au moins deux fois par semaine un loisir stimulant a deux fois moins de risque de développer une démence ou la maladie d'Alzheimer qu'une personne pratiquant ce même loisir moins d'une fois par semaine. Parmi les activités stimulantes figuraient également la participation à la vie d'une association, la pratique d'une activité artistique et certaines sorties comme les spectacles. On peut aussi ajouter des activités comme le Scrabble ou les puzzles.

Jouer au bridge (ou, également, aux échecs), par exemple, diminue clairement les risques de développer une maladie d'Alzheimer, selon une étude américaine publiée en 2009. Les joueurs de bridge l'emportent largement sur les amateurs de mots croisés avec 75 % de risque en moins pour les premiers contre 38 % de risque en moins pour les seconds. La supériorité du jeu de cartes s'expliquerait principalement par son caractère convivial. Jeu d'équipe opposant deux partenaires à deux autres joueurs, le bridge mobilise la solidarité et la rivalité : le plaisir de jouer en équipe, mais aussi celui de gagner, s'ajoute donc à la gymnastique intellectuelle et permet d'en retirer tous les bénéfices.

Qu'en est-il du Sudoku ? En termes purement neurologiques, on peut considérer que le Sudoku est d'abord un jeu de stratégie et de logique mathématique, mobilisant essentiellement l'hémisphère gauche du cerveau, alors que les mots croisés font appel à une culture et à une mémoire sémantique (connaissances) bien supérieures, mobilisant à la fois les deux hémisphères. Et le bridge et les échecs sont supérieurs aux mots croisés qui eux-mêmes sont plus performants que le Sudoku en termes de prévention du vieillissement cognitif. Cependant, il y aurait une sorte d'effet cumulatif à la pratique de ces activités stimulantes : plus on en pratique, plus on retarde le risque de déclin cognitif.

Intéressantes à titre préventif, ces activités restent d'actualité chez les personnes ayant des troubles de mémoire débutants et même une maladie d'Alzheimer déjà diagnostiquée. En effet, toute forme de stimulation permet de ralentir l'évolution des symptômes.

MES CONSEILS

— Multipliez les activités, chaque activité stimulante supplémentaire accomplie par semaine retardant d'un peu plus de deux mois en moyenne le risque de troubles cognitifs.
— Choisissez plutôt le bridge et les échecs que les mots croisés ou le Sudoku.
— Connaissez-vous un grand maître d'échecs qui soit devenu Alzheimer ?

51

Lecteur ou sportif, même combat !

Et si lire un bon livre d'action équivalait à faire du sport ? C'est ce qu'a montré une étude américaine publiée en 2013. Les chercheurs ont fait appel à vingt et un jeunes adultes, qui ont passé une IRM pendant cinq jours consécutifs, afin d'évaluer le taux de « connectivité » de leur cerveau. Les dix-neuf jours suivants, les participants ont réitéré le même examen, mais après avoir lu quotidiennement une trentaine de pages du roman à suspense *Pompéi* de Robert Harris. Puis, après avoir terminé le roman, ils sont revenus une troisième fois passer une IRM pendant cinq jours. À la fin de l'expérience, les scientifiques ont constaté un changement dans les résultats de l'IRM durant la période de lecture et pendant les cinq jours qui ont suivi. Deux régions du cerveau ont été particulièrement stimulées : le cortex temporal gauche, associé à la compréhension de la langue, et la zone centrale du cerveau, dédiée aux sensations corporelles. Ces changements neuronaux sont associés aux systèmes des sensations physiques et des mouvements, ils suggèrent que lire un roman peut vous « transporter dans le corps du protagoniste ». Lorsque le héros court pour fuir l'éruption du Vésuve, le lecteur stimule la zone de son cerveau correspondant à cette activité physique ! Et cette stimulation cérébrale persiste au moins cinq jours après l'arrêt de la lecture.

La lecture a beaucoup d'autres vertus. Selon une étude britannique réalisée en 2009, elle est d'une efficacité sans pareil contre le stress : les participants n'ont eu besoin que de six minutes pour s'apaiser une fois qu'ils avaient commencé à lire. La lecture détendrait davantage qu'écouter de la musique, boire une tasse de café ou de thé, ou faire une promenade.

Ne pas lire ferait par ailleurs courir un risque 3,7 fois plus élevé de développer des troubles cognitifs, notamment la maladie d'Alzheimer. Ce risque est multiplié seulement par 2,5 pour les lecteurs occasionnels. En effet, la lecture, comme les autres activités stimulantes, diminuerait le déclin cognitif, même si ses performances préventives de l'atrophie cérébrale sont moindres que pour l'exercice physique.

Pour structurer sa mémoire, la lecture reste le meilleur moyen : par l'attention qu'elle requiert afin de suivre l'intrigue de l'ouvrage, par l'immersion complète qu'elle suppose dans les détails du récit, elle est « monotâche », ce qui favorise la concentration et donc le stockage des informations. Dans un XXIe siècle où Internet est roi, le livre va au rebours de ce qui est généré par le fait d'être connecté : nous sommes tous devenus « multitâches ». L'individu moyen divise son temps entre travailler sur une tâche, vérifier ses courriers électroniques, échanger des messages avec plusieurs personnes simultanément

(Facebook, Skype, etc.), lire son compte Twitter, vérifier son Smartphone et tenir une conversation avec ses collègues ! Ce comportement hyperactif génère du stress et diminue la faculté d'enregistrement et d'intégration des éléments parcourus. Des études ont montré que la lecture électronique sur ordinateur avec tous les liens hypertextes a pour conséquence une moins grande concentration que la lecture linéaire sur papier ou sur liseuse électronique.

Dans une étude publiée en 2013, 294 personnes âgées avaient été suivies jusqu'à leur décès, en fonction de leurs pratiques intellectuelles, plutôt actives (lecture et écriture, notamment) ou plutôt passives (télévision). Le déclin de la mémoire était inférieur de 32 % chez les personnes ayant eu une activité cognitive soutenue au cours de l'enfance et dans le troisième âge. Il était, en revanche, de 48 % plus élevé chez les personnes ayant eu une activité cognitive plus faible au cours de ces deux périodes. Ainsi, lire et écrire permettent de mieux vieillir.

Une étude américaine portant sur 3 635 personnes âgées de plus de 50 ans, suivies sur une période de douze ans, publiée en 2016, a même évalué l'impact de la lecture sur l'espérance de vie. Ceux qui lisaient des livres (au moins trente minutes par jour, soit l'équivalent d'un chapitre) avaient une diminution du risque de mortalité de 20 % par rapport à ceux qui ne lisaient pas. En termes d'espérance de vie, le gain était de presque deux ans (vingt-trois mois exactement). Ce bénéfice n'était pas retrouvé pour les personnes qui ne lisaient que des journaux ou des magazines.

MES CONSEILS

- Lisez, lisez, lisez, au moins un chapitre par jour !
- Pour bien dormir, lisez avant de vous coucher (si le livre n'est pas trop angoissant ou effrayant !).
- Essayez de lire quinze à vingt minutes le matin avant d'aller au travail ou de démarrer vos activités (à la maison et dans le bus ou le métro) : vous allez améliorer votre niveau de concentration.
- Partagez vos lectures, c'est aussi un élément clé de lien social.

52

La musique, c'est bon pour la mémoire

En février 2014, la Sacem (Société des auteurs, compositeurs et éditeurs de musique) a mené un colloque intitulé « Musique, sciences et santé, accord majeur ». Cette réunion avait pour objectif d'analyser les liens entre la musique et le bon fonctionnement du cerveau. La conclusion en a été que la musique avait un impact positif sur le vieillissement en agissant à la fois sur la mémoire et sur la motricité. L'hippocampe, qui joue un rôle majeur dans la mémoire, est grandement stimulé par l'écoute et la pratique de la musique : d'ailleurs, les musiciens ont généralement un hippocampe surdéveloppé. L'impact de la musique est néanmoins différent selon qu'on est simple auditeur ou musicien.

En 2003, des chercheurs de Hong Kong ont montré que les enfants qui font de la musique réussissent mieux des tests de mémoire consistant, par exemple, à retenir les différents mots d'une liste. Plusieurs études ont mis en évidence que les musiciens professionnels (avec au moins dix ans d'activité) avaient de meilleures fonctions cognitives après 60 ans que les non-musiciens. Même constatation chez des musiciens d'orchestre, les chefs d'orchestre quant à eux étant davantage épargnés par la démence que le reste de la population.

Jouer de la musique semble avoir d'autres avantages possibles quand vous vieillissez : moins de problèmes d'audition par exemple. Une étude, publiée en 2011, a montré que les musiciens réussissaient mieux les tests auditifs que les autres, la différence se creusant avec l'âge : et plus ils avaient pratiqué la musique, meilleures étaient leurs capacités. Un musicien de 70 ans comprenait par exemple un discours dans un environnement bruyant aussi bien qu'une personne non musicienne de 50 ans.

Depuis quelques années, la musique est aussi utilisée comme traitement (musicothérapie), en particulier pour apaiser la douleur. Elle diminue le stress et l'anxiété en suscitant la libération de dopamine et en réduisant le taux de cortisol. La pression artérielle baisserait, sans prise de médicaments. Des études ont montré que l'écoute de la musique atténuait aussi les troubles du comportement dans la maladie d'Alzheimer. La mémoire musicale peut également être utilisée pour stimuler les autres formes de mémoire (en particulier la mémoire verbale) chez les malades atteints de troubles cognitifs. Enfin, la musique sert à entretenir le lien social, élément fondamental pour un vieillissement réussi.

Alors, quelle musique écouter ? Même si la plupart des études, chez l'homme comme chez l'animal, utilisent la musique classique (en particulier Mozart), il semble que le genre importe peu. L'effet positif biologique et clinique ne dépendrait pas du style musical ou des goûts de l'auditeur, mais du rythme du morceau. La preuve en a été apportée par la comparaison de l'effet produit par des morceaux très différents : de la musique indienne raga, interprétée au sitar, un morceau rythmé des Red Hot Chili Peppers, l'adagio de la *Neuvième Symphonie* de Beethoven, une pièce dodécaphonique d'Anton Webern, de la musique un peu techno de Gigi d'Agostino et le presto de « L'été » des *Quatre Saisons* de Vivaldi. Tous les morceaux rapides (le presto de Vivaldi, la chanson des Red Hot Chili Peppers et la techno) augmentaient le rythme cardiaque et le rythme respiratoire de façon similaire. Alors que l'adagio de Beethoven, et encore plus le raga, avaient l'effet inverse. On peut donc choisir son style de musique selon que l'on a besoin d'un excitant ou d'un calmant.

Une étude allemande publiée en 2016 a mesuré l'impact de trois types de musique (Mozart, Johann Strauss et Abba), écoutées pendant vingt-cinq minutes, sur la pression artérielle et la fréquence cardiaque, par rapport à vingt-cinq minutes de silence. Seuls Mozart et Strauss baissaient de façon significative ces deux paramètres. Abba n'avait aucun effet !

MES CONSEILS

— Jouez de la musique de façon régulière et encouragez vos enfants et petits-enfants à le faire dès le plus jeune âge.
— Persévérez dans cette activité car il faut attendre dix ans pour avoir un bénéfice cognitif.
— Pour votre santé, le meilleur, c'est Mozart !

53

Eh bien ! dansez maintenant

Sur Youtube, on ne compte plus les vidéos de grands-mères (plus rarement des grands-pères) qui dansent. Une centenaire en train de danser avec le président Obama par exemple, ou des danses endiablées, voire parfois des rocks acrobatiques exécutés par des gens d'un âge certain. Peu de Français sur ce genre d'images, puisque dans notre pays seulement 3 % des 65 ans et plus pratiquent régulièrement la danse.

Les études sur la danse sont très nombreuses et démontrent ses bienfaits multiples : c'est une activité physique qui développe particulièrement le lien social (voire la relation amoureuse). Les bénéfices sont à la fois physiques (perte de poids, renforcement musculaire et cardio-vasculaire, souplesse, équilibre, coordination, respiration) et psychiques (lutte contre le stress et la dépression, meilleure estime de soi). Ses avantages sont aussi liés à ceux de la musique et du chant.

Il ressortait d'une grande étude publiée en 2003 dans le *New England Journal of Medicine* (469 personnes de plus de 75 ans suivies en moyenne pendant 5,1 ans), portant sur les activités de loisirs et le risque de démence, que l'activité la plus efficace (diminution du risque de 76 %) était la danse, devant les jeux de réflexion (74 %) et la pratique de la musique (69 %) ou la lecture (35 %). De plus, la danse constituait la seule activité physique significativement efficace, dans cette étude, par rapport à la marche, le vélo, la natation, les activités ménagères, les sports d'équipe ou la montée d'escalier. Ce qui est paradoxal quand on connaît tous les bénéfices de ces autres activités.

À noter que la pratique de la danse est également intéressante chez les personnes ayant une maladie d'Alzheimer pour en ralentir la progression et qu'elle peut aussi être utilisée en rééducation, par exemple après un infarctus.

Bien sûr, le type de danse n'a pas d'importance en soi, et l'essentiel est de se faire plaisir. Le tango fait partie des danses qui ont suscité le plus d'études, et les Argentins ont même développé la tango-thérapie, qui est utilisée pour les cardiaques, les diabétiques, les patients atteints de Parkinson ou d'Alzheimer et pour prévenir le risque de chute. Le tango est une danse complexe qui comporte de nombreux pas en arrière et sur le côté, avec des pauses et des accélérations, ce qui est particulièrement intéressant dans la maladie de Parkinson. L'intérêt est tel qu'il existe aux États-Unis et au Canada, et maintenant en France, des ateliers intitulés « *Dance for Parkinson* ».

MES CONSEILS

— Dansez en solo, en duo ou en groupe, une à trois séances par semaine de soixante à quatre-vingt-dix minutes, si vous voulez bénéficier des bienfaits de cette pratique en termes de mieux vieillir.
— Laissez-vous vraiment aller, la danse pourra provoquer un état de conscience modifiée, comparable à celui que procure l'hypnose.
— Apprenez de nouvelles danses, c'est un excellent stimulant pour les fonctions cognitives.
— Si vous ne savez pas sur quel pied danser, alors essayez le tango !

54

Cultivons notre jardin

« Il faut cultiver notre jardin » est la célèbre conclusion du *Candide* de Voltaire. Un conseil à suivre au sens philosophique, mais aussi littéral, car le jardinage est bon pour la santé. Ses avantages (en dehors de récolter et de consommer les légumes et les fruits que l'on cultive éventuellement dans son potager) sont ceux d'un sport doux. C'est une véritable activité physique qui sollicite tous les muscles de façon répétitive (se baisser, se pencher ou fléchir les genoux), sans à-coups, et améliore la souplesse.

Une seule recommandation d'importance avant de jardiner : il faut s'assurer que ses vaccins sont à jour, et en particulier le vaccin antitétanique. Le jardinage reste la première cause de tétanos après 70 ans.

Les bénéfices sont ceux de toute activité physique : lutte contre l'obésité et l'ostéoporose, bienfaits cardio-vasculaires (la pratique régulière du jardinage entraînerait une réduction du risque cardio-vasculaire de 30 à 50 %), ostéo-articulaires et musculaires, maintien de la capacité respiratoire, diminution du risque de cancer (essentiellement colorectal), diminution du risque de chute… Sans compter les bienfaits procurés par un environnement de verdure, qui serait efficace contre le stress, et par le plein air et le soleil (souverain contre la dépression et qui recharge en vitamine D – mais attention aux cancers cutanés).

Une étude publiée en 2013 a montré que le jardinage et les travaux de rénovation de maison réduisaient de 30 % les risques cardio- et cérébro-vasculaires chez les plus de 60 ans. Ce bénéfice existait même chez les personnes qui avaient déjà une activité physique régulière (une heure ou plus par jour), y compris des marathoniens. Par ailleurs, deux heures de jardinage par semaine permettrait de réduire de 6 % environ le risque de diabète.

La plupart des études montrent en outre un effet favorable du jardinage dans la prévention de la maladie d'Alzheimer.

Selon le degré d'activité, une séance de quarante-cinq minutes dans le jardin est équivalente en matière de dépenses caloriques à trente minutes de fitness ou de course à pied. Par exemple, on dépense la même énergie pour tondre le gazon avec une tondeuse à main ou pour labourer un carré de potager qu'en faisant de la natation ou des exercices de fitness. On peut perdre jusqu'à quatre cents calories par heure en creusant la terre ou en aérant le compost. Le simple fait de planter des semences peut vous faire brûler jusqu'à cent soixante calories en trente minutes seulement !

On a même imaginé des jardins thérapeutiques pour aider les malades et en particulier ceux atteints de la maladie d'Alzheimer : c'est l'hortithérapie.

MES CONSEILS

— Jardinez pendant trois heures et demie, vous aurez ainsi dépensé 1 000 calories, soit pratiquement l'équivalent de deux heures de jogging. Pour garder la forme, il est recommandé une dépense quotidienne de 156 calories, soit quarante-cinq minutes de taille de rosiers ou vingt-cinq minutes de bêchage.

— Tondez votre pelouse pendant une heure (tondeuse à main), cela équivaudra à une heure de ski alpin. Bêchez pendant une heure, ce sera comme si vous aviez fait une heure de natation en crawl. Sarcler pendant deux heures équivaudra à une heure de footing à dix kilomètres à l'heure. Ou encore, planter à la main pendant une heure équivaudra à une heure de ping-pong.

— Diversifiez vos activités de jardinage et prenez-y du plaisir : planifiez les tâches en fonction des saisons, de la météo, de la composition de la terre…

— Pour jardiner, comme pour bricoler, respectez certaines précautions : soyez vacciné contre le tétanos, enlevez bagues et colliers pour éviter un accident (exemple de l'alliance qui se coince dans un outil avec arrachage du doigt !), et utilisez des outils adaptés et en bon état !

55

Le chemin de l'école tu reprendras

Le niveau de scolarité à 25 ans est certes déterminant en termes d'espérance de vie, de santé, de facteurs de risque (alcool, tabac, obésité) et de maladie d'Alzheimer, comme nous l'avons déjà évoqué. Mais il n'est jamais trop tard pour bien faire : si vous avez arrêté votre scolarité avant les études supérieures, le fait de vous remettre à apprendre vous sera bénéfique et pourra vous aider à corriger de mauvaises habitudes que vous auriez pu prendre. Et si vous avez fait des études supérieures, il faut quand même continuer à vous instruire tout au long de votre vie. Il n'y a pas d'âge pour étudier et on voit chaque année de vieilles personnes, voire très vieilles, qui se décident à passer le bac ou à faire des études qu'elles n'ont pas pu entreprendre lorsqu'elles étaient plus jeunes du fait de leurs conditions de vie (milieu défavorisé) ou, pour les générations qui l'ont vécue, de la guerre.

Il n'est jamais trop tard pour étudier une langue, un instrument de musique, l'informatique ou ce qui vous tente. On a même développé en France depuis 1973 les universités du troisième âge, qui offrent aux aînés une éducation permanente, des activités culturelles, des formations diverses, pour leur procurer, tant par la stimulation que par la convivialité, une ouverture d'esprit, une envie d'aller vers les autres, et susciter ainsi des comportements favorables à l'adaptation vis-à-vis de tous les problèmes liés au vieillissement.

Parler une deuxième langue est par exemple un bon moyen de conserver ses capacités cognitives et de lutter contre Alzheimer. Les adultes bilingues ont donné des preuves de leurs meilleures performances pour le multitâche (autant le monotâche est nécessaire pour apprendre, se concentrer et stocker les informations, autant le multitâche est précieux pour l'action). Une étude de 2010 a montré que les personnes bilingues doivent avoir deux fois plus de lésions cérébrales que les personnes unilingues avant de déclarer des signes d'Alzheimer. Le bilinguisme pourrait ainsi retarder de cinq ans les premiers signes de la maladie. Apprendre la musique aurait le même type d'avantage.

MES CONSEILS

— Enseignez à autrui, c'est une bonne façon d'apprendre.
— Apprenez une autre langue, c'est particulièrement bénéfique pour la mémoire et cela retarde la maladie d'Alzheimer.

- N'hésitez pas à vous inscrire à une formation qui vous fasse plaisir : cela va stimuler vos neurones et créer du lien social.
- Pour se former sur la science, je vous conseille l'Université de tous les savoirs : *https://www.canal-u.tv/producteurs/universite_de_tous_les_savoirs*.
- Étudiez, étudiez, étudiez.

V

Prendre les devants

56

Mieux vaut prévenir…

« Prévenir » vient du latin *praevenire* qui veut dire « prendre les devants ». La prévention est l'ensemble des mesures à prendre pour éviter qu'une situation (sociale, environnementale, économique, médicale…) ne survienne ou ne se dégrade. En santé, la définition de 1948 de l'OMS est la suivante : « La prévention est l'ensemble des mesures visant à éviter ou réduire le nombre et la gravité des maladies, des accidents et des handicaps. » C'est ce que fait ce livre, par exemple !

D'un point de vue médical, on distingue aujourd'hui quatre niveaux de prévention. Le niveau primaire consiste à prévenir ou retarder l'apparition de la maladie, en évitant essentiellement tous les facteurs de risque comme le tabac, l'alcool et le cholestérol. L'exercice physique et les vaccinations font aussi partie de cette prévention primaire qui se situe en amont de la maladie. La prévention secondaire concerne la détection précoce de pathologies (dépistage, ou *screening*) et les récidives. Elle s'attache par exemple à dépister précocement un cancer du sein (mammographies de dépistage) afin de pouvoir le traiter plus facilement et plus efficacement. Ou encore, lorsqu'une personne a fait un infarctus, à lui donner un traitement pour éviter une récidive.

La prévention tertiaire est plus complexe : il s'agit de prévenir les complications liées à la maladie (par exemple, si vous restez couché très longtemps à cause d'une maladie, vous aurez probablement besoin d'un traitement pour éviter de faire une phlébite), y compris les complications pouvant être liées au traitement (iatrogénie). Un niveau supplémentaire, la prévention quaternaire, a été récemment ajouté, pour éviter la surmédicalisation. La prévention quaternaire considère que la prévention elle-même peut rendre malade : anxiété induite, effets indésirables des traitements ou des procédures, risque de surdiagnostic et de surtraitement, etc. Il faut donc être circonspect, même avec la prévention ! C'est en partie ce qui explique les polémiques et les querelles de spécialistes à propos du dépistage du cancer du sein, de l'utérus ou de la prostate. Soit le dépistage ne concerne pas assez de personnes et il est inefficace, soit il concerne trop de personnes et de nombreuses erreurs de diagnostic sont possibles. Il faut donc trouver le bon équilibre.

MES CONSEILS

— Si vous lisez ce livre, c'est que vous avez déjà conscience de l'intérêt de « prendre les devants » et que vous savez que la prévention est le meilleur moyen de mieux vieillir et de se protéger d'Alzheimer.

– Comme M. Jourdain avec la prose, vous faites déjà de la prévention sans le savoir : en utilisant un préservatif par exemple, en remplaçant la télévision par la lecture ou en choisissant de faire vos trajets à vélo plutôt qu'en voiture.
– Soyez circonspect quand même comme le préconise la prévention quaternaire : les excès ne sont jamais bons, même quand il s'agit de prévention !

57

Ta tension tu surveilleras

Connaissez-vous vos chiffres tensionnels ? Savez-vous à quoi ils correspondent ? Sont-ils normaux ? Sans être médecin ou soignant, il est important d'avoir quelques notions de base concernant la mesure de la pression artérielle. En effet, il est prouvé que le fait d'avoir un minimum de connaissances sur sa santé permet de mieux s'occuper de soi. Il en va de même concernant beaucoup de pathologies chroniques pour lesquelles le fait de bien connaître sa maladie participe de la prise en charge thérapeutique. On le verra d'ailleurs au sujet du diabète et du cholestérol.

Le médecin ou l'infirmier mesurent deux chiffres de pression artérielle. Le premier, dit systolique, correspond à la pression dans les artères au moment où le cœur se contracte (systole) et éjecte le sang dans le réseau artériel (c'est la pression maximale du sang). Le second, dit diastolique, correspond à la pression dans les artères au moment où le cœur se dilate et se remplit, entre deux contractions (c'est la pression minimale du sang). En pratique, on peut dire que la pression (ou tension) est à 120-80 si les chiffres sont donnés en millimètres de mercure (mmHg) et à 12-8, s'ils sont exprimés en centimètres de mercure (cmHg). L'hypertension artérielle (HTA) correspond à une augmentation anormale de la pression du sang sur la paroi des artères. L'HTA est caractérisée par des chiffres égaux ou supérieurs à 140 mmHg pour la pression systolique (PAS) ou 90 mmHg pour la pression diastolique (PAD), après plusieurs mesures répétées au cours de trois consultations successives, sur une période de trois à six mois.

Selon l'OMS, l'hypertension vient en deuxième position, après le tabagisme et avant l'alcoolisme, sur la liste des facteurs diminuant le nombre d'années de vie en bonne santé. L'hypertension étant le plus souvent « silencieuse », de nombreuses personnes ignorent qu'elles sont touchées. Pourtant, environ 20 % de la population adulte serait concerné. La fréquence de l'hypertension augmente avec l'âge pour atteindre 40 % chez les personnes âgées de 65 ans et 70 % chez celles de 80 ans et plus. En France, on estime à quatorze millions le nombre de patients traités pour cette pathologie. L'HTA augmente le risque d'accident vasculaire cérébral, de maladie coronaire, d'insuffisance cardiaque, d'insuffisance rénale et de troubles cognitifs.

On parle d'« effet blouse blanche » si la tension est élevée lors d'une consultation dans le cabinet du médecin et normale dans la vie de tous les jours. L'augmentation de la pression est alors secondaire au stress de la consultation et n'est pas anormale. Cet effet concernerait près d'un quart des patients diagnostiqués comme hypertendus et qui sont donc traités à tort ! C'est pourquoi on recommande de plus en plus l'automesure tensionnelle à domicile.

Pour cela, il faut utiliser un appareil électronique de type brassard au bras (plutôt qu'au poignet) qui peut vous être prêté par votre médecin généraliste. Pour prendre votre pression artérielle, vous devez être assis, après cinq minutes de repos, dans un environnement calme et détendu, le bras posé sur une table positionnée au niveau du cœur. Il faut faire trois mesures consécutives (à une minute d'intervalle) le matin, avant la prise des médicaments (si vous avez déjà un traitement), et trois mesures consécutives le soir avant le coucher, le tout pendant trois jours consécutifs. Vous devez bien sûr penser à noter sur une feuille les chiffres tensionnels obtenus pendant la période de mesure. On retiendra la valeur moyenne des dix-huit mesures de pression artérielle sur cette période : une moyenne inférieure à 135-85 mmHg est considérée comme normale.

La première disposition à prendre si vous êtes hypertendu consiste à mettre en place un certain nombre de règles hygiéno-diététiques qui peuvent à elles seules corriger vos chiffres tensionnels. La plupart des conseils qui sont donnés dans ce livre en font partie. Pratique d'une activité physique modérée pendant au moins trente minutes par jour, diminution des apports en sel et de la consommation d'alcool, perte de poids si cela s'avère nécessaire, augmentation de la consommation de fibres alimentaires, etc. Le chocolat peut également faire baisser la pression artérielle ; en revanche, la réglisse est à éviter.

Si ces méthodes simples ne suffisent pas, un traitement médicamenteux est alors nécessaire. Les études confirmant les bénéfices d'un traitement de l'HTA sont extrêmement nombreuses. Chez les personnes de plus de 60 ans, le traitement diminue le risque d'AVC (accident vasculaire cérébral) mortel et non mortel de 35 à 36 %, le risque de cardiopathies mortelles et non mortelles de 15 à 25 % et le risque de démence de 13 %. Chez les personnes de plus de 80 ans, il existe toujours un bénéfice à traiter efficacement l'HTA, avec une réduction de 21 % de la mortalité globale, de 30 à 39 % des accidents vasculaires cérébraux mortels et non mortels et de 64 % de l'insuffisance cardiaque. En 1998, une grande étude européenne dirigée par le professeur Françoise Forette a montré une réduction significative de l'incidence des démences de 50 % dans le groupe traité en comparaison avec celui qui n'avait qu'un placebo. Cette diminution concernait principalement la maladie d'Alzheimer. Bien traiter l'HTA fait décroître le risque de ces pathologies. À l'inverse, il a été montré qu'une hypertension non contrôlée à partir de 50 ans réduisait en moyenne de sept ans l'espérance de vie en bonne santé.

Les objectifs tensionnels lorsqu'un traitement est mis en route dépendent de l'âge et des pathologies associées (diabète, maladie coronaire, insuffisance cardiaque…). Attention de ne pas surtraiter le problème : un travail français publié en 2016 a montré qu'un traitement trop fort pouvait augmenter le risque d'AVC, d'insuffisance cardiaque et de décès. Chez le sujet âgé, les risques liés à un surtraitement sont l'hypotension artérielle (avec malaises au changement de position) et les chutes. L'objectif est d'obtenir une pression artérielle systolique comprise entre 130 et 139 mmHg et une pression diastolique aux alentours de 85 mmHg (soit 13-8 en cmHg).

MES CONSEILS

- Automesurez votre tension : si vos chiffres au repos et après plusieurs mesures répétées sur une période de trois à six mois sont supérieurs à 14-9, vous êtes hypertendu. Informez-en votre médecin.
- Même après 80 ans, prendre un traitement antihypertenseur réduit significativement la mortalité totale et les événements cardio-vasculaires. Mais attention, votre médecin ne doit pas vous prescrire plus de trois médicaments pour la tension !

58

Diabète : évitez de vous sucrer au passage !

Comme pour la pression artérielle, il est important de connaître un minimum de notions à propos du diabète et des chiffres de glycémie (taux de sucre dans le sang). Quand on parle de prévention du diabète, il s'agit du diabète de type 2, ou diabète gras, ou encore diabète non insulino-dépendant. Le diabète de type 1, ou insulino-dépendant, essentiellement génétique pour sa part, concerne 10 % des diabétiques. Si l'on considère l'ensemble de la population diabétique française (types 1 et 2), la moitié a 65 ans ou plus, et près du quart, 75 ans ou plus. Le diabète est un trouble de l'assimilation, de l'utilisation et du stockage des sucres apportés par l'alimentation.

Le diabète de type 2 apparaît généralement chez le sujet de plus de 40-45 ans. Le surpoids, l'obésité et le manque d'activité physique sont la cause de ce diabète chez des personnes souvent génétiquement prédisposées (déjà des cas de diabète gras dans la famille). Il est dû à une résistance de l'organisme à l'insuline, cette hormone ne parvenant plus à faire rentrer le sucre dans les cellules. Sournois et indolore, le diabète de type 2 passe longtemps inaperçu : on estime qu'il s'écoule en moyenne cinq à dix ans entre l'apparition des premières hyperglycémies et le diagnostic.

Le diagnostic biologique de diabète est très simple. Les critères sont identiques quel que soit l'âge : deux glycémies à jeun supérieures à 1,26 gramme par litre ou une glycémie à plus de 2 grammes par litre à n'importe quel moment de la journée.

Le plus souvent, le diagnostic est porté à partir d'un examen biologique effectué à titre systématique, par exemple avant une opération, ou dans un contexte pouvant induire la survenue d'un diabète, comme l'hypertension artérielle ou la surcharge pondérale, ou encore lors de la surveillance d'un traitement par cortisone au long cours. Si le diabète est très déséquilibré, des symptômes sont susceptibles d'apparaître : soif importante, envie d'uriner très fréquente (c'est le syndrome polyuro-polydipsique). Une fatigue (asthénie) majeure, un amaigrissement seront surtout les signes d'un besoin en insuline, imposant un bilan médical rapide. Dans un certain nombre de cas, malheureusement, ce sont les complications « chroniques » du diabète qui sont révélatrices, que ce soit un accident vasculaire cérébral, un infarctus du myocarde, une insuffisance rénale chronique ou des complications ophtalmologiques (rétinopathie, cataracte).

Même si l'on peut assister, avec les progrès de la prise en charge de cette maladie, à une diminution de la mortalité chez les diabétiques, qu'elle soit d'origine cardiovasculaire ou toutes causes confondues, les diabétiques meurent néanmoins toujours plus que les non-diabétiques, à âge identique. Le diabétique âgé est plus à risque de chutes, de syndromes confusionnels, de douleurs chroniques et d'incontinence urinaire, et il est plus souvent hospitalisé que le non-diabétique de même âge. Dans la population âgée, le diabète augmente de 30 % le risque de survenue de symptômes dépressifs, surtout lorsque l'équilibre glycémique est médiocre. Les diabétiques présentent une sorte de « vieillissement accéléré », sur les plans moteur, fonctionnel et cognitif. Il a été montré que chez les plus de 65 ans, les diabétiques étaient plus à risque de fracture du col du fémur que les non-diabétiques et que leurs capacités de récupération motrice après un tel accident étaient moindres. De la même façon, le diabète semble être un accélérateur du vieillissement cognitif, comme le montre le suivi pendant six ans d'une cohorte de femmes de 65 à 99 ans : chez les diabétiques, les performances mnésiques sont moins bonnes et le déclin cognitif est plus fréquent et plus important que chez les non-diabétiques, surtout pour une durée d'évolution du diabète de plus de quinze ans. On estime que les diabétiques de type 2 ont un risque multiplié par deux de développer une maladie d'Alzheimer.

De bonnes habitudes de vie réduisent le risque ou au moins retardent l'apparition du diabète : adopter une alimentation équilibrée (mangez autant que possible trois repas par jour à des heures régulières, éviter les excès de gras animal et de sucres ajoutés tel le glucose, le fructose, le dextrose, etc., et privilégiez les aliments riches en fibres), faire régulièrement du sport, arrêter le tabac, consommer l'alcool avec modération et perdre du poids en cas de surcharge pondérale sont des mesures appropriées. Elles sont aussi nécessaires en cas de diabète avéré et peuvent parfois éviter les médicaments.

Il a été démontré que des individus à risque qui pratiquaient trente minutes par jour d'activité physique et qui avaient réussi à perdre de 5 à 7 % de leur poids diminuaient de 58 % leur risque de devenir diabétique. Une étude présentée en 2016 a montré que l'envoi quotidien de SMS (au sujet de la nutrition, de l'activité physique, de la réduction du stress ou des recettes de cuisine) à des personnes prédiabétiques en surpoids ou obèses les aidait à perdre du poids : or, on sait que pour chaque kilo perdu, le risque d'évolution vers le diabète diminue de 16 %. Cela aide aussi à diminuer le taux d'hémoglobine glyquée (HbA1c), marqueur du diabète dans le sang. Ce taux doit être mesuré au moins deux fois par an et reflète la moyenne des glycémies au cours des trois derniers mois. Le taux d'hémoglobine glyquée doit être inférieur ou égal à 7 %. Si ce taux est supérieur à 7 %, un traitement médicamenteux est nécessaire.

MES CONSEILS

— Faites-vous faire des prises de sang et un test de glycémie à jeun tous les trois ans à partir de 40 ans, qu'il y ait des symptômes ou non. Ce dépistage devrait être fait plus précocement ou plus fréquemment lorsque des facteurs de risque ont été trouvés.
— Contrôlez votre diabète, sinon, il vous expose à un vieillissement accéléré.
— Ayez de bonnes habitudes de vie, elles réduisent le risque ou au moins retardent l'apparition du diabète.

59

Ton poids tu contrôleras

Si vous avez été obligé de desserrer votre ceinture d'un trou supplémentaire, c'est que vous avez grossi d'environ 5 kilogrammes. C'est un moyen simple d'évaluer sa prise ou sa perte de poids sans balance et il fonctionne dans les deux sens : moins et plus. Le poids est autant un problème quand il est trop élevé que lorsqu'il ne l'est pas assez, en particulier chez les personnes âgées, mais nous n'aborderons pas ici la question de la dénutrition.

Le surpoids et l'obésité sont un des fléaux de notre monde moderne. Facteurs de risque important de nombreuses maladies, ils sont responsables également de mortalité prématurée. L'épidémie d'obésité qui ravage les États-Unis (et qui commence à apparaître en France et en Europe) va être responsable d'une diminution de l'espérance de vie. Devenue la cinquième cause de mortalité dans le monde, elle tue trois fois plus que la malnutrition.

Pour estimer le surpoids, vous devez bien sûr vous peser, mais cela va aussi dépendre de votre taille. C'est pourquoi on utilise habituellement l'indice de masse corporel (IMC, ou BMI en anglais, pour *Body Mass Index*). L'IMC se calcule en divisant son poids par sa taille au carré. Par exemple, si vous pesez 60 kilogrammes et que votre taille est de 1,70 mètre, votre IMC est de 60 / (1,70 × 1,70) = 20,8. On considère que l'IMC est normal entre 18,5 et 25, qu'il y a surpoids entre 25 et 30, obésité modérée entre 30 et 35, obésité sévère entre 35 et 40 et obésité morbide (ou pathologique) au-delà de 40. Le calcul est le même chez l'homme et chez la femme, et quel que soit l'âge. En 2012 en France, 15 % de la population avait un IMC supérieur à 30. Aux États-Unis, ce chiffre atteint 35 %.

Un IMC élevé est un important facteur de risque de maladies chroniques comme les maladies cardio-vasculaires (cardiopathies et accidents vasculaires cérébraux), le diabète de type 2, les troubles musculo-squelettiques (arthrose) et certains cancers (endomètre, sein et côlon).

Selon l'OMS, pour diminuer son risque de surpoids, il faut limiter les apports caloriques provenant de la consommation de graisses et de sucres, consommer davantage de fruits et légumes, de légumineuses, de céréales complètes et de noix, et avoir une activité physique régulière (cent cinquante minutes par semaine pour un adulte).

Si l'obésité dépend principalement de prédispositions génétiques et d'une consommation trop importante d'aliments riches en calories, sa progression va de pair aussi avec l'accroissement des inégalités sociales. Ainsi, en France, 16 % des ouvrières seraient obèses contre seulement 4 % des femmes cadres, et ce, principalement en raison du coût trop élevé de l'alimentation dite « saine », notamment des fruits et légumes, et du manque d'accès aux soins et à la pratique d'une activité sportive. Au supermarché, les produits alimentaires les moins chers sont souvent les plus caloriques. Les inégalités d'accès aux soins sont également un facteur de risque. Une étude française récente a montré que moins il y avait de médecins généralistes dans un département (avec donc des délais de consultations importants), plus il y avait de personnes en surpoids et hypertendues.

Un surpoids simple (IMC entre 25 et 30) sans autre facteur de risque ne nécessite pas de régime particulier et pourrait même être protecteur. En revanche, il faut bien vérifier votre périmètre abdominal (et là, on rejoint les trous de ceinture) : s'il est supérieur à 93 centimètres pour un homme ou à 79 pour une femme, il y a un risque de diabète et de maladies cardio-vasculaires. Des conseils hygiéno-diététiques sont nécessaires pour éviter toute prise de poids supplémentaire.

Mais ne laissez pas le surpoids s'installer et augmenter, car une personne qui a été obèse pendant plusieurs années garde un risque de surmortalité de 27 %, même après avoir perdu des kilos. Il faut donc ne pas trop attendre lorsqu'on est en surpoids pour commencer à maigrir. Selon la Haute Autorité en santé (HAS), une perte de poids de 5 à 10 %, maintenue, améliore le profil glucidique et lipidique, diminue le risque d'apparition du diabète de type 2, réduit le handicap lié à l'arthrose, réduit la mortalité toutes causes confondues, la mortalité par cancer et la mortalité par diabète, diminue la pression artérielle et améliore les capacités respiratoires des patients avec ou sans asthme.

La chirurgie de l'obésité (dite chirurgie bariatrique), répond quant à elle à des indications très précises (HAS 2009) et nécessite une décision collégiale, prise après discussion et concertation pluridisciplinaire. Les contre-indications sont nombreuses et les patients concernés sont des adultes de moins de 60 ans ayant au moins un IMC supérieur à 35.

MES CONSEILS

— Inutile de se peser tous les jours et d'être un obsessionnel de la balance. Mais si vous êtes à risque de surpoids ou d'obésité, vous devez être vigilant.
— N'hésitez pas à consulter votre médecin généraliste pour aborder ce sujet.
— Estimez votre risque d'obésité en calculant votre IMC (il existe de nombreuses calculettes sur les téléphones, tablettes, ordinateur ou Internet). Même si l'IMC n'est pas un indice parfait et qu'il peut être pris en défaut, cela reste le meilleur moyen d'apprécier ses risques.
— Aidez-vous d'un diététicien ou d'applications qui vous donnent le nombre de calories que vous pouvez consommer par jour en fonction de la perte de poids qui est nécessaire (Weight Watchers ou MyFitnessPal – gratuite – par exemple).
— Attention, un avis spécialisé est nécessaire pour un sujet âgé, au-delà de 75 ans. Il est recommandé de ne pas le faire maigrir : le risque majeur lié au poids n'est plus l'obésité mais la dénutrition. À cet âge, un surpoids peut masquer une malnutrition protéino-énergétique avec une importante fonte musculaire (sarcopénie).

60

Cholestérol : bon ou mauvais ?

Tout le monde a du cholestérol ! Il est même indispensable à notre organisme. Et parler de bon ou de mauvais cholestérol est en fait un abus de langage qui ne nous aide pas à y voir très clair.

Le foie produit la majeure partie du cholestérol dont l'organisme a besoin pour fonctionner. Le reste (un tiers) est apporté par l'alimentation. Le cholestérol est un constituant des parois de nos cellules, des hormones sexuelles (progestérone, œstrogène, testostérone), des sels biliaires et de la vitamine D.

Le cholestérol n'est pas soluble dans le sang. C'est grâce à des lipoprotéines qu'il va être transporté et véhiculé dans tout le corps. Il existe deux types de lipoprotéines : les LDL et les HDL. Les lipoprotéines LDL (*Low Density Lipoproteins,* ou lipoprotéines de faible densité) transportent le cholestérol du foie vers toutes les cellules. C'est elles que l'on appelle le « mauvais » cholestérol. En effet, lorsque leur taux est trop élevé, elles déposent le cholestérol en excès sur les parois des artères, ce qui provoque, à long terme, la présence de plaques de graisse sur la paroi des vaisseaux (athérome) ce qui va gêner ou bloquer la circulation du sang (athérosclérose). D'où le risque d'infarctus, d'AVC ou d'artérite des membres inférieurs. Les autres lipoprotéines, les HDL (*High Density Lipoproteins,* ou lipoprotéines de haute densité), vont chercher le cholestérol déposé sur les parois des artères et le ramènent au foie où il est transformé avant d'être éliminé : elles correspondent au « bon » cholestérol. Plus le taux sanguin de HDL-cholestérol est élevé, plus le risque d'athérosclérose est faible.

La valeur normale du cholestérol total (LDL + HDL) se situe entre 1,5 et 2,5 grammes par litre (de 3,87 à 6,45 mmol/l), mais elle dépend de l'âge, du sexe (plus bas chez la femme), des saisons et du régime alimentaire. Un taux trop élevé traduit la majorité du temps un apport alimentaire trop riche en graisses saturées. On estime que 36,5 % des Français âgés de 18 à 79 ans ont un taux de cholestérol trop élevé.

Une baisse de 1 % du cholestérol réduit le risque cardiovasculaire de 2 % ! Une augmentation de 1 % du taux de cholestérol HDL diminue votre risque de 3 %.

Le foie est extrêmement sensible aux mauvaises graisses contenues dans ce que nous mangeons : elles le poussent à fabriquer plus de cholestérol que nécessaire et elles diminuent ses capacités à l'éliminer. Ces mauvaises graisses, ou graisses saturées, se trouvent dans tous les produits de type lait entier (fromages contenant plus de 45 % de matière grasse, crème fraîche entière), dans les viandes grasses (travers de porc, épaule d'agneau, côte de bœuf…), dans les abats (cervelle, rognons, foie) qui sont riches en cholestérol, toutes les graisses animales et charcuteries grasses (gras de la viande, du jambon, du saucisson, dans les rillettes, le boudin, l'andouillette, la saucisse, etc.), dans les pâtisseries, les gâteaux apéritifs, les barres chocolatées et dans les plats industriels cuisinés quand ils apportent plus de 10 grammes de lipides par portion.

Le cerveau est l'organe qui concentre le plus de cholestérol. Les études pratiquées sur des animaux et des cultures de cellules ont montré qu'un niveau élevé de cholestérol était associé à un dépôt de peptide bêta-amyloïde, l'une des anomalies cérébrales caractéristiques de la maladie d'Alzheimer. Le cholestérol favorise la formation de ce peptide sous une forme non soluble et son accumulation dans le tissu nerveux. Divers travaux ont montré que sa concentration cérébrale est anormalement élevée chez les malades. Très récemment, en normalisant les taux de cholestérol dans le cerveau (grâce à un virus génétiquement modifié pour induire la sécrétion d'une enzyme permettant l'évacuation du cholestérol en excès), des chercheurs ont amélioré les problèmes de mémoire liés à la maladie d'Alzheimer chez l'animal.

Une étude américaine de 2014 a confirmé l'existence d'un lien entre les niveaux de « bon » et de « mauvais » cholestérol et le risque de déclin cognitif et de maladie d'Alzheimer chez l'homme. L'association d'un niveau élevé de HDL-cholestérol et d'un faible taux de LDL-cholestérol entraînerait moins de dépôt de plaques amyloïdes dans le cerveau (et donc diminuerait le risque d'Alzheimer). Par ailleurs, des résultats récents révèlent que les médicaments qui abaissent le taux de cholestérol dans le sang (médicaments hypocholestérolémiants), donnés vers 50 ans, diminueraient le risque de maladie d'Alzheimer plus tard dans la vie. Ces médicaments, ou statines, ont également montré qu'ils agissaient sur la progression de la maladie chez les patients déjà atteints d'une maladie d'Alzheimer. Au Canada, une étude vient de débuter sur soixante volontaires de 60 ans et plus qui ont un parent ayant souffert de la maladie d'Alzheimer. Les chercheurs vont évaluer l'intérêt du Probucol, un médicament habituellement prescrit pour traiter le cholestérol, pour empêcher l'apparition de la maladie.

Concernant le cholestérol et tous les facteurs de risque cardio-vasculaire (tabac, alimentation, HTA, diabète, obésité), la plupart des résultats et des normes utilisés aujourd'hui proviennent de l'étude de Framingham. Cette étude a débuté en 1948 et la ville de Framingham (dans le Massachusetts aux États-Unis) a été choisie pour sa représentativité de la population globale américaine. Toutes les générations successives ont été incluses depuis cette date. C'est à partir de cette étude qu'a été défini en 1976 un « score de risques », amélioré en 1998, permettant de dépister les personnes les plus susceptibles d'avoir une maladie cardio-vasculaire. Comme il s'agit d'une étude observationnelle concernant une seule et unique population, certains scientifiques contestent la généralisation de ces résultats et de ces valeurs dites « normales ».

Pour contrôler son taux de cholestérol (LDL et HDL), il faut avoir une alimentation équilibrée de type méditerranéen, faire de l'activité physique régulièrement, avoir une bonne maîtrise de son poids et de son tour de taille, arrêter le tabac et limiter sa consommation d'alcool, bref, suivre un certain nombre des conseils donnés dans ce recueil. Dans certains cas (surtout si vous avez déjà une pathologie vasculaire : insuffisance coronarienne, AVC, diabète), il vous faudra prendre un médicament type statine.

En général, lorsque votre médecin vous prescrit un dosage du cholestérol, il demande aussi de mesurer les triglycérides sanguins. Les deux sont des graisses pouvant être responsables de ce qu'on appelle l'hyperlipidémie. Les triglycérides sont fabriqués à partir des aliments que nous mangeons, en particulier l'alcool et le sucre transformés par le foie et stockés au niveau des graisses abdominales. Un taux élevé de triglycérides dans le sang constitue aussi un marqueur de risque de maladie coronarienne. L'hypertriglycéridémie est associée à l'obésité et au diabète de type 2 et s'accompagne d'une diminution du HDL(bon)-cholestérol. Pour les triglycérides, un taux supérieur ou égal à 1,5 gramme par litre peut être considéré comme un facteur de risque, quel que soit le niveau du cholestérol. Une modification de ses habitudes alimentaires est le plus souvent suffisante.

MES CONSEILS

— Retenez la valeur supérieure de la normale de taux de cholestérol total : 2 grammes par litre (5 mmol/l). Il ne faut pas dépasser 2,2 grammes par litre.

— Sachez également qu'il ne vous faut pas dépasser 1,6 gramme par litre (4,1 mmol/l) pour le LDL-cholestérol, et même mieux, 1,2 gramme par litre (3 mmol/l). Si vous souffrez de diabète ou si vous avez déjà fait une crise cardiaque, votre taux devrait être inférieur à 1 gramme par litre.

— Et pour le HDL-cholestérol, un taux inférieur à 0,4 gramme par litre (1 mmol/l) signifie que vous êtes à risque plus élevé de maladie cardiaque.

– Améliorez votre alimentation : évitez les matières grasses laitières (crème fraîche, yaourt ou fromage blanc entier et fromages), limitez les œufs, évitez les charcuteries, évitez les viennoiseries et les pâtisseries, enrichissez votre alimentation en oméga-3 et consommez des fruits et des légumes.

61

La vitamine D, c'est du tonnerre ?

La vitamine D, c'est bon pour tout, mais le problème est que l'on n'en trouve pas partout ! Elle est présente dans notre alimentation sous deux formes : la vitamine D2, produite essentiellement par les végétaux et les champignons, et la vitamine D3 principalement d'origine animale. Les aliments contenant de la vitamine D3 sont peu nombreux. On la trouve essentiellement dans les huiles de foie de poisson (voir « Oméga-3 et poissons gras, mais attention au mercure », p. 70), dans certains poissons gras (saumons, sardines, harengs, maquereaux), dans le jaune d'œuf ou encore dans le foie. La vitamine D3 est également présente en petite quantité dans le lait, le jus d'orange, le pain ou les céréales, et en plus grande quantité quand ces aliments sont enrichis (précisé sur l'étiquette : « enrichi en vitamine D »). La principale source de vitamine D3 est fournie par le soleil grâce à sa synthèse qui s'effectue au niveau de la peau après une exposition aux rayonnements ultraviolets B (UVB). La vitamine est produite à partir du cholestérol puis libérée dans la circulation du sang. Étant étroitement liée à l'exposition solaire, cette synthèse est possiblement réduite par de multiples facteurs : crème solaire affichant un indice de protection supérieur à 8, âge, pigmentation des peaux sombres, latitudes nordiques (au-dessus de 40 degrés nord) et la saison hivernale. En France, d'octobre à mars, l'ensoleillement ne permet cette synthèse que pour ceux qui travaillent à l'extérieur ou qui résident dans le Sud, soit à peine 10 % de la population.

La population française dans sa globalité est fortement carencée en vitamine D. En effet, à la valeur seuil de 20 nanogrammes par millilitre, on se rend compte qu'environ 40 % de la population est en dessous du seuil, et si l'on se fixe un seuil de 30 nanogrammes par millilitre, près de 80 % de la population (8 Français sur 10) est alors en situation d'insuffisance.

Pourtant, la vitamine D est indispensable à notre organisme et quand on fait la liste de tous les bénéfices qu'elle apporte, c'est impressionnant : elle est nécessaire au maintien des os et des dents en bon état (absorption et utilisation du calcium), à la division normale des cellules, au bon fonctionnement du système immunitaire (défense contre les infections), à la conservation de la masse musculaire, et à la diminution du risque de chutes et donc de fractures, plus particulièrement chez les personnes de 60 ans et plus. Chez la personne âgée (pour qui elle est fortement recommandée), la supplémentation en vitamine D diminue significativement ce risque de fractures (surtout des hanches – dont le col du fémur – et des vertèbres) et améliore l'équilibre et la tonicité musculaire.

La carence en vitamine D serait associée à un risque plus important de maladies cardio-vasculaires car elle augmenterait la fréquence de l'hypertension artérielle, du diabète et de l'obésité. En matière infectieuse, on le savait déjà pour la tuberculose, mais une étude américaine a montré que les infections nosocomiales (c'est-à-dire acquises à l'hôpital) sont deux fois plus fréquentes chez les personnes carencées en vitamine D. Une carence qui favoriserait aussi certains cancers du sein, colorectal et de la prostate.

Selon une étude de l'Inserm, le risque de cancer du sein baisserait de 25 % pour les femmes ayant des concentrations sériques de vitamine D élevées. Les femmes avec les taux de vitamine D les plus hauts auraient un risque de cancer du sein divisé par quatre par rapport aux femmes ayant les taux les plus faibles. Chez les hommes, une carence en vitamine D augmenterait le risque de cancer du côlon. Les hommes ayant un important taux de vitamine D auraient quasiment deux fois moins de risque de développer un cancer colique que ceux ayant un taux moins élevé.

Chez certaines femmes hypertendues, il semblerait qu'une supplémentation en vitamine D leur permette de se passer de médicaments antihypertenseurs. Les femmes de plus de 35 ans ayant une trop grande carence en vitamine D pourraient aussi accroître le risque de fibrome utérin : celles ayant un taux suffisant auraient un risque réduit de 32 % par rapport à celles qui sont carencées. Les personnes qui ont un faible taux de vitamine D dans le sang seraient aussi deux fois plus susceptibles de souffrir de dépression que celles qui ont un taux plus élevé.

Qu'en est-il pour le cerveau ? L'hippocampe possède des récepteurs de la vitamine D. Or ce centre de la mémoire est la zone qui est atteinte en premier dans la maladie d'Alzheimer. Plusieurs études ont montré que les personnes carencées en vitamine D avaient un risque augmenté d'accidents vasculaires cérébraux et de maladie d'Alzheimer par rapport à celles qui avaient un taux normal. Une étude publiée en 2014 a mis en évidence que des niveaux bas de vitamine D augmentaient de 53 % le risque de démence. Ce risque atteint 125 % en cas de carences importantes par rapport aux personnes ayant des niveaux considérés comme normaux. Pour la maladie d'Alzheimer, le risque était respectivement de 69 et 122 %.

Les autorités sanitaires de l'Union européenne et des États-Unis ont fixé les apports adéquats entre 400 et 600 UI par jour (10 à 15 microgrammes) pour les adultes. Pour les personnes âgées, des apports plus élevés, entre 400 et 800 UI par jour (10 à 20 microgrammes), sont recommandés pour maintenir un métabolisme du calcium normal et optimiser la santé osseuse. De nombreux spécialistes de la vitamine D ont proposé comme valeur optimale un taux dans le sang supérieur à 30 nanogrammes par millilitre et des études ont montré que pour atteindre ce niveau optimal de vitamine D, un adulte ou une personne âgée doit en consommer au moins 800 à 1 000 UI par jour (20 à 25 microgrammes).

La synthèse cutanée diminuant avec l'âge, les médecins s'accordent sur la nécessité de donner de la vitamine D en supplément l'hiver pour éviter les carences. Un avis médical est quand même nécessaire car il existe de rares contre-indications : calculs rénaux ou hyperparathyroïdie par exemple.

MES CONSEILS

- Prenez de l'huile de foie de morue, c'est l'aliment le plus riche en vitamines D : une cuillerée (100 grammes ou 10 centilitres) équivaut à 250 microgrammes de vitamine D.
- Attention, les carences concernent aussi bien les enfants que les adolescents, les femmes enceintes, les femmes ménopausées et tous les adultes en période hivernale. Après 75 ans, tout le monde est carencé et nécessiterait une supplémentation.
- Pour ce qui est de la vitamine D, les produits laitiers ne sont pas forcément nos amis. Du lait, même enrichi, est loin de couvrir les besoins journaliers. L'intérêt des laitages concerne surtout les apports en calcium.

62

Le moral tu garderas

Dépression et vieillissement sont deux notions très liées, mais il ne faudrait pas croire que parce qu'on est vieux on est forcément déprimé, même si le pourcentage de gens déprimés augmente avec l'âge. Une augmentation nette se produit au moment du passage à la retraite, mais grâce à mes conseils (voir « Ta retraite tu prépareras », p. 135), vous n'y serez pas confronté ! Différents événements de la vie, hormis la retraite, sont considérés comme des deuils successifs, qui cumulés, peuvent déclencher une dépression : le départ des enfants, une séparation, la baisse des revenus, le décès d'amis ou de proches, le décès du conjoint, la perte de l'audition ou de la vue, la dépendance, l'entrée en institution…

Le vieillissement peut donc favoriser la dépression, et inversement, la dépression elle-même est un facteur de mauvais vieillissement. Il est donc important de la dépister, voire de la traiter si elle est trop sévère. De nombreuses personnes sont très réticentes à se reconnaître déprimées et cela reste encore une maladie honteuse. Pourtant, une simple psychothérapie est salvatrice et les nouveaux antidépresseurs (même s'ils sont souvent décriés car survendus par l'industrie pharmaceutique) sont très efficaces et en général bien tolérés. Beaucoup de patients, au début très circonspects, sont finalement très contents de les avoir essayés car cela leur fait du bien et transforme leur vie de manière très positive.

Toutefois, pour se soigner il faut que la dépression soit repérée et diagnostiquée, ce qui ne serait pas le cas chez 40 % des déprimés de plus de 60 ans. Quel que soit l'âge, les femmes seraient plus concernées que les hommes.

La dépression est une maladie qui se caractérise notamment par une grande tristesse, un sentiment de désespoir, une perte de motivation et des facultés de décision, une diminution du sentiment de plaisir, des troubles alimentaires (manque d'appétit) et du sommeil (insomnie), des pensées morbides (idées de mort, idées suicidaires, « idées noires ») et l'impression de ne pas avoir de valeur en tant qu'individu (dévalorisation, sentiment d'inutilité). Chez le sujet âgé, elle passe souvent inaperçue, car les symptômes (fatigue, perte de motivation, isolement) peuvent se trouver attribués au vieillissement. Certains symptômes sont plus fréquents chez les personnes âgées : agressivité et colère, douleurs diverses et inexpliquées, isolement, repli sur soi, ou parfois confusion.

Un questionnaire simple peut être utilisé pour la dépister : 1) Vous sentez-vous souvent découragé(e) et triste ? ; 2) Avez-vous le sentiment que votre vie est vide ? ; 3) Avez-vous l'impression que votre situation est désespérée ? ; 4) Êtes-vous heureux (heureuse) la plupart du temps ? Si vous avez répondu oui à une des trois premières questions ou non à la dernière, vous êtes à risque de dépression et un avis médical est nécessaire.

De nombreuses études ont montré que les dépressifs développaient davantage de pathologies liées à l'âge comme le diabète de type 2, les démences ou les cancers. La dépression est aussi associée à un risque plus élevé de problèmes cardiaques ou d'accidents vasculaires cérébraux. Un des mécanismes incriminés serait la mauvaise hygiène de vie des personnes déprimées : manque d'exercice, mauvaise alimentation, consommation d'alcool ou de tabac excessive. Mais il existerait aussi un impact direct de la dépression au niveau du vieillissement cellulaire. En 2013, des chercheurs ont montré que les personnes dépressives ou anciennement dépressives ont des télomères plus courts, indépendamment de leur style de vie, reflétant un âge plus vieux de quatre à six ans en moyenne. L'effet est encore plus fort en cas de dépression très sévère et en cas de symptômes prolongés pendant au moins deux ans, avec l'équivalent de sept à dix ans perdus prématurément.

Concernant la mémoire, la dépression (comme l'anxiété) entraîne des difficultés de concentration et donc des troubles plutôt attentionnels que cognitifs. Pour certains chercheurs, la dépression constituerait un facteur de risque de mauvais vieillissement cérébral et de maladie d'Alzheimer. Après un épisode dépressif vers 50-60 ans et même plus tard, il faut donc bien surveiller sa mémoire. Par ailleurs, jusqu'à 40 à 50 % des personnes atteintes de la maladie d'Alzheimer seront déprimées à un moment donné.

Chez le sujet âgé, on sait que la dépression est associée à un risque suicidaire plus élevé et à des passages à l'acte le plus souvent réussis. Les hommes dépressifs de plus de 70 ans sont les personnes les plus à risque en ce domaine.

MES CONSEILS

- Parlez-en à votre médecin en consultation, pour qu'il évalue votre humeur et dépiste un éventuel début de dépression.
- Ayez une vie plus saine, couchez-vous tôt, faites plus d'exercice et mangez de façon équilibrée, cela peut suffire pour se sentir mieux en cas de dépression légère.
- Ne soyez pas effrayé par la psychothérapie.
- Si dans votre entourage quelqu'un vous semble déprimé, encouragez-le à consulter. Vous lui sauverez peut-être la vie !

63

Tes vaccins à jour tu mettras

Aujourd'hui, il est de bon ton de critiquer les vaccins. Mais qui se souvient de la variole, une maladie virale extrêmement contagieuse qui tuait un adulte infecté sur trois ? Elle a été déclarée éradiquée par l'OMS le 8 mai 1980 à la suite des campagnes de vaccination massives et souvent obligatoires. Pour les baby-boomers, ce n'est plus aujourd'hui qu'une cicatrice sur la cuisse ou sur le bras ! Qui se souvient des salles entières de personnes sous « poumons d'acier » dans les années 1940 et 1950 en raison de paralysies du diaphragme liées au virus de la poliomyélite ? Une autre maladie qui pourrait disparaître si tout le monde était correctement vacciné. Et le vaccin contre la rage ? Et le vaccin contre le tétanos ? En France, aucun cas de tétanos chez les enfants n'avait été répertorié depuis 1999. Un cas sévère chez un enfant de 13 ans a été déclaré en 2007 parce que ses parents n'avaient pas voulu le faire vacciner et un autre cas plus récent chez un enfant de 8 ans pour lequel le médecin avait fait un faux certificat de vaccination et a été condamné. Toujours par refus des parents, un enfant de 6 ans est décédé en Espagne le 27 juin 2015 de la diphtérie, alors que cette maladie avait disparu dans ce pays depuis 1987 !

Les vaccins ont sauvé et sauvent de nombreuses vies, même si on n'en a pas toujours conscience. Ils sont donc un facteur important pour mieux vieillir puisqu'ils nous évitent de souffrir de certaines maladies.

En France, seule la vaccination diphtérie-tétanos-poliomyélite (DTP) est obligatoire, et uniquement chez les enfants. Récemment, le comité d'orientation sur la vaccination a proposé un élargissement temporaire de l'obligation vaccinale chez l'enfant. Au DTP s'ajouteraient ainsi : coqueluche, rougeole, oreillons, rubéole, pneumocoque, méningocoque de type C, BCG (tuberculose), hépatite B, varicelle et *Haemophilus influenzae* de type B. Chez les adultes, les vaccins obligatoires sont professionnels (par exemple, le vaccin contre l'hépatite B dans les professions médicales) ou pour certains voyages (par exemple contre la fièvre jaune dans certains pays ou contre la méningite pour se rendre en pèlerinage à La Mecque).

Pour les seniors, les vaccins ne sont pas obligatoires, mais ils sont fortement recommandés. En pratique, que peut-on conseiller ? Tout d'abord, il faut bien sûr continuer les rappels contre la diphtérie, le tétanos et la poliomyélite (DTP). Pour le tétanos, si les hommes âgés ont été vaccinés à l'armée, la plupart des femmes d'un certain âge ne l'ont jamais été. Ce qui explique que 90 % des cas observés en France concernent des personnes de plus de 70 ans dont 76 % de femmes, avec une mortalité de 20 à 30 %. Les facteurs de risque restent l'été (période où l'on sort plus avec des vêtements moins protecteurs) et le jardinage. Depuis 2013, les rappels DTP sont maintenant proposés à âge fixe : 25 ans, 45 ans, 65 ans, puis tous les dix ans : 75 ans, 85 ans, 95 ans… Il existe maintenant un test disponible en pharmacie pour savoir si on est protégé. Deux marques sont disponibles : Alere Tétanos home test et Medisur Autotest Tétanos.

À partir de 65 ans est proposé à tous de façon annuelle le vaccin contre la grippe. C'est gratuit et cela peut vous éviter des complications, un séjour à l'hôpital voire un décès. En 2015, la surmortalité due à la grippe a été de 18 317 décès dont 16 608 chez les plus de 65 ans ! L'épidémie grippale de l'hiver 2016-2017 va probablement compter vingt et un mille morts supplémentaires. Une autre vaccination importante après 65 ans, surtout si on a des facteurs de risque (c'est-à-dire toute pathologie cardiaque, pulmonaire, rénale ou hépatique), c'est la vaccination contre le pneumocoque. Elle se fait maintenant en une seule injection sans rappel.

Enfin, depuis juin 2015, le vaccin contre le zona est disponible en France. Il existait en Amérique du Nord depuis 2006, et plus de vingt millions de personnes ont déjà été vaccinées dans le monde. Ce vaccin, remboursé, se fait en une seule injection. Il est recommandé chez tous les adultes de 65 à 74 ans. Le risque de faire un zona apparaît à partir de 50 ans et atteint 50 % après 85 ans. La complication la plus fréquente du zona est des douleurs à type de décharges électriques qui peuvent persister plusieurs mois après l'éruption cutanée, voire des années. Plus on est âgé, plus le risque de douleurs persistantes est important. Le vaccin actuel réduit de 50 % le risque de zona et de 65 % le risque de douleurs persistantes. Un autre vaccin, encore à l'étude, aurait une efficacité de 90 % sur le zona et les douleurs persistantes.

Pour ceux qui n'ont pas eu de rappel ou de vaccins et qui ont des petits-enfants en bas âge, il est recommandé de se protéger contre la coqueluche.

MES CONSEILS

- Si vous jardinez, vérifiez bien que votre vaccination antitétanique est à jour ou faites le test !
- Faites vos rappels diphtérie-tétanos-polio à 25 ans, 45 ans, 65 ans, 75 ans, 85 ans, 95 ans, etc.
- Après 65 ans (et avant si vous êtes à risque ou exercez une profession médicale ou paramédicale), faites-vous vacciner chaque année contre la grippe.
- Vaccinez-vous contre le pneumocoque (une seule injection) après 65 ans, en particulier si vous avez des facteurs de risque ou si vous entrez en institution.
- Profitez de la disponibilité du vaccin contre le zona en France : il est recommandé de le faire entre 65 et 74 ans (une seule injection).
- Si vous voyagez dans des pays à risque, vérifiez bien si vos vaccinations sont à jour et si des vaccins spécifiques ne sont pas obligatoires.
- Attention si en été en France vous allez dans l'hémisphère Sud, où c'est alors l'hiver : le vaccin contre la grippe peut être différent (à faire sur place dans ce cas si on reste plus de quinze jours).

64

Ne pas se retenir pour éviter les fuites

La prévention en matière d'incontinence urinaire s'adresse à la femme car, chez l'homme, les problèmes urinaires sont essentiellement liés à la prostate et il n'y a pas vraiment de conseils pour les éviter : un traitement médicamenteux voire chirurgical est souvent nécessaire.

Les femmes qui souffrent d'incontinence urinaire (pertes d'urine, fuites), le plus souvent par urgences mictionnelles ou pour de petits efforts, en revanche, disposent de solutions. Encore faut-il que ce problème soit diagnostiqué, car il reste une maladie honteuse : les patientes vont tout faire pour le cacher (protections, diminution des sorties) et ne l'évoqueront pas spontanément à leur médecin, si celui-ci ne pose pas directement la question (« Avez-vous des pertes d'urine ou une incontinence ? »). S'il en est avisé, il pourra leur proposer rééducation, médicaments ou chirurgie simple (on met une petite bandelette synthétique autour de l'urètre pour renforcer les sphincters), le choix dépendant du résultat du bilan urodynamique indispensable en premier lieu.

Mais le mieux est encore de mettre toutes les chances de son côté et d'essayer d'éviter ce problème, même si les caractéristiques anatomiques des femmes les exposent à ce risque qui est augmenté par la grossesse, l'accouchement et la ménopause. Le risque augmente bien sûr avec l'âge, mais en France, 20 % des femmes concernées auraient moins de 30 ans et c'est la peur des toilettes scolaires et publiques qui en serait responsable. Pour éviter des toilettes sales ou supposées à risque d'infection, elles prennent la mauvaise habitude de se retenir de faire pipi quand elles en ont envie. À la longue, cela suscite une hypertonie du sphincter de la vessie qui ne se vide plus totalement (résidu), et des infections urinaires, elles-mêmes pourvoyeuses d'incontinence. Il faut donc apprendre à faire pipi au bon moment et de la bonne façon dès le plus jeune âge : pour bien vider sa vessie, une fillette doit être détendue, son périnée doit être relâché et elle ne doit pas forcer.

Outre cette habitude, l'accouchement reste le principal pourvoyeur d'incontinence d'effort. Le développement du fœtus durant la grossesse entraîne des poussées sur la vessie et les fuites d'urine sont, durant cette période, inévitables. Puis, après l'accouchement, les muscles du périnée, qui soutiennent la vessie, sont étirés et les sphincters relâchés, d'où une incontinence fréquente, en général réversible. Lors des cours de préparation à la naissance, la femme est informée qu'il lui faut relâcher les muscles du périnée lors de l'accouchement, afin d'éviter toute lésion. La rééducation préventive du périnée qui est proposée à toute femme enceinte est censée y remédier. La femme doit prendre conscience de son périnée et apprendre à le contrôler. Après l'accouchement, un bilan est proposé et des séances de rééducation si nécessaire. Tout ceci devrait permettre d'éviter les risques d'incontinence à un âge ultérieur.

Cette prévention est importante car 15 à 40 % des femmes souffrent d'incontinence après un accouchement. Plus le nombre d'accouchements est important, plus le risque augmente. La ménopause est également une période délicate pour le périnée avec le déficit hormonal, et un traitement hormonal local peut être proposé.

Pour toutes ces femmes et pour celles qui présentent déjà une incontinence modérée, des exercices simples, à pratiquer chez soi, et une rééducation comportementale suffisent le plus souvent à rétablir l'équilibre en quelques séances. Un exemple de gymnastique simple pour renforcer le périnée, chez la femme comme chez l'homme, peut être donné par les exercices de Kegel. Il s'agit de contracter fortement les muscles du périnée comme si on désirait arrêter brusquement d'uriner. Pour l'homme, il s'agit de contracter le sphincter anal. Gardez la position deux ou trois secondes avant de les relâcher. Il est recommandé de faire trois séries de quinze contractions réparties sur la journée, et ce, trois fois par semaine. Effectué régulièrement, il semble que cet exercice permette de prévenir l'incontinence d'effort. Autre avantage de ces exercices : ils renforceraient le plaisir sexuel chez la femme comme chez l'homme !

MES CONSEILS

— Apprenez à faire pipi ! Et enseignez-le correctement à vos enfants. Il ne faut pas se retenir quand on a envie, se détendre complètement pendant toute la miction, ne pas pousser, et vider entièrement sa vessie.

— Sachez que vous courez moins de risques à faire pipi dans des toilettes « sales » qu'à trop vous retenir.
— Attention à votre poids, le surpoids étant un facteur favorisant.
— Ne fumez pas, car la toux chronique favorise l'incontinence.
— Modérez votre consommation d'alcool, de thé et de café.
— Certains sports (course à pied, step, trampoline ou basket par exemple), pratiqués de façon intensive, sollicitent particulièrement le périnée et peuvent déclencher une incontinence.
— Méfiez-vous de certains médicaments comme les diurétiques (qui font uriner) et discutez-en avec votre médecin.
— Attention, la constipation aussi peut être un facteur favorisant. Pour l'éviter il faut boire suffisamment, manger des fibres et ne pas se retenir quand on ressent le besoin d'aller aux toilettes.
— Faites régulièrement des exercices pour renforcer votre périnée.

65

Ta vue tu n'useras pas

Avec l'âge, les yeux s'usent ! Et les problèmes de vision augmentent. En dehors de la presbytie (problème pour voir de près et qui se corrige facilement), la cataracte (opacification du cristallin), le glaucome (hypertension oculaire) et la dégénérescence maculaire liée à l'âge (ou DMLA) sont les principaux maux liés au vieillissement. L'opération de la cataracte se pratique aujourd'hui très facilement (plus de 600 000 par an en France, le plus souvent sans hospitalisation) et quel que soit l'âge, y compris pour des centenaires. Pour le glaucome, le traitement est soit médicamenteux (des gouttes dans les yeux tous les jours), soit chirurgical ou par laser. C'est la deuxième cause de cécité dans les pays développés. La DMLA – première cause de handicap visuel chez les plus de 50 ans, elle concerne un million de personnes dans notre pays – pose plus de problèmes car les traitements par injections (qui coûtent très chers) ont une efficacité toute relative, et cette maladie est la première cause de malvoyance en France.

On distingue deux formes de DMLA. La forme atrophique (ou « sèche ») qui correspond à la disparition progressive des cellules de la rétine au niveau de sa zone centrale (la macula), générant des trous de taille croissante. Cette forme évolue lentement et il s'écoule entre cinq et dix ans avant que la personne ne perde sa vision centrale. Actuellement, il n'existe pas de traitement contre cette forme de DMLA. La forme « humide », dite néovasculaire ou exsudative, se traduit par une prolifération de nouveaux vaisseaux anormaux sous la rétine. Ces vaisseaux fragiles laissent diffuser du liquide responsable d'un œdème de la rétine et/ou du sang entraînant l'apparition d'hémorragies rétiniennes. Cette forme évolue rapidement si elle n'est pas prise en charge, avec une perte de vision centrale en quelques semaines ou même quelques jours. C'est cette forme qui peut être ralentie par des injections intraoculaires de médicaments empêchant la formation des néovaisseaux.

Ces trois maladies peuvent être dépistées si vous consultez régulièrement : si vous n'avez pas de pathologie oculaire particulière (comme une myopie importante qui nécessite d'être surveillée), il est bon de faire un bilan ophtalmologique tous les trois à quatre ans à partir de 40 ans et tous les ans à partir de 60 ans. Il faut savoir que le délai moyen en France pour obtenir un rendez-vous est de trois mois. Parallèlement, à vous de faire le nécessaire pour éviter ou retarder le plus possible ces pathologies.

Pour la cataracte, le tabagisme est un facteur de risque. Une exposition excessive au soleil (à la plage l'été ou au ski l'hiver) provoque des dommages sur le cristallin pouvant accélérer l'apparition de la cataracte. Il est donc important de bien protéger vos yeux et ceux de vos enfants de la lumière du soleil (chapeau à large bord, lunettes de soleil indice 3 ou 4). Attention aussi aux cabines de bronzage qui, de toute façon, sont nocives à tout point de vue, et en particulier pour la peau. Le diabète est également un facteur de risque important de cataracte, ainsi que les traitements au long cours par corticoïdes.

En revanche, les antioxydants contenus dans les fruits et les légumes seraient protecteurs et une étude chinoise publiée en 2015 a montré, chez l'animal, qu'un collyre à base de lanostérol (une molécule proche du cholestérol et naturellement fabriquée par l'œil) pouvait traiter mais aussi prévenir la cataracte, rendant inutile toute opération. Une étude chez l'homme est en cours.

Pour le glaucome, les personnes consommant moins de huit fois par an des noix, ou moins d'une fois par semaine du poisson gras (hareng, maquereau, sardine, saumon…) ont deux fois plus de risque de développer cette pathologie. On peut donc recommander deux cuillères à soupe d'huile de noix ou de colza par jour (l'équivalent de dix noix), et deux poissons gras par semaine puisqu'il semble qu'il y ait un lien avec les apports en oméga-3. La myopie est un facteur connu de risque de glaucome et doit être surveillée. Les antécédents familiaux de glaucome nécessitent aussi une surveillance. Si vous souffrez de cette pathologie, signalez-le bien à tous vos médecins car de nombreux médicaments sont alors contre-indiqués.

Pour la DMLA, le tabagisme actif (au-delà de vingt cigarettes par jour) est associé à un risque relatif multiplié par 3,6 de DMLA tardive (2,6 pour les formes exsudatives et 4,8 pour les formes atrophiques). Ce risque persiste jusqu'à vingt ans après l'arrêt du tabac. L'obésité et le syndrome métabolique (indice de masse corporelle supérieur à 30) sont aussi associés à un risque plus élevé de DMLA. Plusieurs études ont montré qu'une alimentation riche en oméga-3 et en antioxydants (vitamines C et E, zinc, cuivre, lutéine, zéaxanthine : voir « Et les antioxydants alors ? », p. 90) joue un rôle protecteur. Chez les patients déjà atteints, une supplémentation vitaminique réduirait le risque de progression de la maladie et celui de baisse de l'acuité visuelle. La DMLA est souvent asymptomatique au début, en dehors parfois d'une gêne en vision nocturne ou d'une diminution de la perception des couleurs et des contrastes. Ensuite apparaît une perte de la vision centrale (scotome), la vision périphérique étant conservée. Un signe évocateur est une ondulation des lignes droites lorsqu'on regarde un carrelage ou une grille de mots croisés. Il faut alors consulter. Ce signe sert aussi d'autosurveillance dans les formes débutantes. Un autre signe évocateur est l'impression qu'il y a des lettres manquantes dans un texte. Les nutriments conseillés pour prévenir la DMLA sont la vitamine C (agrumes, baies, chou, pommes de terre, légumes frais…), la vitamine E (noix, laitue, huile d'olive), le zinc (huîtres, cresson, champignons, oignon, jaune d'œuf, noix, brocoli), les oméga-3 (poissons gras et huiles végétales) et la lutéine et la zéaxanthine (épinards, chou frisé et vert, courge, brocoli, maïs et œufs).

MES CONSEILS

- Après 60 ans, consultez systématiquement un ophtalmologue une fois par an.
- Consultez pour toute baisse de vision.
- Un œil qui devient brutalement rouge et douloureux avec une perte de la vision est très évocateur d'un glaucome aigu et doit faire consulter en urgence.

66

J'entends pas la télé !

Hein ?? Si vous êtes obligé de monter le son de la télévision et que votre entourage trouve que c'est trop fort, si les informations vous semblent plus intelligibles que les films, si vous ne comprenez pas toujours ce que l'on vous dit, si vous trouvez que vos interlocuteurs parlent trop vite ou qu'ils n'articulent pas assez, si vous comprenez mieux les hommes que les femmes, si le bruit ambiant vous gêne pour saisir ce que raconte votre voisin (par exemple lors des repas de famille, les fêtes d'anniversaire ou au restaurant), le diagnostic est simple, vous avez une presbyacousie (surdité liée à l'âge) et vous avez probablement besoin d'être appareillé. La presbyacousie concernerait une personne sur deux après 70 ans et 80 % des plus de 80 ans.

Les troubles de l'audition ont fréquemment pour conséquence un isolement, la personne évitant les situations qui la mettent en situation d'échec et se sentant bien souvent incomprise par un entourage qui considère parfois qu'il y a une part de mauvaise volonté : « Il n'entend que ce qu'il veut ! » Le retentissement au niveau social est susceptible d'être rapide et important, et peut être source de dépression. Une étude a montré que 20 % des personnes âgées souffrant de troubles de l'audition étaient dépressives.

La perte auditive pourrait aussi être un facteur de risque de troubles cognitifs et de maladie d'Alzheimer. Une étude récente a confirmé le lien entre diminution de l'audition et un score bas aux tests de mémoire qui s'aggraverait plus vite au cours du temps par rapport aux personnes sans hypoacousie. Ce déclin cognitif était atténué chez les personnes appareillées. Le risque de maladie d'Alzheimer serait multiplié par 2,48 chez les personnes de plus de 75 ans ayant de la presbyacousie. De nombreuses conséquences non auditives de la presbyacousie ont été observées : difficulté à la marche, chutes et trouble de l'équilibre, difficulté de conduite automobile. Au fil du temps, la surdité s'accentue et peut devenir dangereuse : la personne ne peut pas entendre la cocotte-minute qui siffle, le lavabo qui déborde quand le robinet fuit, le téléphone, la sonnette d'entrée ou l'arrivée d'un intrus.

Une fois que la presbyacousie a été diagnostiquée, l'appareillage précoce est la meilleure solution. Mais les appareils sont souvent difficiles à supporter (il faut un temps d'adaptation plus ou moins long pour que le cerveau se réhabitue à entendre des sons qu'il ne percevait plus). C'est cependant le seul moyen d'éviter l'isolement, les troubles cognitifs et un mauvais vieillissement. Un facteur limitant reste quand même le prix de ces prothèses qui sont extrêmement chères et non prises en charge par la Sécurité sociale.

La perte auditive liée à l'âge est due en premier lieu à la dose d'exposition au bruit tout au long des années.

En effet, toute « surexposition » conduit à des lésions internes dont l'accumulation entraîne l'apparition d'un déficit. Limiter son exposition au bruit (que ce soit au travail ou à la maison) par tous les moyens est donc primordial : port de protections, baisse du volume des appareils de loisirs, etc. Parmi les autres facteurs de risque modifiables, on peut signaler l'hypertension, le diabète, le tabac, l'hypercholestérolémie, la sédentarité et le surpoids. Ces facteurs de risque vasculaire sont susceptibles de causer de l'artériosclérose qui peut boucher les petits vaisseaux de l'oreille. Enfin, certains médicaments sont dangereux pour l'audition. Pensez à lire les notices et à en discuter avec votre médecin.

Comme pour tout, de bonnes pratiques dès le plus jeune âge pourraient aussi protéger l'audition. Une enquête Ipsos de 2015 a montré que près de 10 % des enfants de moins de 2 ans s'endorment avec un casque sur les oreilles. Les enfants de moins de 6 ans sont 21 % à utiliser régulièrement un casque audio ou des écouteurs. On passe à 74 % pour les 7-12 ans et à 95 % chez les adolescents ! De futures générations de sourds en perspective s'ils ne prennent pas de précautions avec leurs oreilles.

MES CONSEILS

— Faites contrôler votre audition. Dès 45 ans, votre médecin généraliste devrait vous poser, à chaque consultation, la question : « Avez-vous des problèmes pour entendre ? » À partir de 60 ans, contrôlez-la régulièrement.

— Faites un test de dépistage par téléphone en appelant le 08 92 79 07 91 (« Test Hein ! »). Vous pouvez aussi aller sur le site Internet : *http://www.hein-test.fr.*
— Protégez vos enfants et adolescents et informez-les des dangers à écouter de la musique à fond dans leurs écouteurs : ce sont de futurs sourds !
— Pour les utilisateurs de baladeurs, évitez l'écoute à plein volume ; ne pas écouter plus d'une heure par jour à volume moyen ; utilisez les écouteurs vendus avec l'appareil, ils garantissent un volume sonore maximum de 100 dB ; ne vous endormez pas avec les écouteurs sur les oreilles ; préférez un casque aux écouteurs intra-auriculaires.
— Si vous assistez à un concert, éloignez-vous des haut-parleurs. Après avoir assisté à un concert un peu « bruyant », mettez vos oreilles au repos pendant au moins vingt-quatre heures (pas d'écouteurs ni de casque).
— En cas d'hypoacousie, faites-vous appareiller, c'est le meilleur moyen d'avoir un vieillissement réussi et d'éloigner Alzheimer.

67

Des goûts et des odeurs...

Avez-vous déjà joué au loto des odeurs ? Ce jeu très simple consiste à reconnaître différentes odeurs contenues dans de petits diffuseurs (une trentaine environ). Il en existe plusieurs versions avec toutes sortes d'odeurs (fruits, fleurs, plantes, etc.). En général, les premières fois, on ne reconnaît les odeurs qu'après avoir lu leur nom ! Ce type de jeu est utilisé aujourd'hui à des fins médicales pour stimuler la mémoire des personnes atteintes de la maladie d'Alzheimer.

Il existe aussi un loto des saveurs, qui ne sont pas moins puissantes que les odeurs pour évoquer un univers affectif. Marcel Proust a ainsi immortalisé le goût de la madeleine de la tante Léonie le dimanche matin : « Mais, quand d'un passé ancien rien ne subsiste, après la mort des êtres, après la destruction des choses, seules, plus frêles mais plus vivaces, l'odeur et la saveur restent encore longtemps, comme des âmes, à se rappeler, à attendre, à espérer... » Outre l'amusement, reconnaître les odeurs et les saveurs permet donc de convoquer des souvenirs, d'entretenir sa mémoire et ses capacités olfactives et gustatives. Car au cours des années, l'odorat et le goût – les deux étant intimement liés (quand vous avez le nez bouché, vous avez dû remarquer que vous ne trouviez plus de goût aux aliments) – deviennent moins subtils. Chez le sujet âgé, le goût « salé » disparaît, alors que le goût « sucré » persiste, ce qui suscite une préférence pour ce type d'aliments. L'état dentaire est cependant déterminant pour le goût. Une étude a montré qu'une bonne hygiène buccale pouvait augmenter de 68 % la capacité de reconnaître le goût « salé ». Pour la plupart des odeurs, une diminution de perception apparaît vers l'âge de 70 ans, s'accentuant après 80 ans. Les facteurs favorisant la diminution de l'odorat sont le diabète, l'obésité, le tabagisme, et l'exposition à des polluants atmosphériques. Certains médicaments seraient aussi toxiques pour l'odorat.

Une diminution brutale de l'odorat doit faire consulter un ORL car il s'agit le plus souvent d'un problème dans le nez. Sinon les causes sont surtout virales (grippe) et traumatiques (traumatisme crânien). Mais il est possible aussi que ce soit un signe précoce d'une atteinte neurodégénérative comme la maladie d'Alzheimer ou la maladie de Parkinson. Pour la maladie d'Alzheimer, certains chercheurs ont même proposé d'utiliser un « *sniff test* » pour un diagnostic précoce. Aux États-Unis, les chercheurs utilisent l'odeur du beurre de cacahuète ! Les personnes malades ne la reconnaissent que lorsque le beurre de cacahuète (yeux et bouche fermés) est à seulement dix centimètres ou moins de leur narine. Début 2016, une autre étude – beaucoup moins agréable, sans doute, pour ceux qui l'ont faite – a montré que les malades ne reconnaissaient plus l'odeur de l'urine.

Selon une étude publiée en 2014, et concernant trois mille personnes entre 57 et 85 ans, la perte de l'odorat (hyposmie ou anosmie) serait associée à un risque de mortalité plus élevé (multiplié par 2 à 4,5) dans les cinq ans ; 40 % des sujets reconnaissaient moins de quatre odeurs sur les cinq proposées : rose, orange, poisson, menthe et cuir.

Un odorat diminué peut en outre susciter des situations dangereuses pour ceux qui en sont affectés, car ils ne sont pas capables de détecter la fumée d'un incendie, une fuite de gaz naturel, ou l'odeur d'aliments avariés.

Plusieurs travaux ont montré que pratiquer une activité physique au moins une fois par semaine permet de réduire le risque de perdre son odorat. Ainsi, une étude américaine publiée en 2013 a suivi 1 600 personnes âgées de 53 à 97 ans pendant dix ans : en testant leur capacité à détecter huit odeurs dont celle du chocolat, du citron et du café, les scientifiques ont noté que ceux qui pratiquaient une activité physique perdaient moins le sens de l'odorat.

MES CONSEILS

— Continuez à jouer au loto des odeurs pour stimuler vos sens. Cette gymnastique des odeurs est d'ailleurs utilisée comme rééducation olfactive chez les personnes qui ont perdu l'odorat.
— Habituez-vous à associer vos bons souvenirs ou ceux qui vous semblent importants à des odeurs.
— Entraînez-vous à reconnaître l'odeur du beurre de cacahuète. On ne sait jamais, cela peut toujours servir !

— Maintenez une bonne hygiène de votre bouche. Un état dentaire correct peut vous permettre de conserver le goût du salé plus longtemps.
— Évitez le tabac.
— Faites du sport.

68

Croquez la vie à pleines dents

En 2010, seulement 34 % des adultes français déclaraient avoir toutes leurs dents. L'absence de prise en charge par la Sécurité sociale des soins dentaires et particulièrement des prothèses explique cet état de fait regrettable car l'état dentaire est fondamental à un vieillissement réussi.

Les dents ont un rôle à la fois au niveau relationnel (sourire, aspect du visage, haleine…), mais aussi nutritionnel (risque de dénutrition) et infectieux (beaucoup d'infections sont dues à des dents mal soignées), voire sur la mortalité. Un mauvais état dentaire ou une inflammation chronique des gencives doivent en outre alerter sur la présence possible d'une maladie sous-jacente comme un diabète ou une pathologie cardiaque. Chez l'homme, un mauvais état des gencives est souvent associé à des troubles de l'érection. Avec l'âge, moins on a de dents, plus le risque de décéder augmente. L'OMS a fixé comme objectif de santé le chiffre de vingt dents à 80 ans.

Un facteur relativement méconnu influence grandement le nombre de dents : c'est le tabac ! Ainsi, à 60 ans un homme n'ayant jamais fumé conserve en moyenne vingt-deux dents sur trente-deux (pour une femme c'est dix-huit), contre seulement sept chez les gros fumeurs (onze pour les femmes). Après prise en compte des autres facteurs associés, le risque de perdre des dents est multiplié par 3,6 pour les fumeurs et par 2,5 pour les fumeuses.

Dans notre service de plus de deux cents places de soins de longue durée à l'hôpital Paul-Brousse, nous avons voulu participer à une étude sur l'intérêt d'utiliser un vernis fluoré pour protéger les dents restantes. Pour pouvoir faire partie du test, il fallait avoir au minimum trois dents de chaque côté de la bouche. Après un examen dentaire de tous les résidents (âge moyen de 85 ans), nous n'avons finalement recruté que douze patients ! C'est dire l'état actuel de la santé dentaire des personnes âgées dans notre pays ! Dans une étude polonaise, sur trente-trois centenaires, vingt-huit n'avaient plus aucune dent, trois en avaient encore une ou deux, et une seule en avait encore treize ! De plus, sept n'avaient aucune prothèse dentaire.

Heureusement, les nouvelles générations prennent davantage soin de leur dentition en se brossant régulièrement les dents et en hésitant moins à aller chez le dentiste. Des chercheurs essayent quant à eux de trouver une solution pour le futur : faire repousser les dents. Ils prennent exemple sur les alligators qui renouvellent leurs quatre-vingts dents pratiquement chaque année !

MES CONSEILS

- Attention aux sucreries et aux aliments acides.
- Ne fumez pas.
- Brossez-vous les dents après chaque repas, et au minimum deux fois par jour.
- Utilisez une brosse à dents électrique, cela peut vous aider à ne pas raccourcir le temps de brossage nécessaire : en effet, elles sont souvent réglées pour que le brossage des quatre quadrants dentaires dure 2 minutes, alors qu'avec une brosse manuelle vous ne tenez pas en moyenne plus de 43 à 57 secondes !
- Utilisez du fil dentaire pour nettoyer les espaces entre les dents.
- Allez au moins une fois par an chez le dentiste.
- En cas de dent perdue, n'hésitez pas à la remplacer : c'est un bon investissement pour le futur.
- Si vous avez un appareil dentaire, il doit être entretenu tous les jours.

69

Ton sommeil tu respecteras

Nos adolescents n'aiment guère que nous leur rappelions que le sommeil est important pour la santé. Ils seraient assez d'accord avec Georges Moustaki quand il chante : « Nous avons toute la vie pour nous amuser, / Nous avons toute la mort pour nous reposer. » Pourtant, pour s'amuser longtemps, il vaut mieux respecter certaines règles ! Sans aborder les différentes phases du sommeil, ni les évolutions des troubles du sommeil avec l'âge qui ne constituent pas le propos, considérons simplement la durée totale de sommeil nécessaire pour mieux vieillir et éloigner Alzheimer.

Deux éléments à connaître, qui sont universellement partagés : la durée d'un cycle est de quatre-vingt-dix minutes (ce qui est important pour choisir son heure de coucher et régler son réveil) et, chez les personnes âgées même en bonne santé, le sommeil est plus fragile : s'endormir est plus difficile et la nuit est entrecoupée de moments de réveil.

Mais combien de temps faudrait-il dormir ? Quel est le mieux pour la santé ? Seulement 3 % de la population possède le gène qui permet de récupérer parfaitement avec moins de six heures de sommeil. Il est donc fort probable que vous fassiez partie des 97 % restants ! Et donc votre besoin en sommeil est de six à huit heures par jour.

Selon une étude menée sur l'ensemble des États-Unis en 2012, dormir moins de six heures ou plus de huit heures par nuit augmenterait nettement le risque d'accidents vasculaires : ceux dormant moins de six heures par nuit voient leur risque d'accident vasculaire cérébral et d'infarctus multiplier par deux et les personnes qui dorment plus de huit heures par nuit ont un risque d'angine de poitrine multiplié par deux et augmentent celui d'avoir une maladie coronarienne. D'autres études ont montré qu'un sommeil excessif favorisait la dépression. Chez les gros dormeurs, la mortalité serait augmentée de 30 %.

Le manque de sommeil est néfaste sur plusieurs plans : il entraîne une hyperactivation du système nerveux sympathique, une intolérance de l'organisme au glucose (ce qui favorise le diabète), un accroissement des niveaux de cortisone dans le sang, une augmentation de la tension artérielle (HTA), une accélération du rythme cardiaque au repos (tachycardie, palpitations) et une élévation des biomarqueurs d'inflammation. Les conséquences sont : fatigue, irritabilité, obésité, diabète, HTA et pathologies cardio-vasculaires. C'est pourquoi on constate une augmentation de 12 % de la mortalité chez les personnes dormant peu, comparé aux dormeurs moyens (six-huit heures).

Le manque de sommeil est aussi associé à une dégradation de l'état de santé de la peau et à une accélération de ses processus internes de vieillissement. Les femmes privées de sommeil (l'étude n'a pas été faite chez les hommes) montrent des signes de vieillissement cutané prématuré (plus de ridules, plus de différences de pigmentation, relâchement des tissus cutanés, perte d'élasticité) et une diminution de la capacité de la peau à récupérer après une exposition au soleil. Ainsi la guérison d'une inflammation localisée due à un coup de soleil est plus longue de 30 % chez les mauvaises dormeuses que chez celles qui ont un bon sommeil.

Le manque de sommeil est également responsable d'une diminution de performance dans les tâches cognitives (raisonnement, mémorisation, etc.). L'impact de la durée du sommeil sur la mémoire et les performances cognitives a fait l'objet d'une vaste étude entre 2003 et 2008 portant sur plus de vingt-huit mille personnes âgées de 50 à 85 ans. Les personnes qui obtenaient les meilleurs résultats aux tests étaient celles qui dormaient sept ou huit heures par jour, ce qui était le cas d'une sur deux. Les performances diminuaient significativement pour celles qui dormaient plus de dix heures ou moins de cinq heures par jour. Dans une étude singapourienne de 2014, les chercheurs ont observé l'activité cérébrale par imagerie médicale pendant deux ans chez soixante-six personnes de 55 ans et plus. Les participants qui ne dormaient pas assez voyaient leur déclin cognitif s'accélérer par rapport à ceux qui cumulaient suffisamment d'heures de sommeil. Pour chaque heure de sommeil en moins, les capacités cognitives diminuaient de 0,67 %. Une étude de 2013, qui a porté sur soixante-dix personnes âgées en moyenne de 76 ans et ne présentant pas de déficit cognitif ou physique ni de maladie grave, a montré qu'un sommeil plus court ou un sommeil de mauvaise qualité étaient tous les deux associés à un plus grand dépôt de protéines bêta-amyloïdes (ces protéines étant impliquées dans le développement de la maladie d'Alzheimer). Il pourrait donc y avoir un lien entre le manque de sommeil et l'apparition de troubles cognitifs, voire de la maladie d'Alzheimer.

Et la sieste ? Peut-elle nous aider à dormir notre saoul et à mieux vieillir ? La vie moderne fait qu'au moins un tiers d'entre nous a un déficit de sommeil important. Une étude menée par l'Inpes en 2008, a montré que 17 % des Français âgés de 25 à 45 ans accumuleraient, chaque nuit, une dette de sommeil. Une solution simple pour eux comme pour les autres serait la sieste !

La sieste aurait des vertus thérapeutiques sur le cœur, la pression sanguine, le niveau de stress, l'excès de poids et elle améliorerait le fonctionnement de la mémoire (perception, raisonnement logique) et notre humeur. Dans une étude de 2007, les personnes qui faisaient une sieste de trente minutes au moins trois fois par semaine avaient 37 % moins de risques de mourir d'une pathologic cardiaque.

La sieste, pour être efficace et bien supportée, doit durer entre dix et trente minutes et se situer idéalement entre 13 heures et 16 heures. Des siestes très courtes de six minutes, ont des effets bénéfiques sur la mémoire, les siestes de dix minutes seraient les plus efficaces. Au-delà de trente minutes, on augmente le risque d'HTA et de diabète.

Une étude, réalisée en 2000 au Japon a mis en évidence qu'une courte sieste (moins d'une heure) pourrait avoir un effet protecteur sur la maladie d'Alzheimer, contrairement à une sieste de plus d'une heure qui pourrait en augmenter les risques et symptômes.

MES CONSEILS

— Dormez suffisamment, sans dormir trop ! Une durée idéale serait d'environ sept heures de sommeil.
— En dormant correctement, vous aidez votre cerveau à faire le ménage : il peut ainsi éliminer tous les déchets accumulés pendant la journée.
— Ne nuisez pas à la qualité de votre sommeil par la consommation de boissons énergisantes ou la station prolongée devant des écrans (téléviseur, ordinateur, tablette...) : ils favorisent un temps de sommeil trop court et un mauvais endormissement. Attention aussi aux sonneries (téléphones portables) et aux lumières qui perturbent votre sommeil.
— Pratiquez la sieste, idéale de dix à trente minutes entre 13 heures et 16 heures.
— Attention à ne pas décaler votre horloge biologique en vous couchant tard et en dormant trop le matin le week-end : pendant la semaine vous vous sentirez endormi durant la journée, agité pendant la nuit et vous serez d'humeur ronchonne. Certains ont baptisé ce phénomène « *jet lag* social ».
— En cas de troubles du sommeil persistants, vous pouvez faire un bilan dans un centre spécialisé : *http://www.sfrms-sommeil.org/centres-du-sommeil/*.

70

Comment faire de vieux os ?

Au cours de notre enfance et de notre adolescence, notre masse osseuse augmente progressivement. Nos os s'épaississent et acquièrent leur densité maximale vers l'âge de 20-25 ans. On parle de « pic de masse osseuse ». C'est cette quantité maximale d'os accumulée qui va déterminer, des dizaines d'années plus tard, la solidité des os et le risque d'être victime ou non d'une fracture à 80 ans. Plus ce pic est haut, moins il y a de risque d'ostéoporose avec l'âge. D'où l'importance d'apporter suffisamment de calcium, de phosphore et de vitamine D par notre alimentation durant l'enfance et l'adolescence. La masse osseuse est ensuite stable pendant quelques années, puis elle commence à diminuer après 40 ans.

Avec l'âge, les mécanismes de destruction l'emportant sur les mécanismes de construction, l'os devient poreux, son architecture s'altère : c'est l'ostéoporose. Elle affecte le plus souvent les femmes après la ménopause, du fait de la carence hormonale. Auparavant, en période d'activité génitale, les œstrogènes, hormones sécrétées par l'ovaire, limitaient la destruction osseuse en stimulant directement les cellules qui fabriquent de l'os.

En France, 30 à 40 % des femmes âgées actuellement de 50 ans souffriront avant la fin de leur vie d'une fracture par fragilité due à l'ostéoporose (poignet, tassement vertébral et fracture du col du fémur) contre 15 % des hommes. La perte de densité osseuse devient sensible à partir de 50 ans pour les femmes (perte d'1 à 2 % par an pendant 8-10 ans puis 0,5 à 1 % par an) et 70 ans chez les hommes (perte de 0,5 à 1 % par an). Les fractures des vertèbres (60 000 par an en France) et du poignet (35 000 par an) sont les plus précoces et les plus fréquentes. La fracture du col du fémur (50 000 par an) survient quant à elle vers 80 ans. Ces fractures altèrent fortement la qualité de vie, entraînent une perte d'autonomie et sont responsables d'une surmortalité. Les fractures font le plus souvent suite à des chutes, elles-mêmes favorisées par l'ostéoporose. Avec l'allongement de l'espérance de vie, ces fractures sont un problème de santé publique majeur des pays industrialisés. Elles deviennent aussi préoccupantes dans les pays en développement.

La mesure de la densité osseuse, ou ostéodensitométrie, est le principal examen de dépistage de l'ostéoporose. Cet examen détermine la densité osseuse, quantifie la déminéralisation et évalue le risque de fracture. Il est remboursé par la Sécurité sociale sur prescription médicale et pour les personnes à risque. Un facteur d'alerte possible pour l'ostéoporose est la diminution de taille du fait d'un tassement de la colonne vertébrale.

Les facteurs de risque de l'ostéoporose sont bien connus : un âge avancé, un indice de masse corporelle bas (inférieur à 19), un tabagisme, de faibles apports lactés, une activité physique réduite, des antécédents de fracture, des chutes fréquentes. Un traitement par corticoïdes au long cours est aussi un facteur de risque majeur. Le tabac nuit au renouvellement des os en inhibant les cellules jeunes de l'os. L'alcool quant à lui interfère avec l'absorption du calcium et du phosphore, réduisant la fréquence de renouvellement de l'os.

On en déduit donc les facteurs protecteurs : veiller à maintenir un poids normal, manger un produit lacté à chaque repas (pour le calcium), ne pas fumer, rester prudent avec l'alcool et exercer une activité régulière. En cas de risque d'ostéoporose avéré chez la femme, suivre un traitement hormonal substitutif de la ménopause peut être conseillé (même s'il est de plus en plus discuté). Ce traitement, qui associe des œstrogènes et un progestatif, permet de limiter la résorption osseuse et de maintenir la densité osseuse. Il est contre-indiqué en cas d'antécédent de cancer du sein et nécessite une surveillance attentive. Une alimentation riche en calcium, phosphore et vitamine D (lait, fromages, yaourt, beurre, choux, épinards, poissons gras, figues et dattes séchées) peut aider à prévenir la survenue de l'ostéoporose.

MES CONSEILS

- Veillez vers 8-9 ans à constituer le capital osseux de vos enfants et petits-enfants : il leur faut courir, bouger et bien manger pour se constituer des os solides.
- Ne fumez pas.
- Attention à l'alcool en excès.

- Veillez à maintenir un poids normal. Un poids trop bas est un facteur de risque.
- Consommez un produit laitier par jour, éventuellement deux pour le plaisir. Misez aussi sur les autres sources de calcium : légumes (chou kale notamment), oléagineux, graines… Privilégiez les aliments antioxydants, protecteurs pour les os.
- Faites attention à votre consommation de sel, et notamment de sel caché dans les aliments industriels.
- Exposez-vous régulièrement au soleil afin de synthétiser la vitamine D, indispensable pour fixer le calcium sur les os. Prenez éventuellement une supplémentation.
- Pratiquez une activité physique régulière, car l'os est un tissu vivant qui se détruit et se reconstruit en permanence. L'activité physique stimule le processus de reconstruction.
- Surveillez votre taille. Si elle diminue, il faut consulter.
- Voyez avec votre médecin si vous avez une indication à faire une ostéodensitométrie.

71

Respiration : le souffle, c'est la vie

La capacité respiratoire diminue avec l'âge, et dépend aussi de la façon dont on a entretenu son souffle. Un sportif, non-fumeur, peut avoir une bonne capacité pulmonaire à 85 ans, meilleure qu'une personne plus jeune, sédentaire et fumeuse. Mais elle sera moins bonne que celle qu'il avait à 20 ans. Certaines pathologies sont susceptibles d'accentuer ce phénomène : maladies cardiaques, affections pulmonaires, tabagisme et aussi l'ostéoporose qui peut provoquer un tassement de la colonne vertébrale, réduisant l'efficacité de la respiration.

À partir de 40 ans, la respiration se ralentit. Sans en être vraiment conscient, on est souvent en manque d'oxygène (hypoxémie). Cette insuffisance peut avoir de nombreuses conséquences : vigilance (risque d'endormissement), ampleur des mouvements, posture et état émotionnel. Dans notre vie quotidienne, nous ne prêtons que très rarement attention à notre respiration (chaque jour, nous inspirons et expirons en moyenne trente mille fois, soit 12000 litres d'air). Dans les moments de stress en revanche, nous ressentons très vite une difficulté à respirer, avec très souvent une hyperventilation.

Il faut réapprendre à respirer correctement et profondément : cela permet de réguler son système cardiovasculaire, d'abaisser sa tension artérielle et de renforcer ses défenses immunitaires… ! C'est d'ailleurs la base du yoga et des techniques pour rester zen comme la méditation (voir « La zen attitude », p. 395).

On peut conserver de bonnes capacités respiratoires en pratiquant une activité physique (tous les sports sont bons pour les poumons), en limitant les fumées dans son environnement (tabac, poêle à bois, cheminée…) et en évitant l'exposition aux toxiques dans la maison (poussière, peintures, diffuseurs d'ambiance…). Il faut aérer son logement quinze minutes au moins par jour. La pollution de l'air (qui concerne surtout les villes de plus de cent mille habitants) serait responsable de 48 000 décès par an en France et d'une réduction de l'espérance de vie de deux ans chez les personnes âgées de 30 ans. Plusieurs études récentes ont révélé le rôle potentiel des particules fines dans la survenue d'une maladie d'Alzheimer. Jusqu'à 21 % des cas pourraient même être liés à la pollution de l'air. Une étude publiée dans *The Lancet* en janvier 2017 a montré un risque de maladie d'Alzheimer augmenté de 7 % pour les personnes habitant à moins de cinquante mètres d'un grand axe routier. Ce risque disparaît au-delà de deux cents mètres.

Une façon simple de surveiller sa capacité pulmonaire consiste à mesurer son débit expiratoire de pointe (DEP) ou *peak flow*. Il s'agit du débit maximal instantané mesuré lors d'une expiration forcée, obtenu en gonflant la poitrine au maximum et en soufflant le plus fort et le plus vite possible dans un petit appareil appelé débitmètre. Cet appareil simple, portable et mécanique coûte moins de 25 euros. Il est utilisé chez les asthmatiques, mais les personnes qui fument beaucoup devraient aussi s'en servir, pour surveiller leur capacité respiratoire. La valeur normale du DEP dépend du sexe, de l'âge et de la taille du patient. Elle est en moyenne de 550 à 600 litres par minute pour les hommes et de 450 litres par minute pour les femmes. Avec l'âge, conserver un bon DEP est un facteur de vieillissement réussi.

MES CONSEILS

— Ne fumez pas.
— Choisissez une ville à faible niveau de pollution de l'air. Ou habitez à la campagne !
— Habitez à plus de deux cents mètres d'un grand axe routier.
— Attention au surpoids, qui est un facteur d'insuffisance respiratoire.
— Faites de l'exercice.
— Mesurez de temps en temps votre *peak flow*.
— Une méthode simple pour augmenter la capacité de vos poumons : gonflez des ballons !

72

Ta peau tu protégeras

Les cellules de la peau se renouvellent tous les vingt-huit jours (c'est ce qui explique que le bronzage disparaisse en un mois), mais au fur et à mesure des années, la durée du cycle se rallonge (pouvant passer à plus de trente jours) et de plus en plus de vieilles cellules s'accumulent. Le vieillissement de la peau est un phénomène inéluctable qui est accéléré par de nombreux facteurs sur lesquels il est possible d'agir. Les deux principaux sont le soleil et le tabac.

Dès 30 ans, la ride qui va du nez au coin de la bouche (ride naso-génienne) s'approfondit. À partir de 40 ans commencent à apparaître les premières rides d'expression : plis au niveau du front et pattes-d'oie à l'extrémité des yeux. Les premières taches se manifestent à partir de 50 ans, les plis et les rides s'accentuent, et le double menton prend de l'ampleur. Au-delà de 60 ans, la peau devient de plus en plus fine, flasque et de plus en plus fragile. Les taches se multiplient.

L'exposition solaire accélère le processus du vieillissement de la peau, c'est le photo-vieillissement : les rides se multiplient, plus profondes, les taches brunes également, la peau perd de sa souplesse. Le soleil est aussi le premier facteur de risque pour les cancers cutanés : tout grain de beauté suspect nécessite l'avis d'un dermatologue.

Autre facteur de vieillissement cutané, le tabac, dont les effets se cumulent avec ceux du soleil, entraînant également l'apparition de rides. Il confère un teint moins éclatant, cireux, un peu grisâtre (heureusement rapidement réversible après l'arrêt du tabac), une haleine désagréable, il jaunit les dents et ralentit la cicatrisation. Une alimentation pauvre en antioxydants et en acide gras essentiels, l'alcool, la pollution, le stress, le manque de sommeil, la sédentarité interviennent également dans l'accélération du processus de vieillissement cutané. Chez la femme, la ménopause entre en ligne de compte. La carence hormonale suscite une perte d'environ 2 % par an du collagène contenu dans les couches profondes : la peau, normalement densifiée par les hormones féminines, tend à s'atrophier. Ceci peut être évité par le traitement hormonal substitutif de la ménopause.

En ce qui concerne les rides, la déshydratation cutanée est un facteur important dans leur apparition. C'est pourquoi la plupart des crèmes antirides sont essentiellement des crèmes hydratantes.

MES CONSEILS

— Adoptez une stratégie de lutte contre le vieillissement de la peau : une alimentation riche en antioxydants (fruits, légumes, poisson, type méditerranéen par exemple), une activité physique régulière, une protection solaire renforcée, un arrêt du tabagisme et une bonne hydratation cutanée.

— Évitez les fast-foods !
— Soyez zen, c'est bon pour la peau.
— Dormez suffisamment.
— Hydratez votre peau par une crème dès le plus jeune âge. Au moins une application matin et soir.
— Les crèmes à base de vitamine C permettent de protéger la peau des agressions extérieures, à raison d'une application par jour pendant au moins six mois. La vitamine C a un effet réparateur après l'exposition solaire, c'est un antiride puissant et elle illumine le teint.
— Pour renforcer la barrière cutanée, les acides gras essentiels (oméga-3, oméga-6 dans l'alimentation) et les céramides (on les trouve dans l'huile d'argan, d'onagre, d'amande à appliquer sur la peau) sont efficaces.
— Soyez vigilants sur vos grains de beauté car ils peuvent évoluer vers un mélanome. Utilisez la méthode ABCDE : A comme « asymétrie » (si vous tracez une ligne passant par le milieu, les deux côtés doivent être superposables) ; B comme « bords » (c'est suspect si leur forme est très irrégulière) ; C comme « couleur » (suspect si inhomogène ou plusieurs couleurs) ; D comme « diamètre » (attention s'il est supérieur à 6 millimètres) et E comme « évolution » (toute modification dans le temps est suspecte). En cas de doute, n'hésitez pas à consulter.

73

Tes cheveux tu entretiendras

Les cheveux s'abîment quand on avance en âge. Ils deviennent mous et ternes, ils sont plus fins et fragiles. Ils ont tendance à blanchir (canitie) ou à tomber, laissant la peau du cuir chevelu totalement ou partiellement nue (alopécie). La diminution de la densité pilaire est variable, plus importante chez les hommes, aboutissant à différentes formes de calvitie.

Les facteurs accélérant le vieillissement des cheveux sont les mêmes que pour la peau : soleil, tabac, stress, mauvaise alimentation, manque d'exercice… S'y ajoutent des facteurs liés aux shampoings utilisés et à la façon de les coiffer. Globalement, moins vous soumettez vos cheveux à des produits coiffants, lissants, colorants, ou à des instruments chauffants, moins vous les agressez.

On ne peut pas grand-chose contre la calvitie, qui est essentiellement déterminée génétiquement avec un rôle hormonal important lié aux androgènes. Les eunuques ou les castrats d'opéra n'étaient pas touchés par ce phénomène ! Environ 30 % des hommes européens présentent une calvitie à l'âge de 30 ans, 50 % vers l'âge de 50 ans et presque 80 % à partir de 70 ans. Chez les hommes, elle se caractérise par le recul progressif de la lisière des cheveux, en haut du front. Parfois, elle survient plutôt au sommet du crâne. Une étude américaine publiée en 2014 a suggéré (mais les résultats n'étaient pas totalement fiables du fait d'une incertitude quant à la mémorisation des antécédents par les patients) que les hommes qui présentent une calvitie en haut du front et un début de tonsure ont un risque accru de 40 % de développer une forme agressive de cancer de la prostate par rapport à ceux ne souffrant pas de chute de cheveux.

Chez les femmes, à l'âge de 30 ans, 2 % à 5 % sont concernées par la calvitie, et près de 40 % à l'âge de 70 ans. La calvitie féminine a une apparence différente : l'ensemble de la chevelure du haut du crâne devient de plus en plus clairsemé. Une alopécie diffuse chez la femme doit faire rechercher un manque de fer ou une maladie de la thyroïde. Une maladie particulière provoque une alopécie en plaques ou totale associée à une perte de tous les poils (y compris cils et sourcils) : il s'agit de la pelade. Cette pathologie est encore mystérieuse (probablement en partie auto-immune) et de nombreux traitements sont à l'étude dans des centres spécialisés.

Les traitements cosmétiques sont peu efficaces pour empêcher la chute des cheveux, masculine ou féminine. Les traitements médicamenteux en lotion ou en comprimés (sur prescription médicale) ont un effet modeste et souvent des effets secondaires. La solution consiste à camoufler (teintures, perruque) ou… à assumer. Le tatouage du cuir chevelu peut donner l'illusion d'un crâne rasé par choix (chez les hommes), il peut aussi être utilisé pour masquer de petites zones et serait plus économique. Enfin on peut avoir recours aux microgreffes qui consistent à prélever des morceaux de cheveux sains au niveau du pourtour de la tête (où ils sont « éternels ») pour les greffer sur les zones de calvitie. Les prix des microgreffes sont très variables mais il faut compter entre 3 000 et 4 500 euros.

MES CONSEILS

- Choisissez un shampoing doux qui respecte l'équilibre du cuir chevelu. Il existe bien sûr des shampoings adaptés en cas de problèmes du cuir chevelu : cheveux gras, cheveux secs et cassants ou pellicules.
- Soyez délicat pour démêler, peigner, brosser et sécher vos cheveux. Le mieux est de les laisser sécher naturellement.
- Évitez les fers à friser, fers à lisser, colorations, décolorations, permanentes et lissages.
- Adoptez, comme pour la peau, une alimentation variée et équilibrée, riche en fruits et légumes frais, sources de protéines maigres et acides gras essentiels. Voici quelques aliments bons pour vos cheveux : épinards, brocolis, radis noir, amandes, noix, huile de colza, céréales, produits laitiers, œufs et poissons.
- Évitez le tabac.
- Gérez votre stress en étant zen.
- Protégez vos cheveux du soleil (qui accélère leur vieillissement et les rend cassants et fourchus) en portant un chapeau ou un foulard.

- En cas d'alopécie, pensez à vous protéger le crâne du soleil par un chapeau car la peau du cuir chevelu est fragile.
- Si vous êtes une femme et que vous perdez vos cheveux, voyez avec votre médecin si vous n'avez pas une carence en fer ou en hormones thyroïdiennes.

74

Médicaments : ayez les bons réflexes

Avec l'âge, le nombre de maladies (graves ou moins graves) a tendance à augmenter. De ce fait le nombre de médicaments pour les traiter s'accroît en proportion et des risques potentiels surgissent, liés à cette surmédication. Les effets négatifs des médicaments sont appelés « iatrogénie » ou « iatrogénèse médicamenteuse ».

Quatre-vingt-dix pour cent des personnes de plus de 70 ans prennent au moins un médicament. Certains en ont plusieurs, prescrits par plusieurs médecins (en particulier des spécialistes) qui ne sont pas informés de ceux administrés par les autres. Votre médecin ou vos médecins devraient connaître les risques des cocktails médicamenteux, vous les expliquer et essayer de les réduire. Mais les médecins ne sont pas infaillibles, sachez-le !

Il est donc indispensable que les malades connaissent leurs traitements : plus c'est le cas, plus ceux-ci sont efficaces et moins il y a de complications ou d'erreurs. Il reste des progrès à faire puisque au moins 30 % des patients âgés disent ne pas savoir à quoi servent leurs médicaments. C'est pourquoi se développent de plus en plus les programmes dits d'« éducation thérapeutique ». Votre pharmacien aussi doit pouvoir vous aider et détecter d'éventuelles erreurs dans vos prescriptions. C'est un de ses rôles !

On estime que la iatrogénie est responsable de 20 % des admissions en urgence des sujets de plus de 75 ans, contre 6,5 % dans la population générale. Le premier risque, dès que l'on prend plus de deux molécules différentes, est celui d'une interaction médicamenteuse : un des deux traitements peut par exemple diminuer ou augmenter les effets de l'autre. Ce problème d'interaction n'existe pas qu'entre les médicaments allopathiques, mais il survient également entre médicament et homéopathie ou même médicament et alimentation. Ainsi, le jus de pamplemousse perturbe l'efficacité de nombreux médicaments. Autre exemple, le chou ou les avocats vont diminuer l'effet de votre traitement anticoagulant. Le nombre de médicaments est aussi un facteur de risque important. Plus ce nombre augmente, plus les événements indésirables se multiplient.

Même si les experts ne sont pas d'accord pour fixer un seuil à ne pas dépasser, on considère qu'il vaut mieux ne pas excéder dix molécules différentes par jour. Attention également chaque fois qu'on vous ajoute un nouveau médicament. Ensuite, divers éléments sont à prendre en compte, comme le fonctionnement du foie et surtout des reins. Lorsque votre traitement est ancien et bien supporté, il faut quand même se méfier des situations à risque : une infection, de la diarrhée, des vomissements, une période de canicule, un manque d'appétit… Tous ces événements peuvent entraîner un surdosage (ou parfois un sous-dosage) de vos médicaments.

Il faut redoubler de vigilance et aller voir votre médecin en cas de symptôme inhabituel. Votre médecin doit avoir dans ce cas le « réflexe iatrogénique » et vérifier si cela ne peut pas être un de vos médicaments qui est responsable.

L'automédication est un autre risque possible. Fin 2015, une enquête de *Soixante millions de consommateurs* a montré que 78 % des personnes interrogées disaient y avoir recours ; 6 % disaient prendre régulièrement des médicaments sans ordonnance (au moins une fois par semaine) et 34 % des médicaments qui leur avaient été prescrits à un moment donné par un médecin. Les femmes sont plus nombreuses que les hommes à y avoir recours : parmi les personnes interrogées, 63 % des femmes pratiquaient l'automédication « régulièrement » ou « parfois », contre 43 % des hommes. Pour détecter votre risque d'automédication, votre médecin devrait vous poser quatre questions simples qui font référence aux situations les plus sujettes à ce type de conduite : « Que faites-vous en cas de douleurs ? D'anxiété ? De troubles du sommeil ? De problèmes de transit intestinal ? »

Les programmes d'éducation thérapeutique des patients (ETP) sont très efficaces et se développent de plus en plus, y compris pour des personnes très âgées ayant de multiples maladies. Ils peuvent se faire en séances individuelles ou collectives. Dans ces programmes, on apprend aux malades à connaître et à pouvoir expliquer leurs maladies et leurs symptômes, les liens entre les maladies et les symptômes, à réagir de façon précoce aux signes d'alerte et aux situations à risque, à gérer leur traitement, gérer leur parcours de soin et leur suivi… Bref à développer de véritables compétences en autosoins.

MES CONSEILS

— Respectez scrupuleusement les prescriptions de votre médecin : posologie, horaire des prises et durée du traitement. N'arrêtez jamais un médicament sans en avoir discuté avec votre médecin.
— Soyez particulièrement vigilant si vous êtes concerné par un de ces quatre facteurs : au moins deux maladies chroniques, au moins dix prises de médicaments par jour, des difficultés pour gérer votre traitement, des antécédents d'accident lié aux médicaments.
— Évitez si vous pouvez d'avoir plus de dix molécules différentes par jour. N'hésitez pas à en parler à votre médecin si c'est le cas.
— Discutez avec lui également au moins une fois par an de l'indication, des risques et de l'intérêt de tous les médicaments que vous prenez.
— Au moindre symptôme inhabituel, n'hésitez pas à interroger votre médecin. Tout nouveau symptôme à partir d'un certain âge doit conduire à suspecter un effet indésirable médicamenteux.
— Les médicaments les plus à risque (mais ils sont souvent indispensables) sont les anticoagulants, les antiagrégants (aspirine notamment), les diurétiques, les antihypertenseurs et les psychotropes.
— Renseignez-vous sur les programmes d'éducation thérapeutique : c'est un bon moyen de connaître vos traitements et de diminuer vos risques de iatrogénie.
— Demandez l'aide de votre pharmacien : il peut activer votre dossier pharmaceutique (DP), qui recense tous vos médicaments, et vous aider à détecter les risques d'interactions ou de iatrogénie.
— Lorsque votre pharmacien vous donne un générique à la place de votre traitement habituel, demandez-lui de

bien préciser à quel médicament il correspond. Il peut aussi vous écrire sur la boîte le nom habituel (commercial) de ce médicament.

- Attention au jus de pamplemousse et à votre alimentation selon les médicaments que vous prenez.
- Méfiez-vous des conseils du « docteur Google ». Mais vous pouvez consulter la base de données publique des médicaments : *http://base-donnees-publique.medicaments.gouv.fr*.

75

Benzo, c'est trop !

Selon la dernière grande étude de l'Assurance maladie (en 2000 !) un Français sur quatre prend des psychotropes au moins une fois par an. En 2010, selon le « baromètre santé » (qui repose sur ce que les gens déclarent), 18 % des 18-75 ans signalaient avoir consommé au moins une fois dans l'année un psychotrope. Toutes les études constatent que le nombre de consommateurs augmente avec l'âge puis se stabilise vers la cinquantaine, et qu'il s'agit majoritairement de femmes.

Les psychotropes sont les médicaments qui agissent sur l'activité cérébrale : les opiacés (molécules dérivées de l'opium) et les non-opiacés, une famille de médicaments très utilisée qui comporte les antidépresseurs, les antipsychotiques (neuroleptiques), les régulateurs de l'humeur (le lithium par exemple) et les benzodiazépines. Si les trois premières catégories ont le plus souvent une indication médicale bien codifiée (même si les antidépresseurs sont parfois prescrits par excès), la quatrième catégorie fait l'objet de nombreux abus et de surutilisation. Tous les psychotropes sont considérés comme un facteur de mauvais vieillissement.

Les benzodiazépines comportent deux classes principales, les somnifères ou hypnotiques (destinés à provoquer ou à maintenir le sommeil) et les anxiolytiques (destinés à diminuer l'angoisse ou l'anxiété). Elles ont aussi des propriétés myorelaxantes (contre les contractures musculaires) et anticonvulsivantes (contre l'épilepsie). Ces médicaments, s'ils ont été prescrits par un médecin au départ, relèvent souvent par la suite d'une automédication. Or, leur consommation à long terme (plus de trois à quatre semaines) provoque l'apparition d'une dépendance et d'une accoutumance, avec, au moment de l'arrêt, un syndrome de sevrage. Il est alors très difficile d'interrompre ce type de traitement.

Par ailleurs, un effet de tolérance (diminution progressive de l'effet thérapeutique) induit une augmentation des doses nécessaires pour obtenir le même effet. Les conséquences possibles de l'utilisation de ces médicaments sont par exemple le risque d'accident de la route (signalé par un pictogramme sur les boîtes) et probablement (mais les études sont contradictoires) celui de chutes et de fractures.

La France est l'un des pays où l'on consomme le plus de benzodiazépines. Deux fois plus qu'en Espagne et cinq fois plus qu'en Allemagne. Selon l'ANSM, 131 millions de boîtes de benzodiazépines ou apparentées ont été vendues en France en 2012 – soit près de 4 % de la consommation totale de médicaments – et environ 11,5 millions de Français en avaient consommé au moins une fois. On estime que plus de vingt-cinq millions de personnes en France y ont eu recours entre 2006 et 2011. Les consommateurs de benzodiazépines sont âgés en moyenne de 56 ans et sont des femmes dans deux tiers des cas.

Une autre propriété des benzodiazépines est qu'elles sont amnésiantes (c'est d'ailleurs une molécule de ce type qui est utilisée comme drogue des violeurs). Elles peuvent donc entraîner des pertes de mémoire des faits récents et très souvent des problèmes de concentration. Même si toutes les études n'aboutissent pas aux mêmes résultats, le risque augmenté de maladie d'Alzheimer est probable avec l'utilisation au long cours de ces molécules. Plus la durée augmente et plus la posologie est grande, plus le risque d'Alzheimer est élevé.

MES CONSEILS

— Essayez d'éviter de prendre des benzodiazépines, en suivant les conseils de ce livre.
— Contre le stress, soyez zen.
— Pour lutter contre l'insomnie, faites de l'exercice, évitez les écrans et les repas copieux le soir et les excitants (alcool, café, thé, Coca), attendez d'avoir sommeil avant de vous coucher (bâillements, yeux qui se ferment) et respectez un rituel du coucher.
— Si à un moment un médecin vous prescrit ce type de molécules, essayez de respecter les durées maximales d'utilisation sans risques : douze semaines pour les anxiolytiques et quatre semaines pour les hypnotiques.
— Si vous prenez des benzodiazépines depuis plus longtemps que préconisé, voyez avec votre médecin comment essayer de les arrêter progressivement. Mais surtout, ne les arrêtez pas brutalement.

76

Plus dure sera la chute

Le risque de chute augmente avec l'âge. Une personne sur trois âgée de plus de 65 ans tombe au moins une fois chaque année et c'est le cas pour une personne sur deux de plus de 85 ans, la moitié mordant la poussière plusieurs fois par an.

Chaque année en France, près de quatre cent mille personnes âgées font une chute et 81 % ont lieu au domicile. C'est la première cause de mortalité accidentelle avec près de neuf mille décès annuels dans notre pays, soit plus que les accidents de la route. Une étude a montré que les femmes qui se fracturent la hanche entre 65 et 69 ans ont cinq fois plus de risque de mourir dans l'année qui suit. En Europe, on estime qu'il y a deux chutes toutes les trente secondes. On considère que 20 % des chutes nécessitent une intervention médicale et que 10 % se compliquent d'un traumatisme grave : contusion (douleur), hématome (du simple bleu à l'hématome cérébral), fracture (de tous types, la plus grave étant celle du col du fémur). Lorsqu'elles entraînent un passage aux urgences, 37 % des chutes conduisent à une hospitalisation, cette proportion augmentant avec l'âge : 27 % entre 65 et 69 ans, 44 % après 90 ans.

La gravité des chutes ne résulte pas seulement des conséquences traumatiques mais aussi des conséquences psychomotrices et psychologiques. Un syndrome post-chute – appelé également « syndrome de désadaptation psychomotrice » (perte des automatismes et peur incontrôlée de retomber) – peut s'installer après une ou plusieurs chutes. En l'absence de prise en charge rapide et adaptée, le tableau évolue très vite vers un état de régression psychomotrice avec dépendance sévère et dépression. Ce syndrome doit être dépisté tôt car une prise en charge à la fois psychologique et rééducative permet au patient de récupérer.

Une autre complication des chutes est une destruction musculaire (rhabdomyolyse) qui va entraîner une insuffisance rénale et un risque important de décès quand les personnes n'arrivent pas à se relever et restent parfois des heures par terre. Il est donc très important d'apprendre à se remettre debout (voir encadré p. 315).

Dans ses recommandations de 2005 intitulées « Prévention des chutes accidentelles chez la personne âgée », la HAS recommande aux médecins généralistes une évaluation au moins une fois par an du risque de chute pour toute personne âgée de leur patientèle. Poser la question : « Êtes-vous tombé cette année ? » est essentiel. Une personne qui est déjà tombée présente un risque significativement plus élevé de nouvelle chute qu'une personne ne rapportant pas d'histoire de chute, avec un risque relatif estimé de 1,5 à 4 et pouvant aller jusqu'à 20. Au-delà des médecins, tous les professionnels de santé, infirmiers et kinésithérapeutes en particulier, qui interviennent au domicile des personnes âgées sont aussi en mesure d'évaluer le risque de chute et transmettre le résultat de cette évaluation au patient et, avec son accord, à son médecin traitant.

La personne âgée elle-même peut s'autoévaluer et reconnaître certains des facteurs de risque qui l'exposent personnellement. Les principaux facteurs favorisant les chutes sont les troubles de la marche ou de l'équilibre (dont l'incapacité à tenir en équilibre sur un pied – voir « Ton équilibre tu testeras », p. 179), l'ostéoporose (voir « Comment faire de vieux os », p. 289), les problèmes de vision (voir « Ta vue tu n'useras pas », p. 268), l'hypotension orthostatique (baisse brutale de la pression artérielle lorsque l'on se met debout), la polymédication (plus de six médicaments par jour), la prise de sédatifs et de benzodiazépines, la faiblesse musculaire (fonte musculaire liée à l'âge, ou sarcopénie), la perte de mobilité articulaire des membres supérieurs ou inférieurs (arthrose) et les difficultés à passer du lit au fauteuil, à utiliser la baignoire ou les toilettes. Les chutes sont parfois liées également à l'habillage ou au chaussage inadaptés et à un mauvais aménagement du domicile (voir « Un nid pas si douillet », p. 338).

Il faut savoir qu'un grand nombre de personnes âgées valides, vivant autonomes à leur domicile, sont susceptibles de tomber, à cause de ce que l'on pourrait appeler une « perte d'aisance à se déplacer », qui peut être facilement diagnostiquée par le médecin qui constate une impossibilité de tenir l'équilibre lors de certaines manœuvres comme la station funambule (deux pieds alignés l'un devant l'autre) ou la station unipodale (équilibre sur un pied).

La prévention des chutes repose sur un régime alimentaire régulier, un apport de vitamine D et le maintien d'une activité physique régulière. Celle-ci consistera en une marche quotidienne (d'au moins vingt à trente minutes par jour) et pourra aussi prendre la forme de séances de gymnastique dans le cadre d'un groupe de gymnastique, de tai-chi ou de danse. Une kinésithérapie par un professionnel n'est pas toujours nécessaire, mais des séances peuvent être prescrites dans un but de réassurance et d'apprentissage de quelques auto-exercices que la personne pourra ensuite poursuivre seule. Des changements de verres correcteurs, un chaussage par des chaussures tenant bien les chevilles et des aménagements de l'environnement sont aussi souvent nécessaires.

MES CONSEILS

— Attention, avoir fait une chute est le principal facteur de risque pour retomber.
— Marchez régulièrement : c'est le meilleur moyen d'éviter les chutes.
— Apprenez à tomber et à vous relever.

Se relever en cas de chute

1 – Allongé sur le dos, vous basculez sur le côté en ramenant le bras opposé

2 – En appui latéral, ramenez une jambe vers le haut

3 – Relevez-vous en prenant appui sur les deux coudes et le genou

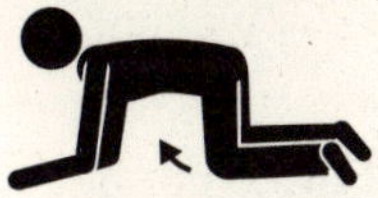

4 – Mettez vous à quatre pattes

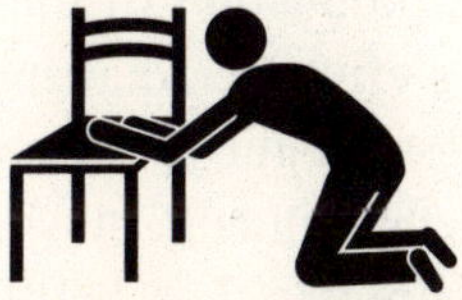

5 – Prenez appui sur une chaise ou un meuble pour vous relever en douceur

— Si vous êtes tombé par « maladresse », parlez-en à votre médecin. Un bilan ou une prise en charge en vue d'une rééducation sont peut-être nécessaires.
— N'hésitez pas à tester votre équilibre (en vous assurant que vous ne courez aucun risque).

77

Attention à la pause !

La ménopause est définie comme l'arrêt complet des menstruations. À la ménopause, la production ovarienne d'œstrogènes et de progestérone s'effondre totalement. Les premiers symptômes sont des irrégularités menstruelles ou des bouffées de chaleur pendant plusieurs cycles, jusqu'à l'arrêt complet des règles. Les bouffées de chaleur se caractérisent par une sensation de chaleur de la partie supérieure du corps, suivie de sueurs abondantes (et parfois de rougeurs de la face), accompagnées de malaise, de palpitations, d'anxiété, et se terminant par des frissons. La nuit, elles occasionnent des réveils fréquents. D'autres signes accompagnent très souvent la ménopause et entravent la qualité de vie : la sécheresse cutanée liée à la carence en œstrogènes rend la peau plus fine et plus sèche (cela entraîne parfois des démangeaisons) ; une chute des cheveux ou des ongles cassants peuvent l'accompagner. Des troubles génito-urinaires dus à l'amincissement de la muqueuse vaginale sont responsables de douleurs lors des rapports sexuels (dyspareunie) et parfois d'incontinence. Une prise de poids est souvent constatée. Enfin, des troubles de l'humeur existent fréquemment, avec irritabilité ou anxiété pouvant aller jusqu'à une véritable dépression.

Conséquence de l'ensemble de ces troubles – et des modifications hormonales –, la libido décline souvent après la ménopause : diminution à la fois du désir, de l'excitation et du plaisir. Enfin, le déficit en œstrogènes est toujours associé à une ostéopénie (fragilité des os), pouvant aller jusqu'à l'ostéoporose. Après la ménopause, et indépendamment de l'âge, la fréquence des pathologies cardio-vasculaires augmente considérablement.

Au cours des premières années, les troubles vasomoteurs sont au premier rang des plaintes, le risque immédiat étant celui de développer un cancer du sein. Après 65 ans, le risque cardio-vasculaire et l'ostéoporose prédominent, et la symptomatologie reflète de plus en plus les troubles liés au vieillissement.

Dans les pays industrialisés, l'âge médian de la ménopause est aujourd'hui de 51,3-51,4 ans. Il est essentiellement prédéterminé génétiquement, mais il peut être influencé par des facteurs d'environnement : la ménopause survient plus tôt chez les femmes qui suivent un régime amaigrissant et chez les fumeuses. Avec l'allongement de la durée de vie, une femme en bonne santé passe aujourd'hui près de 40 % de son existence en post-ménopause.

Le traitement le plus efficace, bien que très controversé, reste le traitement hormonal substitutif (THS), dont il faut discuter avec son gynécologue : son instauration doit respecter les indications et contre-indications, évaluer les risques (notamment cardio-vasculaires et oncologiques), individualiser la posologie et dépister les complications possibles.

Qu'en est-il des phyto-œstrogènes, ces substances végétales, présentes notamment dans le soja, le trèfle rouge, le houblon, certains fruits et même le vin rouge et qui auraient une activité œstrogénique ? Comme, au Japon, leur consommation dans l'alimentation est trois fois plus importante que dans les pays occidentaux, alors que l'incidence des cancers du sein y est trois fois moindre, il a été suggéré que les phyto-œstrogènes pourraient constituer une alternative au THS. Mais l'activité œstrogénique de ces aliments reste très faible et aucune étude n'a pu confirmer leur intérêt par rapport à un placebo. En outre, ils ont peu ou pas d'effet sur les bouffées de chaleur.

Chez l'homme, il existe une diminution progressive du taux de testostérone avec l'âge, que certains qualifient d'andropause ou de DALA (déficit androgénique lié à l'âge). On définit ainsi l'andropause comme l'ensemble des symptômes physiologiques et psychologiques qui peuvent accompagner la baisse de testostérone chez l'homme vieillissant. Elle surviendrait habituellement entre 45 et 65 ans. Cependant, le déclin hormonal chez l'homme est partiel, progressif et inconstant, contrairement à la femme, chez qui les hormones chutent de façon marquée sur une courte période de temps : seulement 2 % des hommes âgés de 40 à 80 ans ont une andropause clinique ; la proportion est de 3 % chez les 60 à 69 ans et de 5 % chez les 70 à 79 ans. La concentration en testostérone dans le sang diminuerait d'environ 1 % par an à partir de la trentaine.

La carence en testostérone pourrait être responsable ou participer au syndrome métabolique (hypercholestérolémie, diabète, surcharge pondérale), aux perturbations cardio-circulatoires, à l'ostéoporose, à une diminution de la force musculaire, à la baisse de la libido, à la dysfonction érectile, voire à des troubles psychologiques (irritabilité, dépression). Toutes ces modifications seraient favorablement influencées par un traitement hormonal substitutif avec de la testostérone. Actuellement, ce type de traitement reste très controversé et les bienfaits et les risques de la testostérone ne sont pas clairement établis par des essais cliniques de qualité.

MES CONSEILS

• Pour les femmes :
— Préparez-vous à la ménopause, qui est un phénomène naturel inéluctable. Vous pouvez en voir le bon côté : plus de règles, plus de contraception.
— Ne fumez pas : les femmes qui fument seront ménopausées un ou deux ans avant les autres.
— Privilégiez les aliments qui favorisent une bonne santé des os et du cœur : riches en calcium, en vitamine D (et une supplémentation si besoin), en magnésium, en phosphore, en vitamine K et en acides gras essentiels (oméga-3 notamment), mais faibles en gras saturés, et fournissant des protéines végétales au lieu de protéines animales.
— Pratiquez régulièrement une activité physique qui fait travailler le cœur et les articulations, ainsi que des exercices de flexibilité et d'équilibre.
— Restez active sexuellement.
— À l'approche de la ménopause, n'hésitez pas à en parler à votre médecin ou à votre gynécologue et

discutez de l'intérêt éventuel d'un traitement hormonal substitutif (THS).
— Si vous vous posez des questions sur la ménopause, je vous conseille le site : *http//www.gemvi.org/*.

• Pour les hommes :
— Modérez votre consommation d'alcool : l'alcool abaisse le niveau de testostérone dans le sang.
— Évitez les sources de stress : le stress libère du cortisol, ce qui diminue la production de testostérone.
— Adoptez une alimentation équilibrée.
— Dormez suffisamment : la testostérone est produite au cours du sommeil paradoxal.
— Bougez : faire trente minutes d'exercice physique ou plus par jour libère de la testostérone.
— Restez actif sexuellement.

78

La pilule de jouvence ?

Pour bien vieillir, la solution serait peut-être de ne pas vieillir, voire même de rajeunir, ce que nous promettent certains avec des potions miracles à l'efficacité plus ou moins prouvée, Ainsi, au début des années 2000, la DHEA a été présentée comme une véritable pilule de jouvence assurant presque une jeunesse éternelle. Controversée à l'époque, elle l'est encore aujourd'hui mais, dix-sept ans après, on en sait un peu plus sur ses effets.

Hormone naturellement produite par l'organisme, la DHEA, ou déhydroépiandrostérone (qui est un précurseur des hormones sexuelles féminines et masculines), atteint son point culminant entre 20 et 30 ans, avant de décroître avec l'âge. D'où l'idée séduisante de compenser cette baisse physiologique inexorable et de lutter ainsi contre le vieillissement. En fait, toutes les hormones baissent avec l'âge. L'idée de donner des hormones pour compenser cette baisse est très ancienne, et n'a jamais prouvé son efficacité sauf en ce qui concerne le traitement hormonal de la ménopause.

Différentes études ont montré des effets bénéfiques de la DHEA sur la mémoire, la densité osseuse, la masse musculaire et la dépression… chez le rat. Mais la plupart des études menées chez l'homme concernent un effectif trop restreint ou une période trop courte pour qu'on puisse en tirer de véritables conclusions.

La plus importante et la plus connue des études sur la DHEA est celle conduite par le professeur Baulieu. Elle est la seule de grande envergure à avoir comparé les effets d'une administration de 50 milligrammes par jour de DHEA contre un placebo, sur deux cent quatre-vingts personnes de 60 à 79 ans. Les conclusions de cette étude mettaient en évidence trois bénéfices, limités aux femmes de plus de 70 ans : diminution de la fragilité osseuse, amélioration de la peau et de l'aspect du visage et amélioration de la libido. Cependant, même ces résultats ont été remis en cause car ils pouvaient être dus à un biais statistique.

Chez les femmes, si l'on reprend l'ensemble des études sur la DHEA, l'effet sur la libido, l'activité sexuelle, les paramètres lipidiques et glucidiques, la pression artérielle, l'IMC, la composition corporelle ou la densité osseuse n'est pas avéré… Les seuls effets qu'il y aurait peut-être seraient celui, modeste, psychoaffectif et celui sur la libido chez les femmes ayant une maladie d'Addison (maladie rare des surrénales avec un déficit en cortisol).

Chez les hommes, il n'y a pas d'effet sur les os, la fonction sexuelle, le profil lipidique, l'insulinorésistance ou la qualité de vie.

Pour ce qui est des fonctions cognitives, des études chez l'animal tendent à prouver un effet sur la mémoire des rats. Chez l'humain, les données actuellement disponibles ne permettent pas de mettre clairement à jour une quelconque amélioration de la mémoire ou de l'état dépressif.

Pour l'agence du médicament, la DHEA serait inutile, et pourrait même stimuler la croissance de cancers hormono-dépendants (prostate, sein, utérus.) Elle ferait en outre courir un risque cardio-vasculaire potentiel lié à une baisse du bon cholestérol (HDL cholestérol). On peut noter que depuis février 2009, la DHEA est sur la liste des produits dopants du Comité olympique, de même que les hormones thyroïdiennes, l'hormone de croissance, les hormones mâles et l'érythropoïétine (EPO).

MES CONSEILS

— Aucune étude sérieuse n'indiquant un quelconque intérêt de la DHEA, je vous déconseille d'en prendre.
— Si, malgré tout, vous prenez de la DHEA, ne l'achetez pas sur Internet : vous n'avez aucune garantie de ce qu'il y a vraiment dans vos comprimés ou vos gélules.

79

Remettre votre pendule à l'heure

Il suffit de faire un voyage aérien vers un pays situé à plus de trois fuseaux horaires (surtout vers l'est) pour ressentir les effets d'un manque ou d'un excès de mélatonine sur notre organisme : le décalage horaire (ou *jet lag*) provoque des troubles qui demandent un certain temps d'adaptation pour disparaître. Il faut quelques jours pour que le corps soit en phase avec le nouveau rythme des journées (circadien). Selon le sens du décalage horaire, on est en excès de mélatonine (et on a sommeil) ou en manque de mélatonine (et on n'arrive pas à dormir). La mélatonine est synthétisée la nuit par une zone du cerveau (la glande pinéale, ou épiphyse) en réponse à l'absence de lumière (en effet, la lumière bloque la sécrétion de mélatonine). Le pic de sécrétion de la mélatonine, qui survient le soir, est responsable de l'endormissement. Au fil de la nuit, la quantité de mélatonine sanguine diminue et le matin, une autre hormone, le cortisol, prend le relais pour favoriser l'éveil et l'attention.

Si l'on manque de mélatonine, le sommeil est moins bon. La mélatonine aurait aussi un rôle sur la glycémie (taux de sucre dans le sang), l'appétit et une fonction antioxydante. En hiver ou dans les pays d'Europe du Nord et au Canada, l'allongement des périodes nocturnes entraîne une surproduction de mélatonine qui est responsable de fatigues et de dépressions.

En vieillissant, la sécrétion de mélatonine diminue et peut devenir insuffisante : la qualité du sommeil est moins bonne, avec en particulier des réveils nocturnes. La sécrétion de mélatonine est aussi perturbée chez les personnes qui travaillent la nuit et chez celles qui passent leurs soirées devant leur Smartphone, ordinateur ou tablette. En effet, l'écran de ces appareils diffuse une lumière bleue qui inhibe la sécrétion de mélatonine et indique à notre organisme de continuer à fonctionner en mode jour.

La mélatonine n'a pas d'effet antidépresseur en elle-même, mais certaines études ont montré une action bénéfique sur des dépressions légères ou, si la dépression est plus sévère, en traitement complémentaire des antidépresseurs.

Pour la maladie d'Alzheimer, une étude publiée en 2008 sur 189 personnes (90 % de femmes) a mis en évidence que la prise de mélatonine (de même que l'exposition à la lumière naturelle), améliorait les symptômes liés aux troubles des cycles du sommeil, en agissant comme inducteur de sommeil et comme facteur d'allongement de sa durée. Chez ces mêmes malades, l'exposition à la lumière naturelle avait diminué les symptômes de dépression de 19 % et la détérioration cognitive de 5 %. Diverses études sont en cours sur l'impact de la luminothérapie. Associer lumière et mélatonine conduit par exemple à diminuer les comportements agressifs de 9 %, ainsi que les phases d'agitation et de réveils nocturnes. La prise de mélatonine facilite l'endormissement (huit minutes plus tôt en moyenne) et allonge le sommeil de vingt-sept minutes en moyenne.

Le seul traitement à base de mélatonine autorisé en France est le Circadin. C'est un médicament à libération prolongée qui mime la sécrétion naturelle de mélatonine tout au long de la nuit. Ce médicament est préconisé, en monothérapie, pour le traitement à court terme de l'insomnie primaire chez des patients de 55 ans ou plus. La posologie recommandée est un comprimé de 2 milligrammes par jour, une à deux heures avant le coucher et après le repas. Cette posologie peut être poursuivie pendant une période allant jusqu'à treize semaines. Contrairement aux benzodiazépines, la mélatonine ne provoque pas de dépendance.

Cependant, il faut savoir que des séances de luminothérapie ou une certaine alimentation permettent généralement de réguler la production de mélatonine de façon naturelle : les aliments riches en sérotonine (antidépresseur) ou en tryptophane (dont dérive la sérotonine et la mélatonine) sont bénéfiques, par exemple le lait, les noix, la banane… Les noix et les noisettes sont une source importante de mélatonine facilement absorbée par l'organisme. La consommation de noix entraîne une multiplication par trois des taux sanguins de mélatonine chez l'animal. En raison de la multitude de composés bénéfiques que contiennent les noix, leur consommation serait nettement préférable à la prise de suppléments de mélatonine. De même, une banane entre 16 et 18 heures facilite l'endormissement.

MES CONSEILS

- Exposez-vous à la lumière du jour et évitez les écrans le soir, c'est un bon moyen de réguler votre sécrétion de mélatonine.
- Ayez recours à la luminothérapie, traitement médical reconnu pour combattre la dépression saisonnière et recaler son horloge biologique. C'est bon pour la mélatonine ! Il s'agit d'une lumière ayant un spectre lumineux solaire mais sans infrarouges ni ultraviolets, qui sont nuisibles pour la peau et la cornée. L'unité d'éclairement est le lux. La dose recommandée par les spécialistes est de 10000 lux (un éclairage standard émet 50 à 100 lux) pendant vingt à trente minutes le matin.
- Sinon, mangez des noix ou une banane le soir.
- En cas de maladie d'Alzheimer, régulez les troubles du sommeil et les troubles du comportement grâce à la mélatonine. Des études sur l'intérêt de la luminothérapie dans ces indications sont toujours en cours.

80

Ou alors l'hormone de croissance ?

L'hormone de croissance (GH, ou *growth hormone*), comme son nom l'indique, est responsable de la croissance du squelette, des organes et des muscles durant l'enfance et à l'adolescence. Son déficit entraîne le nanisme et son excès le gigantisme (avant la puberté) ou une maladie appelée acromégalie (après la puberté). Elle est utilisée en médecine pour traiter le nanisme et dans d'autres cas très particuliers. Elle ne peut se donner qu'en injection. Actuellement on n'utilise plus que des hormones de synthèse, et il n'y a plus aucun risque de contamination. Dans les années 1980-1990, l'utilisation d'hormones de croissance d'origine humaine a été responsable de cent dix-sept décès en France dus à la maladie de Creutzfeldt-Jakob. Il faut quand même noter que l'utilisation des hormones recombinées actuelles peut entraîner un risque plus élevé d'AVC, d'hémorragies et, plus faible, de tumeurs osseuses.

En raison de son effet sur la masse musculaire, cette hormone a très vite été détournée par les sportifs pour des usages de dopage. Elle figure sur la liste des produits interdits depuis les années 1990. Pourtant, la majorité des études contrôlées effectuées avec des doses supra-physiologiques d'hormone de croissance recombinante n'ont pas montré d'effet significatif sur les performances des sportifs. Aux États-Unis, l'hormone de croissance étant en vente libre, elle est largement utilisée par de nombreuses personnes de plus de 50 ans (plutôt riches compte tenu de son prix : de l'ordre de 10000 dollars par an pour une injection par jour de deux unités) et en particulier de nombreux acteurs un peu « musclés ». Les effets secondaires en revanche sont nombreux : croissance excessive des extrémités (pieds, mains, coudes, mâchoire), croissance des organes internes (foie entre autres), problèmes articulaires, diabète, troubles cardio-vasculaires et hypertension. En dehors du dopage humain, l'hormone de croissance est utilisée dans l'élevage des bovins pour que les animaux produisent plus de muscles et donc plus de viande…

Comme pour la majorité des hormones, le taux de l'hormone de croissance (sécrétée par l'hypophyse) baisse avec l'âge. Sa production diminue progressivement d'environ 14 % par dizaine d'années. À 60 ans, la production d'hormone de croissance est quasiment nulle. Cette baisse serait associée à une diminution de la masse musculaire et de la force musculaire, à une augmentation de la masse graisseuse, à une altération de la qualité de vie et à des troubles du sommeil. La plupart des études de supplémentation en hormone de croissance chez le sujet âgé n'ont pas donné de résultats concluants (ou seulement sur des effectifs très petits) ou ont dû être arrêtées du fait des effets secondaires.

Il faut noter cependant qu'un travail néerlandais de 2000 a montré que l'hormone de croissance facilitait la récupération après une fracture du col du fémur chez les personnes de plus de 75 ans. Après vingt-quatre semaines, 98 % des personnes traitées par hormone de croissance avaient retrouvé leur autonomie antérieure contre 75 % de celles traitées par placebo.

MES CONSEILS

- Faites de l'exercice physique de manière intense et régulière, cela stimule la sécrétion de l'hormone de croissance.
- C'est inutile, voire dangereux, de vous piquer tous les jours à l'hormone de croissance.

81

Vous avez dit fragile ?

« Attention fragile » est une mention que l'on colle sur les emballages contenant des objets qu'il faut manipuler avec précaution. Cette mention peut s'appliquer à certaines personnes qui, avec l'âge, deviennent plus fragiles que les autres et de ce fait nécessitent une attention particulière.

Le concept de fragilité est né en Amérique du Nord dans les années 1980 et a pris de l'essor en France depuis une dizaine d'années pour constituer de nos jours un des piliers de la gériatrie. Il y a des consultations et des hôpitaux de jour « fragilité ». L'intérêt de dépister la fragilité est que cette situation n'est pas irréversible et qu'une prévention efficace peut éviter de devenir dépendant.

Les personnes dites « fragiles » ou « à risque de fragilité » sont plus sujettes aux chutes, à l'hospitalisation, à la perte d'autonomie, à l'entrée en institution (maison de retraite) et au risque de décès que celles que l'on peut qualifier de « robustes ». Et ce, dans un délai d'un à trois ans après l'évaluation.

Le premier facteur de risque est l'âge, et plus il augmente, plus la fréquence de la fragilité est importante, surtout après 80-85 ans (50 %). En France, la fréquence de la fragilité est estimée globalement à 15 % après 65 ans. La HAS conseille de la dépister vers l'âge de 70 ans.

Si tous les spécialistes sont aujourd'hui d'accord sur ce concept, il n'existe pas de consensus sur les moyens de la détecter. Cependant, un point commun à toutes les personnes fragiles est qu'elles ont une vitesse de marche ralentie et souvent inférieure à 0,7 mètre par seconde. Les personnes qui marchent à une vitesse inférieure à 0,65 mètre par seconde ont un risque vingt fois supérieur d'être fragiles que celles qui marchent plus rapidement. Un autre moyen de détecter la fragilité consiste à se lever et s'asseoir plusieurs fois de suite d'une chaise ou à monter un escalier. Des difficultés à marcher quatre cents mètres sont également un indice pertinent. Toute difficulté doit être évaluée. Le sentiment d'épuisement (« Tout ce que je fais me demande un effort ») est aussi un élément évocateur. Enfin, les paramètres nutritionnels sont importants et toute perte de poids non volontaire est un marqueur de fragilité et doit être explorée. Les autres points à prendre en compte sont les pertes de mémoire, les problèmes de vue, d'audition, de mauvais moral, et d'isolement.

La suspicion d'un état de fragilité nécessite une évaluation globale qui permettra de proposer des mesures de prévention. Celles-ci reposent sur l'exercice physique, une alimentation adaptée (riche en protéines), une réévaluation des traitements, une bonne prise en charge des maladies chroniques, comme le diabète ou les pathologies cardio-vasculaires, et une correction des problèmes sensoriels. Des aides sociales et souvent un aménagement du domicile concourent à pallier cet état.

MES CONSEILS

— Évaluez vous-même votre risque de fragilité.
— Demandez à votre médecin traitant de faire une évaluation de votre fragilité (recommandation de la HAS de juin 2013) et, s'il le juge nécessaire, de proposer un bilan en hôpital de jour spécialisé.
— Si vous êtes fragile, il vous faudra adapter en conséquence votre alimentation et votre activité physique pour compenser.
— Et pourquoi ne pas avoir dans votre portefeuille une carte « senior fragile » ?

82

Ta conduite tu adapteras

Selon l'OMS, les accidents de la route dans le monde tuent chaque année environ 1,3 million de personnes et font de vingt-cinq à cinquante millions de blessés. En France, d'après le bilan de l'Onisr (Observatoire national interministériel de sécurité routière), 3464 personnes ont perdu la vie en 2015 sur les routes. Les 18-24 ans représentent près d'un quart (23 %) de la mortalité automobiliste, essentiellement en voiture (66 %) : la route constitue la première cause de mortalité dans cette tranche d'âge. Ils y risquent deux fois plus leur vie que le reste de la population. Les 25-64 ans représentent 48 % des tués et 45 % des blessés en voiture. Les personnes de 65 ans et plus représentent 10,3 % des victimes de la route. Elles sont moins souvent victimes d'un accident de la circulation que le reste de la population, mais les conséquences de ces accidents sont plus graves, plus souvent mortelles du fait d'une plus grande vulnérabilité aux chocs et aux blessures. Les conducteurs de 75 ans et plus ont 1,6 fois plus de risque d'être tués sur la route que l'ensemble des automobilistes. Aujourd'hui, environ 16 % des automobilistes ont plus de 70 ans.

Avec l'âge, la conduite automobile permet de conserver son autonomie et une certaine liberté. Surtout si l'on habite dans un endroit un peu isolé. Cela favorise aussi le maintien du lien social. Mais il faut connaître ses limites et accepter parfois de passer le volant ou de reconnaître son inaptitude, ce qui n'est pas toujours facile. Récemment, un particulier a fait polémique en proposant un macaron automobile avec un grand « S » pour « senior », équivalent du « A » signalant les jeunes conducteurs. En France, aucun contrôle médical n'est obligatoire à partir d'un certain âge, contrairement à d'autres pays (Pays-Bas, Danemark ou Finlande) où les conducteurs doivent passer une visite médicale régulièrement à partir de 70 ans ; en Italie ou au Portugal, c'est dès l'âge de 50 ans. Dans notre pays, même si la loi fixe un certain nombre d'incapacités physiques incompatibles avec la conduite automobile, le médecin est tenu au secret médical. Il doit informer le patient qu'il ne devrait pas conduire, mais seule la famille peut faire un signalement à la préfecture, ce qui entraînera une visite médicale d'aptitude auprès d'un médecin agréé.

On dénombre huit millions de conducteurs âgés en France et la voiture est leur mode de déplacement privilégié : 62 % des personnes de 65 à 74 ans ont le permis de conduire et 49 % conduisent ; 47 % des personnes de plus de 74 ans ont le permis et 29 % conduisent.

La conduite automobile est une tâche complexe qui nécessite de bonnes capacités perceptives, motrices et cognitives. Il faut souvent effectuer une double tâche, ce qui est de plus en plus difficile avec l'avance en âge. Le fréquent déclin des capacités motrices et une limitation des amplitudes articulaires peuvent en outre gêner la conduite d'un véhicule. Les temps de réaction sont également susceptibles d'être affectés : plus la situation est complexe, plus les temps augmentent (erreurs de pédale, accélération inopinée...). Cela sera aggravé en cas de troubles cognitifs qui suscitent une diminution des ressources attentionnelles et peuvent se traduire par un ralentissement de vitesse du traitement de l'information, une inhibition pour effectuer une action, des troubles de planification, etc.

Le vieillissement altère également la vision, avec notamment une réduction du champ visuel périphérique de vingt à trente degrés qui rend compliqués les changements de voies sur la route. Par ailleurs, la vision nocturne se brouille au-delà de 80 ans : aucune personne de cet âge ne devrait conduire la nuit. La DMLA est particulièrement gênante pour la conduite, qui devrait être arrêtée. Les problèmes d'audition sont aussi potentiellement dangereux car le coup de klaxon qui avertit d'un danger ne sera pas entendu.

MES CONSEILS

— Soyez prudents : la plupart des accidents de la route peuvent être classés dans les accidents évitables et les décès évitables.

— Messieurs, faites un effort : les hommes font beaucoup plus d'accidents graves que les femmes : 75 % des décès et 65 % des blessés sont des hommes.

— Adaptez votre conduite à votre état de santé et évitez certaines situations à risque, par exemple, ne doublez pas et ne conduisez pas la nuit.

– Sachez vous arrêter de conduire, soit de vous-même parce que vous ne vous en sentez plus capable, soit parce que votre entourage vous le demande.
– N'hésitez pas à faire un stage de mise à niveau.
– Les voitures autonomes (c'est-à-dire sans chauffeur) seront peut-être une solution dans les années qui viennent.

83

Un nid pas si douillet

Quand on est chez soi, on se sent en sécurité. C'est pourtant là qu'ont lieu 61 % des accidents de la vie courante, soit douze mille morts par an ! En France, les accidents de la vie courante touchent plus de onze millions de personnes chaque année (toutes causes et toutes tranches d'âges confondues) : quatre millions et demi font l'objet d'un recours aux urgences, et plusieurs centaines de milliers, d'hospitalisations. Ces accidents sont responsables de près de dix-neuf mille décès chaque année et représentent la troisième cause de mortalité dans notre pays.

Les seniors âgés de plus de 75 ans en sont les premières victimes puisqu'ils représentent à eux seuls deux tiers des personnes touchées. À cet âge, plus de la moitié de ces accidents sont dus à des chutes, 16,9 % à la suffocation (fausses routes alimentaires chez les personnes ayant une maladie d'Alzheimer ou de Parkinson ou ayant fait un AVC), 5,2 % à des intoxications (monoxyde de carbone et médicaments essentiellement). Les autres causes sont les brûlures (incendies, liquides bouillants), noyades et électrisations (en cas de décès, on parle d'électrocution), les écrasements des mains ou encore les coupures et entailles souvent profondes, généralement provoquées par la manipulation d'un couteau.

Pour les chutes, 81 % surviennent au domicile : 46 % ont lieu dans la salle de bains, 18 % dans le séjour et 17 % dans la chambre à coucher. Dans un cas sur cinq, la personne tombe après avoir trébuché sur un obstacle.

Aujourd'hui, 96 % des personnes de plus de 60 ans vivent à leur domicile et 27 % d'entre elles vivent seules. L'aménagement est donc un point important si elles veulent pouvoir rester à la maison le plus longtemps possible et sans risque.

Des mesures simples et peu coûteuses sont faciles à mettre en place. Il faut par exemple libérer les lieux de passage en les désencombrant : enlever les fils électriques qui traînent et les tapis. Un sol antidérapant dans la salle de bains et la cuisine peut se révéler utile. Un bon éclairage permet de voir où l'on met les pieds. Il est aussi conseillé de mettre des barres d'appui dans la salle de bains, les toilettes et les escaliers. Les objets du quotidien doivent être à portée de main pour éviter des risques inutiles en montant sur un escabeau pour les attraper, par exemple. Depuis mars 2015, il est obligatoire d'équiper son logement de détecteurs de fumée.

Si vous devez entreprendre des travaux importants, comme de remplacer votre baignoire par une douche à l'italienne qui évite d'enjamber un rebord, l'Anah (Agence nationale d'amélioration de l'habitat, *www.anah.fr*) peut vous aider à les financer. L'Anah accorde aux propriétaires, sous condition de ressources, une subvention, égale à 35 ou 50 % du montant des travaux dans la limite de 20 000 euros hors taxes. Divers sites sur Internet vous proposent d'évaluer les risques de votre logement et vous délivrent des conseils pratiques.

Les progrès de la domotique ont apporté également leur lot d'inventions intéressantes : détecteurs de présence qui allument des veilleuses lorsqu'on se lève de son lit la nuit, portes à ouverture automatique, capteurs de chute qui alertent la famille ou les secours ou encore systèmes d'ouverture-fermeture des volets.

MES CONSEILS

— Aérez régulièrement votre domicile et faites vérifier tous les ans vos appareils à gaz et votre cheminée.
— Utilisez des appareils électriques ou à gaz sécurisés.
— Pour les fausses routes (s'étouffer en mangeant), vous et vos proches devez connaître la manœuvre de Heimlich : si les claques dans le dos sont inefficaces, faire cinq compressions abdominales par la méthode de Heimlich.

Méthode de Heimlich

En se plaçant derrière la victime, le poing au creux de l'estomac, exercez une pression franche vers l'arrière et vers le haut.

— Pour évaluer les risques pièce par pièce de votre logement et trouver des conseils, allez voir sur *www.prevention-maison.fr* et sur *www.stopauxaccidentsquotidiens.fr.*

VI

Tester et stimuler sa mémoire

84

J'ai la mémoire qui flanche

« J'ai la mémoire qui flanche, / J'me souviens plus très bien » – le refrain de cette superbe chanson interprétée par Jeanne Moreau est très souvent fredonné par ceux à qui la mémoire fait tout à coup défaut. « J'oublie les noms propres », « Je ne retrouve plus mes clés » ou « J'arrive dans une pièce en ayant oublié ce que je suis venu y faire » sont les plaintes qui reviennent le plus souvent en consultation chez le médecin. Mais ce genre de choses arrive à tout le monde et tout le temps, donc la question est de savoir surtout quand il faut s'en inquiéter.

Ce qui doit alerter, c'est l'oubli d'un événement autobiographique important, l'oubli de noms d'êtres proches ou le fait de placer certains objets à des endroits inhabituels, voire aberrants (les clés dans le réfrigérateur par exemple). De même, des pertes de mémoire récurrentes, qui ne s'améliorent pas avec l'entraînement et qui ont tendance à être de plus en plus fréquentes doivent mettre la puce à l'oreille. Attention aussi si des événements récents et des informations plutôt évidentes sont oubliés : où se trouve la boulangerie du coin, le dîner qui est prêt à être servi mais dont on ne se rappelle pas l'avoir préparé, le visage de quelqu'un de son entourage qu'on ne reconnaît plus. Cependant, souvent la personne ne perçoit pas ses propres troubles : c'est ce qu'on appelle l'anosognosie.

La fonction qui est atteinte au début de la maladie d'Alzheimer, c'est le stockage qui dépend de la structure cérébrale. Néanmoins beaucoup de troubles de la mémoire ne concernent pas le stockage mais une des deux autres étapes de la mémorisation qui en compte trois : l'enregistrement (ou encodage), le stockage et la récupération de l'information. L'enregistrement dépend des ressources attentionnelles, et la récupération de la mise en jeu de stratégies cognitives. Un trouble de mémoire n'est donc pas forcément lié à un problème de stockage mais peut aussi être dû à un trouble de l'enregistrement ou de la récupération. Or, le plus souvent, les difficultés d'enregistrement sont liées à un trouble de l'attention. La fatigue, le stress, l'anxiété, la dépression ou certains médicaments peuvent être responsables de ces problèmes de concentration.

On oublie où l'on a posé ses clés parce qu'on le fait sans y prêter attention, ou parce qu'on a été distrait à ce moment-là et qu'on a plus de mal à faire plusieurs choses à la fois. Qui n'a pas un jour été incapable de se remémorer un numéro de téléphone usuel, le nom d'un acteur connu, ou un mot de passe ?

Ce qui pêche, en général, lorsqu'on vieillit, ce n'est pas le maintien en mémoire, mais cette attention ou cette faculté de rappel (récupération). Si l'on oblige un sujet à mémoriser quelque chose, il l'encode, car il est forcé d'y prêter attention. Du coup, le rappel se trouve facilité. Par exemple, si l'on donne à un sujet âgé une liste de noms à apprendre, et que le lendemain on lui demande ce qu'il a retenu (« rappel libre »), ses performances seront moins bonnes que celles d'une personne plus jeune ; si, en revanche, on lui fournit des indices (« rappel indicé »), les noms de la liste lui reviendront probablement en totalité.

MES CONSEILS

— Ne paniquez pas si vous avez oublié un nom propre ou si vous ne retrouvez pas tout de suite vos clés de voiture.
— Évitez le stress, les soucis, la fatigue et la dépression qui aggravent les problèmes de mémorisation. Soyez zen et détendu.
— Faites des exercices pour « muscler » votre cerveau : la mémoire ne s'use que si vous ne vous en servez pas !
— Si les troubles persistent et vous inquiètent malgré tout, n'hésitez pas à en parler à votre médecin. Celui-ci vous proposera peut-être de faire un bilan dans une consultation mémoire. Dans 60 % des cas, ces bilans ne retrouvent aucune maladie de la mémoire.

85

Signes avant-coureurs

Selon une étude française de 2008, les difficultés à effectuer des tâches un peu complexes (téléphoner, utiliser les transports, gérer l'argent et ses médicaments) apparaissent 5,5 à 6,5 ans en moyenne avant le diagnostic de maladie d'Alzheimer. L'évaluation de ces quatre activités (appelées « activités instrumentales de la vie quotidienne », ou IADL en anglais pour *Instrumental Activities of Daily Living*) est utilisée pour détecter un risque d'évolution vers une maladie d'Alzheimer.

Certains changements quant à la façon d'utiliser le téléphone renseignent sur l'évolution éventuelle d'une personne et son risque d'être atteinte par la maladie d'Alzheimer : quand elle ne peut plus ou ne sait plus composer un numéro de téléphone (avec les nouveaux appareils où tout est préenregistré, c'est moins facile à repérer) ; ensuite quand elle a des difficultés pour rechercher un numéro de téléphone ; enfin quand elle ne se sert plus du téléphone de sa propre initiative, n'appelle plus et ne fait que répondre.

Pour l'usage des moyens de transport, soit la personne a des difficultés à s'orienter dans des lieux familiers (voisinage, trajet pour rentrer chez soi), soit elle ne veut plus conduire sa voiture seule (il faut toujours qu'elle soit accompagnée), soit elle ne prend plus seule les transports en commun. En cas de maladie d'Alzheimer avérée, la conduite automobile est un vrai casse-tête. En effet, la personne malade n'a pas conscience de ses troubles et elle veut absolument continuer à conduire. Le médecin qui a fait le diagnostic n'a pas le droit de l'en empêcher ou de la signaler en raison du secret médical. Seule la famille est en mesure de faire un signalement. Dans les situations un peu difficiles, les proches sont parfois obligés d'immobiliser le véhicule (en enlevant une pièce) pour que le malade ne puisse plus s'en servir. Certains malades pour leur part ne retrouvent plus leur voiture (oubliant où ils l'ont garée) et ils la considèrent comme volée : comme ils ne font pas de démarches pour la retrouver, ils arrêtent automatiquement de conduire !

La vigilance est de mise également à propos des erreurs dans la prise des médicaments dues aux troubles de mémoire : oubli d'une prise ou, au contraire, prises répétées. Dans les deux cas, cela peut être très dangereux.

Enfin, le dernier point qui doit alerter concerne les problèmes de gestion du budget quotidien. Dès que la personne a besoin d'aide pour gérer son budget (ou déclarer ses impôts), ou si elle ne sait plus régler une facture ou encore remplir un chèque par elle-même, une certaine vigilance s'impose. Il est là encore évident qu'avec les systèmes de débit automatique des loyers et autres factures, on peut ne pas se rendre compte de ces troubles.

La capacité de gestion des finances serait la première touchée dans la maladie d'Alzheimer car la plus complexe. Elle fait appel à la fois à la mémoire à court terme, à long terme, au calcul, aux fonctions exécutives et au savoir sémantique (stockage des connaissances générales).

La fréquence de la maladie d'Alzheimer augmente considérablement en fonction de ces quatre paramètres (IADL à quatre items) : de 0,2 % chez les sujets qui n'ont aucune atteinte, jusqu'à 37,5 % chez ceux ayant les quatre déficits. L'atteinte d'une de ces quatre activités multiplie par 2,5 le risque de maladie d'Alzheimer dans les deux années qui suivent.

MES CONSEILS

— Inquiétez-vous si l'un de vos proches ne sait plus gérer une de ces quatre activités : téléphone, argent, transports, médicaments.
— Si on vous a diagnostiqué une maladie de la mémoire ou une maladie neurologique à risque (épilepsie ou maladie de Parkinson), ou encore si vous prenez des médicaments contre-indiqués, il vaut mieux vous arrêter de conduire de vous-même.

86

Évaluez-vous

Il est toujours délicat en France dans un livre grand public de proposer aux lecteurs d'évaluer leur risque de développer une maladie d'Alzheimer ou une pathologie apparentée. La crainte est soit d'induire des consultations ou des angoisses inutiles, soit de créer un phénomène de panique. Cependant, il existe déjà sur Internet divers autoquestionnaires et il ne me semble pas inutile de vous proposer quelques investigations possibles. Par ailleurs, les conseils évoqués dans cet ouvrage dessinent en négatif les différents facteurs de risque que vous pourriez avoir et contre lesquels vous devez agir si vous voulez éviter Alzheimer.

Ainsi, si vous avez entre 45 et 55 ans, vous pouvez utiliser le score de risque de développer une démence dans un délai de vingt ans qui a été proposé par une étude de 2006. Ce score reprend les principaux facteurs de risque vasculaires. Voici comment il se calcule :

— pour l'âge, comptez 0 si vous avez moins de 47 ans, 3 si vous êtes entre 47 et 53 ans et 4 si vous avez plus de à 53 ans ;
— pour le niveau d'études, comptez 0 s'il est supérieur à dix années, comptez 2 si vous avez étudié entre sept et neuf années, et comptez 3 si c'est moins de sept années ;
— pour le sexe, comptez 0 si vous êtes une femme et 1 si vous êtes un homme (il faut quand même savoir qu'après 70 ans le risque d'Alzheimer est plutôt féminin) ;
— pour la pression artérielle, comptez 0 si la systolique est inférieure à 140 mmHg et 2 si elle est supérieure à 140 ;
— pour l'indice de masse corporelle, il faut compter 0 s'il est inférieur à 30 et 2 s'il est supérieur à 30 ;
— pour le cholestérol, comptez 0 s'il est inférieur à 2,5 grammes par litre (ou 6,5 mmol/l) et 2 s'il est supérieur ;
— pour l'activité physique comptez 1 si vous n'en avez pas et 0 si vous en avez de façon régulière.

Il faut ensuite additionner tous vos points. Dans cette étude, pour un score de 0 à 5, le risque sur 20 ans était de 1 % ; pour un score de 6-7, le risque était de 1,9 % ; pour un score de 8-9, le risque était de 4,2 % ; pour un score de 10-11 le risque était de 7,4 % ; et pour un score de 12-15 le risque était de 16,4 %. Ceci n'a pas pour but de vous inquiéter, mais de vous faire prendre conscience qu'il existe de nombreux facteurs de risque que l'on peut contrôler (en dehors de l'âge et du sexe) pour éloigner Alzheimer.

Pour l'autoévaluation de la mémoire, certains tests sont particulièrement diffusés, notamment au Québec. Ils le sont un peu moins en France, mais ils existent et peuvent vous aider soit à vous rassurer soit à demander l'avis de votre médecin. Dans la majorité des cas, les inquiétudes quant à la mémoire concernent des problèmes d'attention et non une véritable maladie.

J'ai choisi ici de vous présenter l'échelle de plainte mnésique de Mac Nair et Kahn (1984) car elle reprend différents éléments déjà évoqués dans ce livre. C'est un autoquestionnaire dont la version initiale comportait trente-neuf questions avec un score pouvant aller jusqu'à 156. Il s'agit ici de la version n'en comportant que quinze et qui est la plus utilisée.

Ce questionnaire se compose d'une liste de difficultés que chacun peut rencontrer dans la vie quotidienne. Lisez attentivement chaque question numérotée de 1 à 15 et cotez chacune des propositions selon le score suivant : jamais, cochez 0 ; rarement, cochez 1 ; parfois, cochez 2 ; la plupart du temps, cochez 3. Il faut vous référer à ce que vous avez ressenti au cours des trois dernières semaines. Il peut être intéressant de faire remplir votre questionnaire par une autre personne (conjoint ou enfant par exemple) pour comparer les évaluations.

	0	1	2	3
1 – Avez-vous des difficultés à vous rappeler des événements de l'actualité récente ?				
2 – Avez-vous des difficultés à suivre un film (ou une émission de télévision ou un livre) parce que vous oubliez ce qui vient de se passer ?				

	0	1	2	3
3 – Vous arrive-t-il d'entrer dans une pièce et de ne plus savoir ce que vous venez chercher ?				
4 – Vous arrive-t-il d'oublier de faire des choses importantes que vous aviez prévues ou que vous deviez faire (payer des factures, aller à un rendez-vous ou à une invitation) ?				
5 – Avez-vous des difficultés à vous souvenir des numéros de téléphone habituels ?				
6 – Oubliez-vous le nom ou le prénom des personnes qui vous sont familières ?				
7 – Vous arrive-t-il de vous perdre dans des lieux familiers ?				
8 – Vous arrive-t-il de ne plus savoir où sont rangés les objets usuels ?				
9 – Vous arrive-t-il d'oublier d'éteindre le gaz (ou les plaques électriques, ou le robinet), ou de ne pas fermer la maison ?				
10 – Vous arrive-t-il de répéter plusieurs fois la même chose parce que vous oubliez l'avoir déjà dite ?				
11 – Avez-vous des difficultés à retrouver des noms propres de personnes ou de lieux (acteurs connus, relations, lieux de vacances...) ?				
12 – Avez-vous des difficultés à apprendre des choses nouvelles (jeux de cartes ou de société, nouvelle recette, mode d'emploi...) ?				
13 – Avez-vous besoin de tout noter ?				
14 – Vous arrive-t-il de perdre des objets ?				
15 – Vous arrive-t-il d'oublier immédiatement ce que les gens viennent de vous dire ?				

Un total supérieur à 15 (sur 45) est considéré comme anormal et nécessite de prendre un avis auprès de votre médecin. Une différence entre le score de plainte obtenu par la personne et le score obtenu selon l'estimation d'un proche met en évidence une prise de conscience imparfaite de la situation et peut traduire un début de maladie de la mémoire.

MES CONSEILS

— Faites ces tests non pour vous angoisser ou vous stresser mais pour vous faire prendre conscience de certains facteurs de risque pouvant favoriser l'apparition d'une maladie de la mémoire et contre lesquels il est possible d'agir.
— Attention aux tests d'autoévaluation à remplir directement sur Internet : ils posent un problème d'ordre éthique concernant le respect de la vie privée et la confidentialité des informations recueillies.
— Restez prudent : aucun test ne permet de poser à lui seul le diagnostic de maladie d'Alzheimer. Un diagnostic de probabilité ne peut être fait qu'après un bilan très complet. De plus, il n'y a jamais de diagnostic de certitude concernant cette maladie, sauf en cas d'étude anatomopathologique (et là, vous êtes mort !).

87

Vous m'avez dit MMS ?

« MMS » ne fait pas ici référence au Smartphone ou à la blague bien connue sur l'évolution de la sexualité avec l'âge : à 20 ans, c'est MMS, à 40 ans, c'est MMS, à 60 ans, c'est MMS, et à 80 ans c'est encore MMS. Pour celles et ceux qui ne la connaîtraient pas : à 20 ans, c'est matin, midi et soir ; à 40 ans, c'est mardi, mercredi, samedi ; à 60 ans c'est mars, mai, septembre ; et à 80 ans, c'est… mon meilleur souvenir !

MMS, c'est aussi, plus sérieusement, le *mini-mental state* ou test de Folstein, du nom de l'Américain qui l'a mis au point en 1975. Il permet d'explorer facilement les fonctions cognitives, sans fournir à lui seul un diagnostic de la maladie responsable. Il est utilisé en routine par les médecins pour suivre l'évolution et la sévérité d'une maladie d'Alzheimer et pour prescrire des médicaments susceptibles de ralentir cette maladie.

Ce test est international et a été traduit et validé dans de très nombreuses langues. Il consiste en une série de trente questions réparties en six catégories (voir encadré). La première partie est une évaluation des capacités d'orientation dans le temps et dans l'espace (jour, mois, année, lieu, étage) sur 10 points ; la deuxième partie explore les capacités d'apprentissage (la personne doit retenir trois mots) et est notée sur 3 points ; ensuite se sont les capacités d'attention et de calcul sur 5 points ; la quatrième partie concerne les capacités de rappel des informations et de rétention mnésique (c'est le rappel des trois mots appris à la deuxième partie) sur 3 points ; la cinquième partie évalue les capacités de langage et d'identification (elle se décompose en plusieurs étapes : des objets sont montrés à la personne et elle doit les nommer ; il faut répéter une phrase ; elle prend une feuille et fait ce qu'on lui dit avec ; elle doit répondre à une consigne écrite ; et enfin rédiger une phrase), le tout sur 8 points ; enfin, la dernière partie sur 1 point concerne la praxie constructive (il s'agit de reproduire un dessin avec des formes géométriques). À chacune des trente questions, une réponse juste entraîne un score de 1, et une réponse fausse ou approximative, un score de 0. Le score final est noté sur 30 points.

Pour tout âge et tout niveau socio-culturel confondus, le seuil le plus discriminant est 24 : un score inférieur à 24 est considéré comme anormal et votre médecin doit demander des examens complémentaires, voire un avis spécialisé. Cependant, il est nécessaire de tenir compte du niveau d'éducation scolaire. Selon des données américaines, le seuil serait à 19 pour les sujets ayant bénéficié de zéro à quatre ans de scolarité ; à 23 pour les sujets ayant bénéficié de cinq à huit ans de scolarité ; à 27 pour les sujets ayant bénéficié de neuf à douze ans de scolarité ; et à 29 pour les sujets ayant le baccalauréat.

Si un diagnostic de maladie d'Alzheimer a été réalisé dans un centre spécialisé (pour cela, il faut à la fois des tests de mémoire, mais aussi une IRM, une prise de sang, et parfois de l'imagerie fonctionnelle et un dosage des marqueurs dans le liquide céphalo-rachidien) ou s'il s'agit d'une pathologie apparentée, le MMS sera utilisé pour évaluer le degré d'évolution de cette maladie. Ainsi, on parle de stade léger pour un MMS supérieur à 20, de stade modéré pour un MMS compris entre 10 et 20, et de stade sévère pour un MMS inférieur à 10. Ce test sera répété tous les six mois pour suivre l'évolution ou souvent la stabilisation de la maladie. Une baisse de plus de 3 points par an évoque un déclin rapide et demande des évaluations complémentaires.

MINI-MENTAL STATE (MMS[1])

Les questions sont posées par le médecin ou une autre personne.

Orientation ***(1 point si réponse juste, sinon 0)***

1. – En quelle année sommes-nous ? .... [ ]
2. – En quelle saison ? .... [ ]
3. – Quel mois ? .... [ ]
4. – Quel jour du mois ? .... [ ]
5. – Quel jour de la semaine ? .... [ ]
6. – Quel est le nom du lieu où nous sommes ? .... [ ]
7. – Dans quelle ville se trouve-t-il ? .... [ ]
8. – Quel est le nom du département dans lequel est située cette ville ? .... [ ]

1. Folstein Marshal F., Folstein Susan E. et McHugh Paul R., « "Mini-mental state", a practical method for grading the cognitive state of patients for the clinician », *Journal of Psychatric Research*, 1975, vol. 12, n° 3, p. 189-198.

9. – Dans quelle province ou région est situé ce département ? .... [ ]
10. – À quel étage sommes-nous ici ? .... [ ]

Sous-score [ ] / 10

Apprentissage

Donner trois mots en précisant qu'ils sont à mémoriser. Faire répéter. ***(1 point par réponse correcte)***

11. – Citron .... [ ]
12. – Clé .... [ ]
13. – Ballon .... [ ]

Répéter les 3 mots

Sous-score [ ] / 3

Attention et calcul

Demander de compter en arrière de 7 en 7 à partir de 100. Combien font 100 – 7 ?

14. – 93 .... [ ]
15. – 86 .... [ ]
16. – 79 .... [ ]
17. – 72 .... [ ]
18. – 65 .... [ ]

Autre épreuve possible : *Épeler le mot* MONDE *à l'envers :* E D N O M.

Sous-score [ ] / 5

Rappel

Demander les 3 mots répétés auparavant.

19. – Citron .... [ ]
20. – Clé .... [ ]
21. – Ballon .... [ ]

Sous-score [ ] / 3

Langage

Montrer un crayon et une montre.

22, 23. – Que sont ces objets ? ***(2 points)*** .... ☐

24. – Faire répéter : « Pas de mais, de si, ni de et. » ***(1 point)*** .... ☐

Poser une feuille de papier sur le bureau, la montrer au sujet en lui disant :

25. – Prenez cette feuille de papier avec la main droite, ... ☐

26. – Pliez-la en deux, ... ☐

27. – Et jetez-la par terre .... ☐

Tendre au sujet une feuille de papier sur laquelle est écrit en gros caractères : « FERMEZ LES YEUX » et dire au sujet :

28. – « Faites ce qui est écrit. » .... ☐

Tendre au sujet une feuille de papier et un stylo, en disant :

29. – « Voulez-vous m'écrire une phrase, ce que vous voulez, mais une phrase entière ? »... ☐

Sous-score ☐ **/ 8**

Praxies constructives

Tendre au sujet une feuille de papier et lui demander :

30. Voulez-vous recopier ce dessin .... ☐

Sous-score ☐ **/ 1**

Sous-score ☐ **/ 30**

MES CONSEILS

- Lisez ce livre, il devrait vous permettre de conserver un MMS supérieur à 24 le plus longtemps possible.
- Si vous avez fait le MMS tel que présenté ici et que votre score est inférieur à 24, ne paniquez pas. Comme on l'a vu, le seuil considéré comme anormal dépend beaucoup du niveau d'études. Ensuite, il peut s'agir de problèmes de concentration ou d'attention, liés à la fatigue, au stress, à l'anxiété ou à une dépression. Quoi qu'il en soit, il faudra le répéter au calme et si besoin faire un bilan plus complet.
- Plus vous aurez fait d'études, plus vous aurez continué à apprendre, plus vous aurez un MMS qui se maintiendra autour de 30 : cela ne veut pas dire que vous n'aurez pas la maladie d'Alzheimer, mais vous n'en aurez pas les symptômes et vous continuerez à mener une vie tout à fait normale.

88

Au compte à rebours tu t'entraîneras

« Voulez-vous compter à partir de 100 en enlevant 7 à chaque fois ? » Comme on vient de le voir, cette épreuve fait partie du test du MMS. Si vous avez répondu : « 93, 86, 79, 72, 65 », vous avez tout bon et vous obtenez une note de 5/5. Sinon, vous perdez un point par erreur et le test peut orienter vers une suspicion de maladie d'Alzheimer. Bien sûr, c'est plus compliqué que cela, et ce test n'est pas suffisant.

Il n'en reste pas moins vrai que le calcul mental permet de stimuler vos fonctions cognitives. Or, avec les progrès technologiques, on compte de moins en moins avec sa tête et de plus en plus avec une calculette ou son Smartphone : on se sert de moins en moins de sa mémoire. Il est même probable que d'ici quelques dizaines d'années les gériatres ne pourront plus utiliser cette épreuve comme test car plus personne ne sera capable d'effectuer le moindre calcul mental. Même la mémorisation de chiffres tels que les numéros de téléphone ne sera plus d'actualité : ils sont tous répertoriés dans nos appareils désormais. Qui connaît les numéros de portable de ses amis, voire de ses enfants ou parents ?

Les problèmes de calcul (dyscalculie) surviennent précocement chez les patients présentant une maladie d'Alzheimer et évoluent avec la progression de la maladie. Pour certains auteurs, ils seraient même un des premiers signes de la maladie. Il sera difficile de les repérer si plus personne ne sait jongler avec les nombres.

MES CONSEILS

— Continuez à faire du calcul mental régulièrement.

— Apprenez les numéros de téléphone dont vous avez le plus besoin.

— Entraînez-vous à calculer régulièrement « 100 – 7 », cela ne vous empêchera peut-être pas d'avoir la maladie d'Alzheimer, mais cela en retardera l'apparition et vous fera gagner quelques années de tranquillité. En tout cas, tant que l'on n'aura pas trouvé un traitement curatif à cette maladie.

89

Dessiner une horloge tu sauras

Un autre exercice fait partie des tests qui sont effectués pour évaluer la mémoire, c'est celui de l'horloge. Pour ce test, on vous présente une feuille avec un grand cercle, comme ci-dessous.

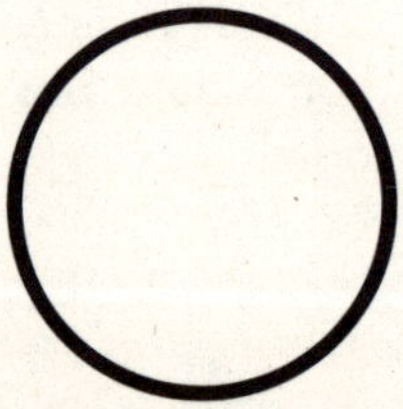

La consigne est la suivante : « Imaginons que ce cercle représente le cadran d'une horloge (ou d'une montre). Vous allez dessiner les chiffres représentant les heures dans ce cercle comme vous les verriez sur le cadran d'une horloge. » Une fois les heures placées, le médecin ou la psychologue, met un point au centre du dessin et vous dit : « Ceci étant le centre du cadran, dessinez-moi les aiguilles de sorte que l'heure indiquée soit 9 h 10 (ou toute autre heure). »

Voici un résultat considéré comme normal :

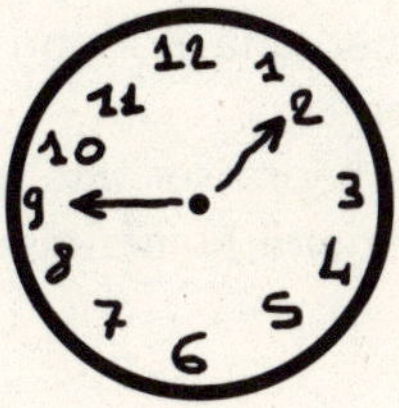

Le score sera évalué en fonction de différents éléments : présence de tous les chiffres, ordre des chiffres, position des chiffres, deux aiguilles, proportion des aiguilles (grande et petite), flèche au bout des aiguilles, heure correcte. Le score normal est de 7/7.

Si un ou plusieurs points posent problème, il peut s'agir de troubles cognitifs légers ou d'une démence. Le test présente une bonne sensibilité de détection des démences mais n'est pas spécifique de la maladie d'Alzheimer. Très simple, il explore plusieurs fonctions cognitives : praxies (gestes), orientation dans le temps et l'espace, attention, troubles visuo-constructifs.

Cependant, une fois encore, avec l'évolution technologique, il sera de plus en plus difficile de savoir dessiner une horloge : de plus en plus de montres sont numériques, n'ont plus d'aiguilles et affichent directement l'heure en chiffres. Certains enfants ont du mal déjà à lire l'heure sur un cadran. D'ici quelques années, plus personne ne saura dessiner une horloge et, encore une fois, les gériatres devront trouver d'autres tests !

MES CONSEILS

– Savez-vous dessiner une horloge (une montre ou un réveil) sans tricher ?
– Continuez à lire l'heure sur une montre classique plutôt que sur une montre numérique.

90

Pour ton cerveau, par cœur tu apprendras

Si je vous dis « clé, citron, ballon » ou « cigare, fleur, porte » et que ces listes de trois mots vous disent quelque chose, c'est que vous avez déjà passé un MMS ou que vous avez bien lu le conseil 87. La plupart des tests de mémoire utilisent des listes de mots, que ce soit le MMS (trois mots comme ceux ci-dessus, différents chaque fois qu'on repasse l'épreuve), le test des cinq mots de Dubois ou encore le test de Grober et Buschke (ou RL/RI 16) qui utilise quant à lui une liste de seize mots : c'est le test le plus performant pour détecter une maladie de la mémoire de type hippocampique comme la maladie d'Alzheimer.

Un des plus couramment utilisé est celui de Dubois, Dubois étant le nom du célèbre professeur de neurologie qui travaille à la Pitié-Salpêtrière et qui est spécialisé dans la maladie d'Alzheimer. Pour ce test, on vous présente une feuille où sont écrits cinq mots sans rapport les uns avec les autres. Par exemple : « mimosa, chemisette, abricot, éléphant, accordéon ». Vous devez les lire à haute voix et les mémoriser. Si le médecin ou la personne qui fait passer le test a un doute, elle peut vérifier si vous avez bien encodé ces mots (c'est-à-dire que vous les avez bien « rangés » aux bons endroits) en vous demandant « Quel est le nom de fleur ? » ou « Quel est le nom d'animal ? ».

Ensuite, on enlève la feuille et vous devez redonner les cinq mots (c'est le rappel immédiat). Soit vous les trouvez tous, soit il en manque. S'il en manque, l'examinateur vous pose la question : « Quel était le nom de fleur, d'animal ou autre » suivant le mot qu'il manque. C'est l'indiçage, qui vous permet d'aller rechercher le mot dans la case où vous l'avez rangé.

Une fois cette première partie du test terminée, vous devez passer une autre épreuve, soit le « 100 – 7 », soit l'horloge. Le but est de vous déconcentrer et d'éviter que vous vous répétiez les mots pour ne pas les oublier. Ensuite on passe à la deuxième partie du test qui consiste à nouveau à vous demander les cinq mots (c'est le rappel différé). S'il en manque, il y a à nouveau indiçage. Chaque partie du test est cotée sur 5, le total étant sur 10. En principe, un test normal est à 10 sur 10.

Si vous avez eu beaucoup besoin d'indiçage, cela traduit plutôt un problème de concentration (et souvent de dépression). Certaines erreurs font suspecter une maladie de la mémoire comme les intrusions (dire un nom qui n'est pas dans la liste comme « chat » ou « cheval » pour l'animal) et les persévérations (répéter chaque fois « cheval » pour l'animal).

Les tests avec des séries de mots et de chiffres sont indispensables pour bien évaluer vos différentes mémoires. On distingue plusieurs types de mémoire, dont la mémoire à court terme (ou mémoire de travail) et la mémoire à long terme. Les deux sont atteintes dans la maladie d'Alzheimer. La mémoire de travail est celle qui est utilisée pour une tâche immédiate : par exemple on regarde un numéro de téléphone que l'on va mémoriser pour pouvoir le composer juste après. Ou encore, lorsqu'on lit, on est obligé de se souvenir du début d'une phrase pour en comprendre le sens lorsqu'on est arrivé au bout de celle-ci. Pour mesurer la mémoire à court terme, on va vous faire réciter une liste de mots que vous venez d'apprendre (rappel immédiat). On va aussi vérifier votre empan mnésique : l'empan est la quantité d'informations pouvant être stockées par la mémoire à court terme. L'empan mnésique humain moyen adulte est de 7. Et le test pour le mesurer consiste à vous faire mémoriser des chiffres à l'endroit et à l'envers.

Pour avoir de bons résultats à ces tests, et donc une bonne mémoire, il faut vous entraîner et faire travailler vos méninges régulièrement. Que vous soyez jeune ou plus vieux, il existe différentes stratégies pour consolider vos fonctions cognitives, en renforçant la mémoire à long terme, tout en étant également plus performant en mémoire à court terme.

Afin de mémoriser une liste de tâches à faire, par exemple, il est possible de faire un petit exercice pour stimuler sa mémoire visuelle et photographier mentalement les informations à retenir. Notez tout ce que vous avez à faire durant la journée, puis dirigez vos yeux sur la feuille en haut à gauche. Fixez l'élément qui vous intéresse, levez les yeux de votre feuille et représentez-vous la partie que vous venez de lire. Répétez plusieurs fois l'action en faisant des allers-retours pour chaque élément à mémoriser. Lorsque vous devrez vous souvenir, vous « verrez » votre liste de tâches telle qu'elle était écrite.

Une autre stratégie classique de mémorisation consiste à créer un « palais de mémoire ». C'est la méthode utilisée par Sherlock Holmes pour ses enquêtes (dans la série télévisée de la BBC) ou encore Patrick Jane dans *Mentalist* ! Pour cela, il faut choisir un endroit que vous connaissez bien, tel que votre appartement, fermer les yeux et vous promener mentalement dedans. Par exemple, vos dix premières stations de mémorisation peuvent être : 1) la porte de l'immeuble, 2) l'ascenseur, 3) la porte d'entrée, 4) un meuble dans votre couloir, 5) la cuisine, 6) le salon, 7) une chambre, 8) la salle de bains, 9) les toilettes, 10) le balcon. En commençant par une liste de dix mots, il vous suffit ensuite de ranger un mot par pièce. En visitant ensuite chaque pièce, il vous est possible de retrouver chacun des dix mots de votre liste. Vous pouvez ensuite, soit augmenter le nombre de pièces, soit détailler les meubles de chaque pièce (par exemple dans le salon, un fauteuil, un canapé, une table basse, un lampadaire et la télévision). Lorsque vous débutez, il est conseillé de dessiner un plan de votre habitation sur une feuille de papier pour bien le mémoriser. Vous devez toujours voyager à travers votre « palais de mémoire » dans le même ordre. Il faut le visiter régulièrement pour bien le connaître et accélérer la mémorisation. Dans ce système de mémorisation, les pièces agissent comme un indiçage.

Enfin, une autre méthode possible, le *story-telling*. Elle consiste à créer un mini-scénario, à inventer une histoire autour des mots, des chiffres ou des personnes dont vous souhaitez vous rappeler. Dès que vous y penserez, tout vous reviendra.

MES CONSEILS

- N'hésitez pas à faire des listes de toutes les tâches que vous avez à effectuer… et essayez de ne pas vous en servir. Cette liste vous servira uniquement à vérifier que vous n'avez rien oublié.
- Pour les tâches un peu répétitives, créez des routines. Placez toujours les papiers ou les objets importants, comme vos clés, au même endroit.
- Évitez de faire deux choses à la fois.
- Lorsque vous rencontrez de nouvelles personnes, répétez leur nom pour bien le mémoriser.
- Écrivez ou répétez à voix haute, cela permet une meilleure mémorisation.

91

Les poésies et les chansons, c'est bon, bon, bon

Maître Corbeau, sur un arbre perché,
Tenait en son bec un fromage.
Maître Renard, par l'odeur alléché,
Lui tint à peu près ce langage :
« Hé ! Bonjour, monsieur du Corbeau.
Que vous êtes joli ! Que vous me semblez beau !
Sans mentir, si votre ramage
Se rapporte à votre plumage,
Vous êtes le Phénix des hôtes de ces bois. »

Qui ne se souvient pas du début de cette fable de La Fontaine qu'il a apprise à l'école primaire ? Ou des comptines de la maternelle ? Ces acquisitions de l'enfance sont tellement ancrées dans les souvenirs qu'elles resurgissent sans difficulté. Elles sont en outre un excellent moyen de stimuler les capacités cognitives, en particulier chez des personnes atteintes de la maladie d'Alzheimer.

Une vidéo qui circule sur YouTube et sur les réseaux sociaux illustre la façon dont cela fonctionne, pas avec une poésie ou une comptine, mais avec un air de musique : un vieil homme atteint de la maladie d'Alzheimer est complètement figé et n'a plus aucune communication. Il ne réagit à aucune stimulation, même en présence de sa fille. Lorsqu'on lui met des écouteurs et qu'on lui passe du jazz, sa musique préférée, il se met à sourire et à bouger en rythme. Lorsqu'on lui enlève les écouteurs quelques minutes après, il est capable de parler et d'échanger avec sa fille. Car la musique et les chansons sont également un bon moyen de réactiver les souvenirs en stimulant la mémoire émotionnelle.

L'impact des chansons va bien sûr dépendre du pays d'origine et de la culture musicale de la personne atteinte par la maladie. Une étude anglaise sur les chansons des Beatles a montré que « She loves you » était la chanson qui déclenchait le plus de souvenirs chez les Britanniques, tandis que, pour les Américains, il s'agissait de « I want to hold your hand ». Pour chaque personne, il faudra donc découvrir la chanson la plus efficace. En cas de maladie d'Alzheimer, votre chanson préférée pourra vous aider à retrouver un peu de mémoire ou, au moins, à vous apaiser.

Les chansons peuvent permettre de mémoriser et d'apprendre une langue, par exemple. En outre, écouter de la musique en dormant aurait un impact bénéfique sur notre mémoire et notre capacité de concentration durant la journée.

MES CONSEILS

- Amusez-vous à retenir par cœur des chansons, c'est un bon entraînement pour la mémoire. Vous pouvez aussi apprendre en récitant ce que vous devez mémoriser en rythme, voire en rimes. Le rap ou le slam sont excellents pour cela.
- Notez vos chansons fétiches et informez-en votre entourage. Ce sera une aide utile si un jour vous avez des problèmes de mémoire (parce que vous n'aurez pas suivi les conseils de ce livre !).

92

Mais où est donc Ornicar ?

Mais, *ou*, *et*, *donc*, *or*, *ni*, *car* : vous connaissez tous les sept conjonctions de coordination ? Grâce à ce moyen mnémotechnique, elles sont devenues inoubliables et restent gravées à jamais dans notre mémoire. Comme les comptines, les poèmes et les chansons ou le « palais de mémoire », les moyens mnémotechniques sont excellents pour mémoriser. N'hésitons pas à en abuser. Ils constituent une excellente gymnastique pour le cerveau et chacun peut choisir parmi ces différentes formes laquelle est la plus efficace pour lui.

En France, les moyens mnémotechniques sont très utilisés à l'école pour retenir certaines orthographes de mots : « *Mourir* ne prend qu'un *r* car on ne meurt qu'une fois, et *nourrir* prend deux *r* car on se nourrit plusieurs fois », par exemple. Ou encore pour mémoriser les auteurs français du XVIIe siècle : « Sur une racine de la bruyère, une corneille boit l'eau de la fontaine Molière » (Racine, La Bruyère, Corneille, Boileau, La Fontaine, Molière).

On en trouve aussi beaucoup en mathématiques et en physique-chimie. Il existe par exemple un poème permettant de retrouver les 126 décimales du nombre pi (π), le nombre de lettres de chaque mot correspondant à une décimale. Il commence par le célèbre « Que j'aime à faire apprendre un nombre utile aux sages ! » – pour 3,1415926535.

En médecine également, en première année notamment, il faut apprendre énormément de listes, en particulier pour connaître l'anatomie, et certaines phrases – parfois à connotation sexuelle ou scatologique – en facilitent la mémorisation. Plus c'est absurde ou provocateur, mieux on retient !

Ainsi, les moyens mnémotechniques facilitent l'encodage et le stockage de l'information, ce qui augmente les chances d'efficacité de la phase de récupération. Ce type d'association favorise les connexions synaptiques et donc l'efficacité des circuits de la mémoire. C'est à chacun de déterminer les associations les plus efficaces pour restituer les informations stockées.

MES CONSEILS

- Essayez de retrouver les noms des dieux romains grâce à cette phrase : « Jeune veuve joyeuse cherche vieux baron même malade afin de vivre mieux. Point. » Un indice pour vous, les dieux ont la même lettre initiale que ces mots.
- Sachez que depuis 1998, il existe une réponse à la question « Mais où est donc Ornicar ? » : Alain Maury, un astronome français, a baptisé cette année-là du nom

d'Ornicar une planète située à deux cents millions de kilomètres de la Terre !

— Sachez aussi qu'au Québec on dit : « Mais où est donc Carnior ? » – mais la planète n'existe pas !
— Créez vos propres phrases mnémotechniques pour retenir les choses importantes que vous voulez mémoriser : pour retenir les codes d'immeuble par exemple.
— Pour les dieux romains, la réponse est : Junon, Vénus, Jupiter, Cérès, Vulcain, Bacchus, Mercure, Minerve, Apollon, Diane, Vesta, Mars, Pluton.

93

Planifier et anticiper, c'est bon pour la mémoire

Notre vie quotidienne est remplie de situations routinières dont la réalisation repose sur une mise en œuvre automatique. Ces situations ne demandent pas de réflexion et elles ne requièrent que très peu d'attention : lacer ses chaussures, boutonner sa chemise, tourner l'interrupteur en entrant dans une pièce sombre, mettre la clé de contact pour faire démarrer la voiture ou faire le café… Ces actions sont tellement machinales que l'on n'y prête plus attention, et c'est pourquoi on se demande souvent : « Est-ce que j'ai éteint la lumière avant de sortir ? » ou encore : « Ai-je bien fermé la voiture à clé ? » Pas besoin d'atteindre 90 ans pour se poser ces questions, cela nous arrive à tous et nous est déjà arrivé plus jeunes. Ces automatismes font partie de ce qu'on appelle la mémoire procédurale. Elle permet de conduire, de marcher, de nager, de faire du vélo ou du ski sans avoir à réapprendre chaque fois. Elle est activée dans les actions que nous menons « en roue libre » : allumer une cigarette, préparer un œuf à la coque ou fermer la porte. La mémoire procédurale est très fiable et conserve ses souvenirs même s'ils ne sont pas utilisés pendant plusieurs années, c'est une forme de mémoire à long terme. En général elle reste active même chez les personnes qui ont une maladie d'Alzheimer. C'est pourquoi il est important d'acquérir, pour plus tard, certains automatismes, comme ranger ses clés toujours au même endroit.

En revanche, dès que surgit une situation nouvelle, inhabituelle ou complexe (et que l'on sort de la routine), il faut réfléchir à trouver rapidement une solution : gérer un budget, un emploi du temps, un changement d'itinéraire… Ces événements impliquent de générer une stratégie, un plan d'action, de définir des priorités, de modifier un projet initial, s'il n'est pas réalisable. Il est alors nécessaire de faire des choix, de prendre des décisions. Diverses capacités sont requises lorsque l'on n'est plus dans l'automatisme, comme l'inhibition (par exemple en s'arrêtant de faire l'ancien code de l'immeuble lorsque celui-ci vient de changer) ou la flexibilité mentale (en étant capable de modifier son comportement). Les fonctions exécutives sont celles qui permettent ce contrôle et cette réalisation de tâches complexes, le plus souvent nouvelles et non automatiques, nécessitant une anticipation (par exemple, avoir acheté les aliments nécessaires à la réalisation d'une recette) et une planification (il faut respecter un certain ordre ou certaines étapes pour arriver à l'objectif fixé).

Les personnes souffrant d'une atteinte du système exécutif – qui dépend du lobe frontal du cerveau – rencontrent, au quotidien, des difficultés à s'adapter sur le plan familial, social et professionnel et à gérer des situations nouvelles. L'anticipation et la planification sont évaluées lors de tout bilan mémoire, divers tests neuropsychologiques permettant d'évaluer la flexibilité mentale, l'inhibition, l'attention et les différentes fonctions frontales, souvent perturbées dans la maladie d'Alzheimer.

Les voyages, le jardinage et la cuisine, toutes les activités associant organisation, planification et adaptation sont un bon moyen pour stimuler son lobe frontal et ses fonctions exécutives.

MES CONSEILS

- Faites toujours de la même façon et dans le même ordre les actions automatiques pour diminuer les problèmes et mieux les mémoriser : par exemple posez vos clés ou votre portefeuille au même endroit quand vous arrivez chez vous.
- Pratiquez les jeux de logique, ils sollicitent les fonctions exécutives que sont la stratégie, la planification, la résolution de problèmes et le raisonnement hypothético-déductif : les échecs notamment sont très bons.
- Forcez-vous à gérer votre budget, à avoir un emploi du temps, à imaginer divers itinéraires pour vous rendre d'un lieu à un autre. Changez régulièrement d'itinéraire pour vos trajets habituels.

94

Saurez-vous les reconnaître ?

Il s'agit ici d'un quiz. Vous devez d'abord reconnaître les différentes personnalités présentées et ensuite déterminer leur point commun. Si les personnes présentées ici sont toutes très célèbres, pouvoir les reconnaître va quand même dépendre de votre âge et de votre culture. Les photos choisies sont volontairement en noir et blanc, et les célébrités sont présentées alors qu'elles étaient plus jeunes afin d'accroître la difficulté.

A

B

C

D

E

F

G

H

Réponses :

A – Marthe Mercadier (1928-).
B – Annie Girardot (1931-2011).
C – Rita Hayworth (1918-1987)
D – Margaret Thatcher (1925-2013).
E – Charles Buchinsky, dit Charles Bronson (1921-2003).
F – John Charles Carter, dit Charlton Heston (1923-2008). Sur cette photo, beaucoup le confondent avec Marlon Brando.
G – Peter Falk (1927-2011). On peut aussi accepter « Columbo ».
H – Ronald (Wilson) Reagan (1911-2004).

Le point commun à toutes ces célébrités est qu'elles ont présenté une « altération des fonctions cognitives », une maladie d'Alzheimer ayant été le plus souvent diagnostiquée officiellement ou suspectée. La maladie d'Alzheimer n'épargne personne, ni les plus célèbres, ni les plus riches, ni les plus puissants.

Le fait de ne pas reconnaître les visages s'appelle la prosopagnosie. Certaines personnes présentent ce trouble dès la naissance. On peut citer les acteurs Thierry Lhermitte et Brad Pitt. Le plus souvent, elle est acquise, après un AVC, un traumatisme crânien ou d'autres pathologies affectant le cerveau (hématome, infection ou épilepsie). Mais chez le sujet âgé, ce trouble est surtout associé à la maladie d'Alzheimer et aux autres maladies de la mémoire. Il existe d'ailleurs des questionnaires avec des images de personnes très célèbres pour tester cette capacité. Des chercheurs canadiens ont étudié la capacité de percevoir des photographies de visages à l'endroit et à l'envers chez des personnes atteintes de la maladie d'Alzheimer. Ceux-ci reconnaissaient plus facilement les visages à l'envers (le cerveau analysant les différentes composantes de l'image) que ceux à l'endroit (reconnaissance globale). Dans cette pathologie, la reconnaissance des proches est conservée très longtemps et souvent jusqu'à la phase ultime de la maladie. En revanche, certains malades peuvent ne pas se reconnaître eux-mêmes en se voyant dans une glace (syndrome du miroir), ce qui peut les rendre agressifs. Par exemple, ils ne comprennent pas pourquoi la personne devant eux n'a pas répondu à leur bonjour. Souvent les familles sont alors obligées d'enlever ou de couvrir tous les miroirs.

MES CONSEILS

— Si vous n'avez pas reconnu tout le monde, c'est normal, ce quiz est fait exprès !
— Travaillez sur la reconnaissance de visages de personnes célèbres : c'est un moyen utilisé en rééducation pour mettre en place des stratégies qui vont faciliter la mémorisation.
— Si vous avez un proche malade, lui présenter des photos à l'envers pourra l'aider à reconnaître les personnes qu'il n'a pas vues depuis longtemps.

95

Ton deuxième cerveau tu alimenteras

Ce concept à la mode depuis quelques années s'intéresse à notre ventre et à nos intestins, qui auraient de nombreux échanges avec notre cerveau (en particulier par le nerf vague, ou pneumogastrique). On a découvert que nos boyaux comportaient deux cents millions de neurones et que ces neurones digestifs produisaient 95 % de la sérotonine de notre organisme, ce médiateur qui joue un rôle important pour éviter la dépression. De là à faire l'hypothèse que certaines maladies psychiatriques ou neurodégénératives (en particulier Parkinson et Alzheimer) pourraient avoir comme origine notre ventre (avant de « diffuser » dans le cerveau), il n'y a qu'un pas. Et effectivement, les anomalies cérébrales spécifiques à ces deux pathologies se retrouvent au niveau des neurones digestifs : pour faciliter le diagnostic de ces deux maladies, de simples prélèvements (biopsies) du côlon seront peut-être la solution utilisée dans les années à venir.

Autre découverte importante, notre deuxième cerveau serait surtout dépendant de ce qu'on appelle aujourd'hui le microbiote (on parle aussi de microbiome pour les gènes de ce nouvel « organe »). Il s'agit des cent mille milliards de bactéries (environ 1,5 à 2 kilogrammes) qui colonisent la paroi de notre tube digestif. Soit dix fois plus que l'ensemble des cellules de notre organisme. Une fois acquis dans notre enfance, ce microbiote reste remarquablement constant tout au long de notre vie. Ces bactéries facilitent la digestion, notamment en dégradant les fibres des fruits et légumes, stabilisent la tension artérielle, métabolisent les médicaments, produisent des vitamines, des acides aminés et même une sorte d'anxiolytique et, enfin, protègent l'intestin contre l'installation de « mauvaises bactéries » et de virus. Il faut savoir que 90 % de nos matières fécales sont constituées de bactéries. Il s'agit d'un écosystème fragile que nous devons entretenir et protéger. Un exemple évident de perturbation de notre microbiote est en rapport avec la prise d'antibiotiques, qui vont détruire une partie de nos bactéries « protectrices ». Les deux fonctions importantes de notre flore intestinale sont immunitaire (protection contre les allergies et les maladies auto-immunes) et métabolique (protection contre l'obésité, le diabète, l'athérosclérose...). Ainsi, plus nos bactéries digestives sont variées, moins les allergies sont fréquentes ; et à l'inverse, plus on a une hygiène stricte, plus on augmente son risque d'être allergique. Le microbiote aurait un rôle très important dans les MICI, ou maladies intestinales chroniques inflammatoires, que sont la maladie de Crohn et la rectocolite hémorragique (RCH). Plusieurs études ont montré que le microbiote était modifié chez les obèses et les diabétiques de type 2, et l'effet de certains médicaments contre le diabète passerait par une action directe sur la flore intestinale. On sait aussi aujourd'hui que c'est une bactérie de l'estomac, *Helicobacter pylori*, qui est responsable de 90 % des ulcères gastriques et duodénaux et de certains cancers. Cette bactérie serait aussi plus fréquente chez les personnes qui développent une maladie de la mémoire.

Face aux multiples maladies qui peuvent résulter d'un déséquilibre de notre flore intestinale, la principale piste de recherche actuelle porte sur la transplantation fécale (aussi appelée greffe fécale ou, de façon plus scientifique, bactériothérapie fécale). Cette thérapie vise à restaurer l'écologie microbienne du côlon en y réintroduisant une « bonne » flore bactérienne, prélevée dans les selles provenant d'un donneur sain. Il se développe actuellement des banques de selles (comme pour le sperme) et on recherche des donneurs en bonne santé. Cette technique de transplantation est déjà utilisée pour les infections à *Clostridium difficile* qui sont responsables d'une inflammation du côlon avec diarrhée. Cette bactérie se développe le plus souvent après un traitement antibiotique intense et elle est très fréquente dans les services de gériatrie. La greffe fécale commence aussi à être utilisée dans les MICI. Des études sont en cours dans l'obésité, le diabète de type 2, l'anorexie, le syndrome de fatigue chronique…

Chez le sujet âgé, la composition du microbiote varie avec le nombre de jours d'hospitalisation, l'environnement et l'alimentation. Une étude a montré que certaines bactéries intestinales ont la capacité de produire en quantité significative des peptides amyloïdes identiques à ceux retrouvés dans le cerveau des patients atteints de la maladie d'Alzheimer. Et si un jour on arrivait à soigner cette maladie grâce à nos matières fécales !

MES CONSEILS

- Ayez une alimentation riche en fruits et légumes, c'est le meilleur moyen de protéger votre microbiote. Une alimentation riche en fibres telle que le régime méditerranéen est l'idéal.
- Mangez aussi de temps en temps certains aliments fermentés comme la choucroute, du soja fermenté (miso ou tempeh) ou du lait fermenté (kéfir). Ils contiennent des probiotiques favorables à la flore intestinale. C'est aussi le principe des yaourts au bifidus.
- Dynamisez votre microbiote en consommant régulièrement des fibres prébiotiques, la nourriture préférée des « bonnes » bactéries. On en trouve dans les topinambours, les artichauts, les asperges, les bananes peu mûres, les salsifis, les oignons, les poireaux, l'orge et la racine de chicorée. Avec modération quand même pour éviter les ballonnements et autres désagréments.
- N'hésitez pas à utiliser certaines herbes et épices comme la cannelle ou le curcuma qui sont très bons pour la flore intestinale.
- Ne pratiquez pas une hygiène excessive car vous risquez de favoriser les maladies allergiques.
- Ne réclamez pas des antibiotiques lorsque votre médecin a estimé qu'ils n'étaient pas nécessaires.
- Si vous êtes sollicité, n'hésitez pas à faire un don de selles ! Vous pourrez aider des personnes malades.

VII

Derniers conseils

96

Ami des animaux tu seras

Un Français sur deux possède un animal de compagnie, un chien ou un chat dans la grande majorité des cas. Si c'est votre cas, vous serez content d'apprendre que votre compagnon à quatre pattes a une influence très positive sur votre santé. Une étude américaine de 2011 a montré que les propriétaires d'animaux domestiques ont une meilleure estime d'eux-mêmes, sont physiquement plus en forme et socialement plus entourés. Leur personnalité est également différente : ils sont plus consciencieux, plus extravertis, moins craintifs et moins anxieux. En dehors d'être une source de bonheur et de bien-être, les animaux ont un véritable impact médical aussi bien sur les enfants que sur les adultes.

Pour les plus jeunes, des enquêtes ont mis en valeur le fait qu'être élevé avec un animal de compagnie (ou à la campagne) durant sa petite enfance protège contre les allergies (dont l'eczéma et l'asthme) et diminue le risque de certaines infections comme les bronchites ou les otites – et donc, moins d'antibiotiques ! Ce résultat bénéfique passe par un renforcement des défenses immunitaires.

Plusieurs études ont démontré que les propriétaires de chien présentaient une pression artérielle moins élevée, moins de cholestérol et moins de maladies graves que les personnes sans chien. Ces études ont également montré que les chiens aidaient à un rétablissement plus rapide en cas de problème de santé. Ainsi, les maîtres de chien ont huit fois plus de chances de survivre et de se remettre un an après la survenue d'une crise cardiaque que ceux qui n'en ont pas. Les maîtres de chien sont souvent plus actifs : marcher, courir et jouer avec eux oblige à faire de l'exercice, ce qui est bénéfique pour la santé physique et mentale. Ils ont un IMC moins élevé et vont moins souvent chez le médecin.

Les animaux sont un bon antistress non médicamenteux. Caresser votre chien ou votre chat fait baisser votre pression artérielle, diminue votre fréquence cardiaque et libère des molécules antianxiété et antidépression. Avoir un poisson rouge ou un aquarium est aussi très relaxant. Une étude américaine a montré que les poissons d'aquarium avaient des effets apaisants avec les patients Alzheimer agités. Une expérience a été faite auprès d'un sous-groupe de soixante-dix malades se nourrissant très mal et qui perdaient du poids : placés devant un aquarium au moment des repas, ils ont augmenté de 33 % en un mois leur apport nutritionnel et soixante-deux participants ont repris du poids.

Ces effets très bénéfiques sont d'ailleurs utilisés dans ce qu'on appelle la zoothérapie (ou thérapie assistée par l'animal). La zoothérapie présente un intérêt aussi bien pour les jeunes souffrant de troubles du comportement ou d'autisme que pour les personnes âgées, à domicile ou en institution. Elle est particulièrement pertinente dans la maladie d'Alzheimer. Ainsi, en institution, les activités sociales augmentent en présence de l'animal avec plus d'échanges verbaux entre résidents, ce qui diminue le sentiment de solitude.

Dans les pays asiatiques, la taille très réduite des habitations empêche souvent d'avoir un animal de compagnie. La solution trouvée a été d'ouvrir des bars à chats et, plus récemment, des cafés à lapins. On peut y prendre une boisson en étant entouré d'animaux qu'il est possible de caresser ou de nourrir. Au Japon et un peu en Europe du Nord, l'option des robots chats ou phoques a aussi un effet apaisant, relaxant et antistress.

MES CONSEILS

— Pour bien vieillir, adoptez un animal de compagnie. Il faudra évidemment bien vous en occuper, le soigner, le chouchouter et ne pas l'abandonner !
— Ayez un chien, cela vous obligera à sortir trois ou quatre fois par jour ! Même si, comme deux cent mille Parisiens, vous devrez néanmoins penser à ramasser ses crottes !
— Sachez que l'augmentation importante des problèmes d'allergie est en partie due au fait de ne plus avoir de contacts avec des animaux, donc multipliez-les.
— Soyez vigilant et compréhensif lorsque quelqu'un de votre entourage perd son animal de compagnie. Les liens émotionnels sont aussi forts que pour une relation amicale.

— Attention quand même aux morsures, griffures qui sont toujours possibles et à certaines maladies qui peuvent être transmises par les animaux. En particulier pour les chats : le risque de toxoplasmose existe et peut être dangereux si vous êtes enceinte.

97

La zen attitude

Comme le dit la chanson, « Zen, soyons zen ». Zazie précise même « Du sang froid dans les veines […], / Plus de chocs à la chaîne. […] / Du calme à la vie comme à la scène. » Que de bons conseils pour bien vieillir !

Sans entrer dans les détails de toute la pratique zen (qui inclut également le yoga), à la fois philosophie, état d'esprit et attitude au quotidien, soulignons d'abord ce qui est primordial pour notre propos, à savoir l'aspect relaxation, salutaire pour éviter le stress. Le stress est un facteur majeur de mauvais vieillissement. Il induit directement ou indirectement des conduites à risque : tabagisme, alcoolisation, obésité, hypertension, prise de médicaments, donc tout ce qui peut le combattre est bon à prendre. Le seul fait de se relaxer va abaisser la pression artérielle sans médicament.

Le meilleur moyen pour se relaxer est d'arriver à contrôler sa respiration : inspirer profondément (jusqu'à soulèvement du ventre) puis expirer lentement et répéter l'opération cinq à six fois de suite en relâchant tous ses muscles. Si vous prolongez cet exercice plusieurs minutes, en fermant les yeux, en vous concentrant sur votre respiration et en laissant aller vos pensées, vous faites, sans le savoir, de la méditation en pleine conscience. On peut aussi simplement s'allonger en fermant les yeux, en relâchant tous ses muscles, toujours en se concentrant sur sa respiration. Se concentrer sur le moment présent, ses sensations, sans filtre (on accepte ce qui vient), sans jugement, sans attente… C'est le principe de la méditation de pleine conscience ou *mindfulness*, où il s'agit – comme son nom l'indique – de prendre pleinement conscience de ses émotions et de ses sensations.

La *mindfulness* a montré son efficacité contre le stress, l'anxiété et les crises de panique. Elle diminue de moitié le risque de rechute dépressive et donne des résultats plus efficaces dans ce contexte que les antidépresseurs. La méditation (qui se retrouve dans le yoga ou le tai-chi et également dans le bouddhisme) mobilise le système autonome parasympathique, source du calme : le cœur ralentit, la tension artérielle baisse, la transpiration diminue, la salivation augmente, la digestion s'opère. Il a été constaté scientifiquement une baisse du cortisol (responsable du stress) et une stimulation bénéfique du système immunitaire. Au niveau cérébral, la méditation améliore les capacités de concentration et donc une meilleure mémorisation.

Pour minimiser les sources de stress et le risque d'épuisement professionnel (burn out), il faut par ailleurs bien s'organiser dans sa vie quotidienne et professionnelle. Ne pas trop remplir son agenda et se laisser des temps de pause. Être zen, c'est aussi savoir prendre son temps, car la « zen attitude » fait l'éloge d'une certaine lenteur.

D'un point de vue relationnel, il est important de ne pas laisser évoluer les conflits ou les malentendus, aussi bien avec vos collègues qu'au sein de votre famille, pour ne pas multiplier les causes de tensions qui sont néfastes pour votre santé.

MES CONSEILS

— Prenez votre temps, ne vous précipitez pas. Arrêtez de courir !
— Dans le métro, le bus, le train, avec du bruit tout autour, si vous parvenez à vous concentrer sur votre respiration, vous allez engendrer du calme dans votre esprit.
— Au bureau, vous pouvez vous relaxer un instant puis prendre conscience de la lumière, de la couleur des murs, de la fraîcheur de l'air et de diverses sensations sur votre corps.
— Pensez à prendre un bon bain pour oublier vos soucis, c'est également souverain !
— Développez votre pleine conscience avec par exemple l'exercice du grain de raisin (ou du carré de chocolat selon vos goûts). Prenez un grain de raisin sec : résistez à la tentation de le manger, regardez-le, sentez-le, croquez-en un tout petit bout, passez la langue dessus pour en sentir la forme et la saveur, mâchez-le sans l'avaler pour arriver à avoir le goût du raisin, puis avalez-le enfin. Recommencez à croquer un autre grain de raisin. Il faut prendre son temps pour essayer de capter toutes les sensations liées à ce fruit. Au lieu de l'avaler en quelques secondes, prenez quinze minutes pour un seul grain ! C'est un bon moyen de découvrir toutes les richesses auxquelles on ne fait plus attention.

98

La résilience pour mieux sur-vivre

Le mot « résilience » vient du latin *resilire* qui signifie « rebondir ». En psychologie, c'est la résistance psychique face aux accidents de la vie, c'est la capacité à se reconstruire sans se résigner. Une autre notion couramment utilisée en psychologie, assez proche de la résilience, est le *coping* (faire face) ou adaptation au stress. Dans les deux cas, l'individu doit s'adapter à une situation difficile ou angoissante pour continuer à vivre de la meilleure façon possible (bien-être physique et psychique).

Boris Cyrulnik a popularisé cette notion en France et selon lui « la résilience, c'est plus que résister, c'est aussi apprendre à vivre » : les pires épreuves sont surmontables, la guérison est toujours possible, et nul n'est condamné au malheur. Les personnes résilientes souvent citées sont celles qui ont survécu aux camps de concentration. Les phénomènes adaptatifs sont nombreux et l'homme, au cours de son évolution, a appris à développer des stratégies diverses pour faire face à ses difficultés. Il n'existe donc pas de recette miracle ou de technique pouvant aider à être résilient. Cependant, il existerait certains traits de personnalité qui rendraient la résilience plus probable : soit en agissant comme des facteurs de protection lors de situations difficiles (estime de soi ; confiance, optimisme et sentiment d'espoir ; autonomie ; capacité à combattre le stress ; sociabilité ; capacité de vivre une gamme d'émotions diverses ; attitude positive face aux problèmes et croyance en sa capacité de les résoudre), soit en agissant comme de véritables facteurs de résilience (perspicacité, indépendance, aptitude aux relations, initiative, créativité, humour et moralité). Curieusement, ces caractéristiques sont aussi celles que l'on retrouve chez les centenaires. Seraient-elles l'un des secrets de la longévité ?

Dans les mentalités actuelles, la vieillesse n'est pas considérée comme une situation positive mais comme une perte : perte de la santé, perte de l'autonomie, perte des proches, perte de la mémoire… Pour le psychiatre et gérontologue Louis Ploton, une vieillesse résiliente, « c'est une vieillesse qui avance, qui crée des liens et qui ose regarder la mort, sans drame ». L'exemple qui est donné dans le livre qu'il a coordonné avec Boris Cyrulnik (*Résilience et personnes âgées*, Odile Jacob, 2014) est celui de l'anthropologue Germaine Tillion. Cette célèbre résistante qui a été déportée avait décidé, à son retour d'Allemagne, de toujours rire jusqu'à la fin de sa vie. Durant sa détention au camp de Ravensbrück elle rédigera même en cachette une opérette humoristique sur son séjour qui sera jouée pour la première fois à Paris en 2007. Entrée dans sa cent unième année, elle travaillait encore à la veille de sa mort en 2008. Même après sa mort elle reste un modèle puisqu'elle est entrée au Panthéon le 27 mai 2015.

MES CONSEILS

— Face à toute situation difficile (décès d'un proche, perte d'emploi, rupture sentimentale), « adaptez-vous et rebondissez » : cela vous permettra de garder le contrôle sur votre vie et d'évoluer d'une façon positive. Comme le dit Boris Cyrulnik : « Il ne s'agit pas de guérir la blessure mais d'en faire quelque chose, de la métamorphoser. »

— Développez les capacités suivantes : perspicacité, indépendance, aptitude aux relations, initiative, créativité, humour et moralité.

99

Be happy

En 2010, une étude norvégienne ayant porté sur cinquante-trois mille personnes a montré qu'avoir le sens de l'humour pouvait améliorer l'espérance de vie et réduire la mortalité d'au moins 20 %. Être heureux, être joyeux, rire et sourire favorisent également un vieillissement réussi. Et comme, selon Aristote, « l'homme est le seul animal qui ait la faculté de rire », profitons-en ! D'autant plus que selon un proverbe chinois, cité en épigraphe de ce livre : « Chaque coup de colère est un coup de vieux, chaque sourire est un coup de jeune. »

Le rire (et un peu le sourire) est un exercice musculaire qui mobilise la plupart des muscles de l'organisme, un « véritable jogging stationnaire, doux et modéré, [qui] convient à tous et sans doute aux personnes âgées dont les possibilités sont réduites en matière de gymnastiques traditionnelles » (voir *Psychosomatique du rire. Rire pour guérir*, docteur Henri Rubinstein, Robert Laffont, 2011). Cette forme d'exercice ne favorise néanmoins pas beaucoup la perte de poids, puisqu'un quart d'heure de rire ne ferait perdre que 40 calories… Le rire est aussi considéré comme une technique respiratoire proche du yoga. Depuis quelques années, des clubs du rire se sont développés, où se pratique le « rire sans raison » ou le « yoga du rire » (voir sur *http://www.clubderire.com/* ou *http://www.clubs-de-yoga-du-rire.com/*).

Puissant antistress, le rire est également un formidable antidouleur par le biais de la libération d'endorphines – une sorte de morphine produite par le cerveau – qu'il déclenche au niveau cérébral. Le protoxyde d'azote, ou gaz hilarant, dont les propriétés ont été découvertes en 1776, est par ailleurs bien connu des anesthésistes pour son action à la fois anxiolytique, euphorisante et antalgique. Il déclenche parfois un rire irrépressible et connaît un regain d'intérêt depuis quelques années, en particulier en pédiatrie et en gériatrie, lors de soins douloureux.

Mais inutile de rire à s'en décrocher la mâchoire car le sourire a les mêmes vertus. Une étude américaine (université du Kansas) a montré que ceux qui souriaient lors d'une situation de stress étaient moins angoissés et « résistaient » mieux que les autres. Ceci restant vrai même quand le sourire était forcé.

Ce n'est pourtant pas le rire qui nous permet de bénéficier d'une vieillesse plus longue en ce début de XXIe siècle, car on rit de moins en moins depuis une soixantaine d'années : au début des années 1940, on riait une vingtaine de minutes par jour, ce chiffre tombe à six minutes à la fin des années 1980, et à une minute quotidienne depuis l'an 2000.

En outre, en moyenne, les adultes ne sourient que cinq fois par jour contre près de quatre cents fois pour les enfants ! Alors, n'hésitez pas à rajeunir ! Riez et souriez, votre espérance de vie sera plus longue ! Le sourire est en outre assez déterminant si l'on en croit une étude qui a analysé trente ans de photos d'étudiants de Berkeley : les chercheurs ont été capables de prédire la durée et la réussite de leur mariage, leur bien-être et la capacité qu'ils auront à influencer les autres, rien qu'en mesurant leur sourire. Barack Obama est l'archétype de ce genre de personne très souriante et qui a un grand pouvoir d'influence !

MES CONSEILS

— Souriez-vous chaque matin devant votre miroir pour commencer la journée. C'est très efficace contre les rides : sourire trois minutes par jour vous permettra de lifter votre cou, de tonifier vos lèvres et de raffermir vos joues.
— Essayez de rire et de sourire plusieurs fois par jour, d'autant que cela vous rend plus beau. Rire et sourire vous donneront l'air plus jeune.
— En situation de stress, forcez-vous à sourire, cela vous permettra aussi de mieux réagir.
— Si vous ne riez qu'une fois par an, la journée mondiale du rire se déroule chaque année le premier dimanche de mai.
— Souriez, vous serez plus convaincant et votre mariage durera plus longtemps : sourire facilite les liens sociaux et les rencontres.

100

Si vous souhaitez devenir centenaire, sachez à quoi vous en tenir !

En 1950, il y avait 100 à 200 centenaires en France, on en compte environ 23 000 aujourd'hui, et on estime qu'ils seront 200 000 en 2060 (au Royaume-Uni, leur nombre devrait atteindre 400 000). À partir de 2020, leur nombre va augmenter de 2 000 par an dans notre pays, et à partir de 2045 de 8 000 par an. Une fille sur deux qui naît aujourd'hui devrait devenir centenaire. On estime actuellement qu'une femme de 50 ans sur neuf et un homme sur vingt-huit peuvent espérer devenir centenaires.

Si vous êtes centenaire et que vous lisez ce livre, vous avez neuf chances sur dix d'être une femme et une chance sur deux d'habiter toujours à domicile, mais seulement une chance sur cent d'être encore en couple (contre vingt sur cent si vous êtes un homme). Actuellement, seuls 32 % des centenaires hommes sont en institution et 54 % des centenaires femmes. Votre espérance de vie moyenne est de 2,5 à 3 ans, et vous avez une probabilité de décéder dans l'année de 35 %. Vous prenez au maximum trois ou quatre médicaments par jour et votre pression systolique moyenne est parfaite à 138 mmHg. Seuls 21 % des centenaires auraient de l'hypertension. Si on analysait votre caractère, on trouverait que vous avez des grandes capacités d'adaptabilité, de sociabilité, d'humour, et un certain degré d'« égoïsme ». Les centenaires seraient aussi plus extravertis. Mais 25 % des centenaires souffrent de dépression et, surtout, 70 % ont des troubles de la mémoire. En revanche, quel que soit le pays, et quel que soit le critère étudié, les hommes centenaires apparaissent en meilleure santé fonctionnelle, physique et mentale que les femmes, et plus autonomes.

À 105 ans, on trouve soixante femmes pour un homme. Au-delà de 110 ans, on parle de supercentenaires.

Pour devenir centenaire, comme nous le disions au début de cet ouvrage, la part liée à la génétique est de 25 %, et celle liée à l'environnement, de 75 %. Pour le démographe Jean-Marie Robine, il existe une corrélation entre la façon dont sont distribuées les richesses dans un pays et l'espérance de vie. Il note qu'en Angleterre, aux États-Unis et au Brésil, où les plus riches gagnent jusqu'à vingt fois ce que gagnent les plus pauvres (contre deux au Japon et trois en France), l'espérance de vie est plus faible.

MES CONSEILS

— Pour devenir centenaire, suivez les conseils de ce livre : ils augmentent vos chances.
— Déménagez sur l'île d'Okinawa, au Japon : le mode de vie et l'alimentation y favorisent le fait de devenir centenaire.

- Développez vos capacités d'adaptabilité, de sociabilité, d'humour et d'« égoïsme ». Ayez aussi un optimisme communicatif : soyez extravertis !
- Essayez d'influencer la politique sociale de votre pays pour réduire les inégalités et les différences de salaires entre les plus riches et les plus pauvres – conseil plus compliqué à suivre !

101

Supercentenaire, comme Jeanne Calment ?

Tout le monde en France connaît le nom de Jeanne Calment, née en 1875 et décédée en 1997 à 122 ans, 5 mois et 14 jours. Elle a passé toute sa vie à Arles et c'est la personne qui a vécu le plus longtemps au monde de manière authentifiée. Sa fille unique est morte à 35 ans et son petit-fils à 36 ans. Elle a survécu cinquante-cinq ans après le décès de son mari. Elle n'a jamais travaillé. Elle a fait du vélo jusqu'à l'âge de 100 ans. Lorsqu'on lui demandait ses secrets de longévité, elle expliquait que c'était dû à l'huile d'olive qu'elle utilisait pour se nourrir et dont elle s'enduisait la peau, ainsi qu'à un verre de porto et à un kilogramme de chocolat par semaine. Elle mettait toujours de l'ail dans les viandes et poissons, et du sucre dans ses boissons. Il faut aussi noter qu'elle a fumé jusqu'à l'âge de 117 ans.

Au-delà de 110 ans, on parle aujourd'hui de supercentenaires. Il s'agit majoritairement de femmes. Deux sur trois sont en institution, et leur probabilité de décéder dans l'année est de 50 %.

Une étude sur trente-deux supercentenaires a mis en évidence qu'ils souffraient extrêmement rarement de pathologies cardio-vasculaires : arythmie cardiaque 3 %, infarctus 6 %, accident vasculaire cérébral 13 % et hypertension 22 %. En France, on a pu étudier la durée de vie de cent onze supercentenaires décédés entre 1987 et 2009. On comptait 17,5 femmes pour un homme. L'âge le plus élevé observé au moment du décès chez un homme était de 112 ans soit dix ans de moins que Jeanne Calment. Si l'on exclut Jeanne Calment, on peut considérer que trois ans séparent les âges maximaux des hommes et des femmes dans le monde. À l'échelle mondiale, seuls trente-neuf supercentenaires, confirmés officiellement, ont fêté leurs 115 ans. Quinze personnes, dont un seul homme, Jirōemon Kimura, ont atteint les 116 ans ; cinq les 117 ans et deux les 119 ans. On estime actuellement entre quatre cent cinquante et six cents le nombre de supercentenaires vivant dans le monde ; il y en aurait vingt-six en France. En 2060 il pourrait y en avoir mille cinq cents dans le monde.

Depuis le 12 mai 2016, date de la mort de Susannah Mushatt Jones, la doyenne de l'humanité est l'Italienne Emma Morano, née le 29 novembre 1899 et âgée de 117 ans : son secret, trois œufs par jour, deux crus le matin et un en omelette à midi, et du poulet au dîner. Le doyen masculin, depuis le 19 janvier 2016, est l'Israélien Yisrael Kristal, un survivant de l'Holocauste, né le 15 septembre 1903. N'ayant pas pu faire sa bar-mitsva à l'âge de 13 ans, il l'a célébrée en 2016 pour ses 113 ans ! Ces records sont bien sûr susceptibles de changer rapidement, compte tenu du fort taux de mortalité de ces champions !

À l'hôpital de Villejuif, nous avons eu l'occasion de suivre pendant plusieurs années Camille Loiseau, qui est décédée en 2006 à l'âge de 114 ans et 180 jours. Elle était née le 13 février 1892 dans le XXe arrondissement de Paris. Elle a vécu seule à domicile jusqu'à l'âge de 106 ans. Elle a été la doyenne des Français pendant quelques mois. Nous avons aussi eu l'occasion de croiser le dernier des poilus, Lazare Ponticelli, qui est décédé en 2008 à l'âge de 110 ans. Il a pu rester à domicile jusqu'à la fin, il arrivait à monter l'escalier de son immeuble et il continuait à suivre les cours de la Bourse tous les jours.

MES CONSEILS

— Si vous voulez battre le record, il est de 122 ans, 5 mois et 14 jours.
— Les conseils sont les mêmes que pour devenir centenaire et sont tous présents dans ce livre.
— Plus vous serez actif physiquement et intellectuellement, plus vous conserverez votre autonomie et plus vous augmenterez vos chances de vieillir très âgé et en bonne santé.
— Le principal facteur contre lequel il faudra vous protéger si vous atteignez ces âges canoniques, c'est le stress.
— Si vous voulez suivre les conseils de Jeanne Calment, misez sur l'huile d'olive, l'ail, le chocolat et un verre de porto par semaine !

Conclusion

Ces 101 conseils devraient vous permettre d'envisager sereinement l'avancée en âge en restant en bonne santé, autonome et en évitant ou retardant le risque de maladie d'Alzheimer.

Si vous, ou un de vos proches, êtes néanmoins concerné par un problème de dépendance ou par une maladie de la mémoire, sachez qu'il y a toujours quelque chose à faire, que ce soit en matière de prévention (et les conseils de ce livre sont toujours valables) ou de soins, ou en matière d'aides sociales ou financières. Et quelques informations pratiques vous seront peut-être utiles.

La dépendance

La dépendance se définit comme la perte d'autonomie et l'incapacité pour une personne de réaliser, sans aide extérieure, les gestes de la vie quotidienne : préparer à manger, se laver, s'habiller, aller aux toilettes, faire des courses, etc. Cette perte d'autonomie peut être psychique, physique, ou les deux à la fois. Si la dépendance touche principalement les personnes âgées (l'âge moyen d'entrée dans la dépendance est de 83 ans pour les femmes et de 78 ans pour les hommes), elle n'est pas due à l'âge mais au fait d'être malade. Ainsi, de l'arthrose (douleurs au niveau des articulations) peut vous empêcher de marcher et donc de sortir pour faire vos courses. Très évoluée, l'arthrose des mains est handicapante et ne vous permet pas de vous habiller tout seul. De même l'insuffisance cardiaque, l'artérite ou l'insuffisance respiratoire vont limiter votre autonomie. La maladie d'Alzheimer est quant à elle responsable principalement d'une dépendance psychique, mais aussi physique.

Pourquoi la dépendance est-elle autant associée à l'âge dans les mentalités ? Sans doute parce que sa fréquence augmente avec l'âge du fait de l'augmentation du nombre de maladies avec le vieillissement. Et aussi parce que, en ce qui concerne les aides, on parle avant 60 ans de handicap, et ce n'est qu'après 60 ans que l'on parle de dépendance. Et les aides financières et humaines ne sont pas du tout les mêmes : de deux à quatre fois plus pour les moins de 60 ans.

Actuellement il y a en France 1,26 million de personnes de plus de 60 ans qui sont dépendantes. En 2025, ce nombre devrait atteindre 1,4 million, 1,91 million en 2040 et 2,2 millions en 2060.

Cette dépendance a un coût, à la fois pour l'État, mais aussi pour les personnes elles-mêmes et leur famille. Si la prévention permet de l'éviter ou de la retarder, tout le monde sera gagnant. On estime actuellement que les dépenses publiques consacrées à la dépendance s'élèvent à 21 milliards d'euros par an et que les familles y consacrent

7 milliards d'euros (c'est ce qu'on appelle le « reste à charge », essentiellement lorsqu'il y a une institution à payer). De plus, on estime à 6 milliards d'euros l'aide dite « informelle » fournie par les aidants familiaux. En 2060, ces dépenses devraient atteindre 51,6 milliards d'euros, dont 16,5 milliards supportés directement par les familles. Pour l'instant, aucun gouvernement n'a pris les mesures nécessaires pour assurer ce financement, qui pourrait consister soit en un cinquième risque de la sécurité sociale (système plus égalitaire mais reposant sur une augmentation des impôts), soit en une assurance dépendance obligatoire (plus inégalitaire avec le danger de favoriser les plus riches).

Comment se fait l'évaluation de la dépendance ? En France, cette évaluation se fait à l'aide de la grille Aggir (autonomie gérontologie groupes iso-ressources). Elle comprend dix-sept variables se rapportant au comportement, à la communication, à l'orientation dans l'espace et dans le temps, à la réalisation de la toilette et de l'habillage, à l'alimentation, à l'élimination (aller aux toilettes), aux transferts et aux déplacements. Chacune de ces variables sera évaluée et codifiée (A, B ou C) en fonction des capacités de la personne : A) Fait seul ; B) Fait seul avec aide ; C) Ne fait pas seul. Une fois remplie, cette grille permet d'attribuer un groupe GIR à la personne : six groupes sont définis, allant de GIR 1 (dépendance totale) à GIR 6 (autonomie totale).

À chaque GIR correspond un niveau de besoins d'aides pour accomplir les actes essentiels de la vie quotidienne. Cette grille est utilisée pour les aides financières comme l'APA (allocation personnalisée d'autonomie pour les GIR 1 à 4) ou pour l'entrée en institution. Pour obtenir l'APA, vous devez avoir plus de 60 ans. L'APA est une allocation universelle, son attribution n'est pas soumise à condition de ressources, mais au-delà de huit cents euros de revenus mensuels, le bénéficiaire acquitte une participation progressive aux dépenses inscrites dans son plan d'aide.

La demande se fait auprès du département dans lequel vous résidez. Vous pouvez vous procurer un dossier auprès du CCAS, de la mairie, du conseil départemental, des services d'action sociale du département ou encore auprès du Clic (centre local d'information et de coordination). À la suite de l'étude de votre dossier, une équipe médico-sociale évalue à votre domicile votre degré de perte d'autonomie et vous propose un plan d'aide. Le montant de l'aide varie en fonction du département, du GIR et de vos revenus.

Elle permet de prendre en charge les interventions à domicile (aide-ménagère ou de garde à domicile – de jour comme de nuit –, service de portage de repas, service de transport, dépannage et petits travaux divers), les aides techniques (fauteuil roulant, canne, déambulateur, lit médicalisé, lève-malade, couches) et l'adaptation du logement (travaux d'aménagement et de sécurisation du domicile, installation de système de téléassistance…). Depuis cette année, une majoration ponctuelle est possible en cas d'hospitalisation de l'aidant (maximum 900 euros) ou pour lui accorder un répit (maximum 500 euros par an).

L'APA ne fait l'objet d'aucune récupération par le département. Cette allocation existe aussi pour les personnes en institution pour aider le résident à payer le tarif dépendance. Le montant de l'APA en établissement est inférieur à celui de l'APA à domicile, cette aide ayant été créée pour favoriser le maintien à la maison.

Précisons que seuls 5 % des plus de 65 ans et 20 % des plus de 80 ans sont en institution. Les autres sont à domicile, parfois avec une dépendance très lourde. Cependant, si plus de 80 % des Français souhaitent rester chez eux jusqu'au bout, moins de 30 % des décès ont lieu « à la maison ». Un bon entourage (conjoint, enfants, famille) est une condition nécessaire au maintien de la personne au domicile : on parle alors d'aidant naturel, ou aidant familial.

Des aides sont également possibles pour aménager le domicile, surtout si on est propriétaire. Bénéficier d'un allégement fiscal pour ces travaux est envisageable. Votre caisse de retraite, votre département ou votre commune sont en mesure également de proposer certaines aides, renseignez-vous. Il existe aussi des assurances dépendance auxquelles vous avez peut-être souscrit, c'est le moment d'en faire usage.

Demander une carte d'invalidité (stationnement, réduction d'impôts, suppression de la redevance télé) vous rendra aussi certains services.

Lorsque la dépendance devient trop importante, l'entrée en institution doit être envisagée. Là encore, les conseils d'une assistante sociale sont souvent utiles. Le mieux est de trouver une structure adaptée la plus proche du domicile du conjoint, des enfants ou des amis. On ne parle plus aujourd'hui de maisons de retraite, mais d'établissements d'hébergement pour personnes âgées dépendantes (Ehpad). Pour les personnes très dépendantes ou ayant de nombreuses maladies instables, il existe des structures hospitalières appelées soins de longue durée (SLD).

Le principal souci concernant les Ehpad et les SLD est leur coût très élevé. Leur système de tarification, relativement complexe, est découpé en trois forfaits : un pour les soins (financé par l'assurance maladie), un pour la dépendance (presque entièrement payé par l'APA) et enfin un pour l'hébergement. C'est ce dernier qui pose problème car il est payé par le résident ou sa famille (obligation alimentaire des enfants) et peut aller de 1 500 euros par mois en province à plus de 3 500 euros par mois dans certains établissements privés de la région parisienne. Or, la retraite moyenne en France est de l'ordre de 1 200 euros par mois, ce qui explique que 80 % des résidents en Ehpad n'ont pas les moyens de financer eux-mêmes leur hébergement. Pour un couple, il faut multiplier par deux ! Dans les établissements habilités par l'aide sociale, le conseil départemental, sous condition de ressources, peut prendre à sa charge le tarif hébergement. Dans ce cas, il récupère 90 % des revenus de la personne âgée et peut faire un recours sur succession.

La maladie d'Alzheimer

Les personnes âgées atteintes de la maladie d'Alzheimer représentent 40 % des personnes dépendantes. La maladie d'Alzheimer doit son nom à Aloïs Alzheimer (1864-1915), un médecin allemand qui était psychiatre et neurologue et qui a décrit cette pathologie pour la première fois, en 1906. Il s'agit de la plus fréquente des maladies de la mémoire dites neurodégénératives, c'est-à-dire entraînant une dégénérescence des neurones.

À la perte de mémoire (avec désorientation dans le temps et dans l'espace) s'associent une aphasie (trouble du langage), une apraxie (trouble des mouvements) et une agnosie (trouble de la reconnaissance), ainsi que des troubles du comportement, de l'humeur (anxiété, dépression, irritabilité) et du sommeil (insomnie, inversion jour-nuit). Lorsqu'elle évolue, l'atteinte des activités de la vie quotidienne aboutit à la dépendance. On distingue différents stades d'évolution de la maladie, allant de léger à modéré jusqu'à sévère.

Le déficit cognitif léger (ou MCI pour *Mild Cognitive Impairment*) concerne les personnes atteintes d'un trouble de la mémoire isolé : on ne sait pas encore aujourd'hui quelles sont celles qui évolueront vers une maladie d'Alzheimer. La maladie d'Alzheimer est une lente dégénérescence des neurones, qui débute au niveau de l'hippocampe puis s'étend au reste du cerveau. Deux anomalies sont caractéristiques. La première correspond aux plaques séniles (accumulation d'une forme anormale de la protéine bêta-amyloïde entre les neurones). Ces plaques amyloïdes sont toxiques pour les cellules nerveuses. La seconde anomalie est la dégénérescence neurofibrillaire en rapport avec une phosphorylation anormale de la protéine tau. Cette anomalie à l'intérieur des neurones entraîne, à terme, leur mort.

Ces dernières années, des progrès très importants ont été réalisés en ce qui concerne le diagnostic précoce de la maladie à l'aide d'imageries médicales sophistiquées (on peut visualiser par imagerie TEP les plaques amyloïdes) et de marqueurs biologiques (les protéines amyloïde et tau nécessitent une ponction lombaire pour être dosées). Ces examens ont surtout aujourd'hui un intérêt pour la recherche ou pour confirmer le diagnostic chez des patients jeunes (moins de 5 % des malades ont moins de 65 ans). On estime actuellement à un million le nombre de malades en France dont trente mille personnes de moins de 60 ans. Il y a un nouveau cas toutes les quatre secondes dans le monde.

Même si la recherche internationale est très active, il n'existe actuellement aucun traitement curatif de cette maladie. Les quatre médicaments ayant une autorisation spécifique d'utilisation (Aricept, Exelon, Reminyl et Ebixa) ont seulement comme intérêt (discuté par certains médecins) de ralentir l'évolution de la maladie et de retarder l'apparition de la dépendance et l'entrée en institution. C'est pourquoi tout ce qui permet d'empêcher la maladie de se déclarer est très important et figure parmi les 101 conseils de ce livre.

Outre la maladie d'Alzheimer, il existe de nombreuses autres pathologies de la mémoire. Tout trouble anxieux ou dépressif entraîne des problèmes de concentration qui ne relèvent pas d'une pathologie à proprement parler. Une personne qui se plaint de sa mémoire doit faire un bilan dans un centre spécialisé, afin d'être rassurée ou informée sur des stratégies pour diminuer ses troubles attentionnels. Dans certains cas, un traitement antidépresseur se révèle utile.

Ceux qui ont de multiples facteurs de risque vasculaire (HTA, diabète, sédentarité, athérosclérose, arythmie cardiaque...) ont une probabilité plus importante de développer des troubles de la mémoire en rapport avec une démence dite « vasculaire ». Cela concerne par exemple ceux qui ont fait plusieurs AVC. L'examen qui orientera le diagnostic sera l'IRM. Quand les patients ont des lésions à la fois vasculaires et dégénératives au niveau cérébral, on retient le diagnostic de démence mixte.

Une autre forme de maladie de la mémoire concerne spécifiquement le lobe frontal du cerveau : il s'agit de la démence fronto-temporale (ou DFT). Dans ce cas, plus que les troubles de la mémoire, ce sont les troubles du comportement qui prédominent : désinhibition (langage vulgaire ou ordurier, exhibitionnisme, troubles du comportement sexuel) avec souvent des alternances de rires ou de pleurs inappropriés.

Certaines formes de maladies de la mémoire ne s'attaquent qu'au langage, il s'agit alors d'aphasie progressive primaire ou de démence sémantique. Les personnes ayant une maladie de Parkinson évoluant depuis très longtemps (plus de quinze à vingt ans) ont également un risque d'apparition d'une démence. Une forme proche est la maladie « à corps de Lewy » (les corps de Lewy sont des agrégats anormaux de protéines au sein des cellules nerveuses) qui associe une atteinte de la mémoire, un syndrome de type parkinsonien (tremblement et rigidité comme dans la maladie de Parkinson), des hallucinations visuelles et une intolérance à certains médicaments (en particulier les neuroleptiques). Il existe encore bien d'autres maladies de la mémoire, mais celles citées ci-dessus sont de loin les plus fréquentes, la maladie d'Alzheimer représentant 70 à 80 % des cas.

Seul un bilan dans un centre mémoire (le plus souvent en hôpital de jour) permet de proposer un diagnostic le plus précis possible. Ces maladies sont prises en charge à 100 % par la Sécurité sociale (en tant qu'affection de longue durée – ALD). La demande de 100 % est à faire par le médecin généraliste (médecin référent).

Une fois le diagnostic établi, de nombreuses aides sont disponibles et doivent être proposées. L'orthophonie à visée de stimulation cognitive est ainsi une prescription médicale prise en charge à 100 %. La kinésithérapie conserve l'autonomie à la marche. Lorsque la maladie évolue, prescrire le passage d'une infirmière à domicile pour la prise et la surveillance du traitement, voire pour une aide à la toilette paraît nécessaire. Lorsque les besoins deviennent trop importants, un relais par un service de soins infirmiers à domicile (SSIAD) est souhaitable. Tous ces intervenants sont pris en charge par la Sécurité sociale sur prescription médicale.

Ensuite, une demande d'APA et éventuellement une carte d'invalidité devront être faites. L'APA permettra de mettre en place des aides à domicile. Tous ces intervenants ont aussi un rôle majeur dans le renforcement du lien social.

Il existe maintenant, depuis le plan Alzheimer 2008-2012, des équipes spécialisées Alzheimer (ESA) qui sont le plus souvent rattachées à un SSIAD. Ces équipes interviennent sur prescription médicale (prise en charge à 100 %) pour douze à quinze séances à domicile. L'ESA effectue une évaluation des besoins et met en place un programme de stimulation avec un ergothérapeute ou une psychomotricienne. Il est possible de renouveler la prise en charge une fois par an tant que les capacités cognitives permettent ce type de stimulation.

Lorsque les personnes sont isolées ou n'ont plus de famille, la MAIA (méthode d'action pour l'intégration des services d'aide et de soins dans le champ de l'autonomie) a la possibilité de mettre en place un gestionnaire de cas, à savoir une personne formée et diplômée qui aidera directement le patient pour ses démarches : consultations médicales, bilans, examens, démarches administratives...

Il ne faut pas négliger non plus l'aide aux aidants, qui sont mis souvent à rude épreuve. Des formations concernant la maladie et sa « gestion » (France Alzheimer) et un soutien psychologique sont disponibles au niveau de plate-formes d'accompagnement et de répit. Elles sont gratuites et leur objectif est de prévenir les risques d'épuisement et de diminuer le stress et l'anxiété des aidants. Pour trouver la plate-forme d'accompagnement (ou le

Clic) la plus proche de votre domicile : renseignez-vous sur *www.pour-les-personnes-agees.gouv.fr/resultats-annuaire?service=point-information.*

L'aidant familial en activité professionnelle a maintenant droit à un « congé de soutien familial » qui permet à tout salarié d'interrompre provisoirement son activité professionnelle pour s'occuper d'un parent dépendant. Ce congé est d'une durée de trois mois (renouvelable dans la limite d'un an). Il n'est ni indemnisé ni rémunéré (ce qui en limite l'utilisation par les aidants), mais ne peut être refusé par l'employeur.

Les accueils de jour (ADJ) sont à la fois une forme de répit pour les aidants et des lieux de stimulation cognitive pour les malades. Il en existe de différentes sortes, mais ils peuvent accueillir la personne malade une à trois fois par semaine de 9 heures à 17 heures. Le malade y bénéficie de différentes formes de stimulation, et l'aidant d'une journée de « liberté ». Même s'il y a des aides financières (dont l'APA) pour ces ADJ, une partie reste à la charge de la famille.

D'autres répits existent comme des possibilités de séjour d'un mois en Ehpad. Il s'agit bien sûr d'un séjour payant. Certains services hospitaliers (soins de suite ou unités cognitivo-comportementales – UCC) proposent aussi des séjours de répit à visée médicale. Ceux-ci permettent de réévaluer l'état de santé du malade, de faire des examens impossibles à organiser au domicile et très souvent à réadapter les traitements. Ceci concerne essentiellement les patients atteints de troubles du comportement.

Dans les formes sévères, et selon les troubles observés, un certain nombre de mesures juridiques sont nécessaires : sauvegarde de justice, curatelle simple, curatelle renforcée voire tutelle. Pour vous aider, il est recommandé de prendre conseil auprès d'une assistante sociale.

Enfin, lorsque le domicile devient impossible, il faut avoir recours à l'entrée en institution, comme précédemment. En Ehpad, il existe souvent des unités spécifiques et des Pasa (pôle d'activités et de soins adaptés), et en USLD il peut y avoir des unités d'hébergement renforcé – UHR – pour les malades ayant des troubles sévères du comportement.

Un avant-dernier conseil, très important. Même si vous n'avez pas envie de prévoir ce genre de choses, même si vous avez l'impression que cela ne vous concerne pas, essayez d'anticiper la possibilité d'une dépendance. Prendre des dispositions ne signifie pas qu'elles serviront forcément, mais elles existeront au cas où. Certains ont chez eux, à un âge pas forcément canonique déjà, un dossier dont leurs proches connaissent l'existence et où ils trouveront en cas d'accident ou d'événement malheureux tout ce qui peut les aider (numéros des comptes en banque, procurations, etc.). Se poser la question de sa fin de vie, se demander ce que l'on souhaite si un jour on est atteint d'une pathologie de la mémoire comme la maladie d'Alzheimer, n'est pas inutile et, désormais, des sites se proposent de vous donner les renseignements nécessaires sur Internet, pour vous aider à rédiger des directives anticipées pour la fin de vie (*https://www.service-public.fr/particuliers/vosdroits/F32010*), pour désigner une personne de confiance (*http://social-sante.gouv.fr/IMG/pdf/la_personne_de_confiance.pdf*) ou encore préparer un mandat de protection future (*https://www.service-public.fr/particuliers/vosdroits/F16670*).

Un ultime conseil

L'altruisme est bon pour la santé, et ce conseil vous permettra d'aider la science. Aujourd'hui encore, la maladie d'Alzheimer et les pathologies apparentées nécessitent beaucoup de recherches pour trouver des traitements adaptés. C'est pourquoi il est important lorsqu'on est malade d'accepter de participer à des protocoles de recherche dans le but d'éviter ces maladies aux générations futures. N'hésitez pas aussi, en cas de décès, à faire don de votre cerveau. Pour cela, vous pouvez vous renseigner au 0 800 531 523 (*http://www.cref-demrares.fr/IMG/pdf/Donorflyer_BNE_Paris_F_final.pdf*).

Remerciements

Merci à Éric, dont les critiques amicales sont toujours très stimulantes.

Merci au docteur Gérald Kierzek, qui est à l'origine de cet ouvrage et qui m'a aidé dans la préparation de ces 101 conseils.

Un grand merci à Claire Le Ho-Devianne, mon éditrice, qui a relu, corrigé et complété l'ensemble des chapitres de ce livre. Sa lecture précise, ses remarques et commentaires très nombreux et son écoute attentive sont pour beaucoup dans la qualité finale de cet ouvrage.

Je remercie également pour leur aide dans mes recherches : Internet, Google, Wikipédia, PubMed, Science Direct et tous les sites d'information médicale.

Crédits photographiques

Page 380 :
Marthe Mercadier © AGIP/Bridgeman Images
Annie Girardot © Limot/Bridgeman Images
Rita Hayworth © Donaldson Collection/Michael Ochs Archives/Getty Images
Margaret Thatcher © Granger/Bridgeman Images

Page 381 :
Charles Bronson © AKG/Images/Album
Charlton Heston © Bud Fraker/John Kobal Foundation/Getty Images
Peter Falk © Ronald Grant/Mary Evans/Sipa press
Ronald Reagan © Rue des Archives/Everett

Composition et mise en pages
Nord Compo à Villeneuve-d'Ascq

Cet ouvrage a été achevé d'imprimer en mars 2017
dans les ateliers de Normandie Roto Impression s.a.s.
61250 Lonrai (Orne)
N° d'édition : 55935/01 – N° d'impression : 1701138
Dépôt légal : avril 2017

Imprimé en France